योगिराज श्रीकृष्ण कोई सामान्य व्यक्ति नहीं, अपितु साक्षात् परम ईश्वर हैं, जिन्होंने इस धराधाम में अवतार लिया। वे पिता वसुदेव और माता देवकी के पुत्र हैं, इनका लालन-पालन यशोदा और नंद ने किया।

श्रीकृष्ण सोलह कलाओं से सम्पन्न, राग-विराग की भावना से पूर्ण एवं विरुद्ध स्थितियों से संतुलित रहने की प्रेरणा देने वाले दूरदर्शी व क्रांतिदर्शी महामानव होने के साथ-साथ महाभारत व भगवद्गीता के प्रतिपाद्य हैं।

योगिराज श्रीकृष्ण

डॉ. विनय

डायमंड बुक्स

प्रकाशक : **डायमंड पॉकेट बुक्स (प्रा.) लि.**
X-30 ओखला इंडस्ट्रियल एरिया, फेज-II
नई दिल्ली-110020
फोन : 011-40712200
ई-मेल : sales@dpb.in
वेबसाइट : www.diamondbook.in
मुद्रक : रेप्रो (इंडिया)

Yogiraj Shrikrishna
By : Dr. Vinay

अनुक्रमणिका

1

योगिराज श्रीकृष्ण का अवतरण

पृथ्वी पर सभ्यता और संस्कृति के आविर्भाव तथा विकास की दृष्टि से भारतीय और यूनानी संस्कृति और सभ्यता प्राचीनतम है। भारत और ग्रीक दोनों स्थलों पर सृष्टि की उत्पत्ति और विकास अलग-अलग रूप से चित्रित किए गए हैं। भारतीय चिंतन परंपरा में सृष्टि का विकास और ब्रह्म के अवतारवाद की विचारधारा ईश्वरवादी दृष्टिकोण से की गई है। इसी दृष्टिकोण में हमारे विश्वास में धार्मिक और वैज्ञानिक-दोनों आधारों का समावेश देखा जा सकता है।

युगों-युगों से चली आ रही मान्यता ऐसी है कि सृष्टि के आदि में आदिरूप भगवान् ने लोकों के निर्माण की इच्छा की। इच्छा होते ही उन्होंने महत्तत्त्व से निष्पन्न पुरुषरूप ग्रहंण किया। इस आदिपुरुष में दस इंद्रियां, एक मन और पाँच भूत और सोलह कलाएं थीं।

उन्होंने कारण-जल में शयन करते हुए जब योगनिद्रा का विस्तार किया, तब उनके नाभि सरोवर में से एक कमल प्रकट हुआ और उस कमल से प्रजापतियों के अधिपति ब्रह्मा जी उत्पन्न हुए।

इस प्रकार जो अजन्मा है, जो भगवान् आदिरूप हैं—उनसे ही भगवान का वह विराट् रूप उत्पन्न हुआ। उस महारूप के अंग-प्रत्यंग में ही समस्त लोकों की कल्पना की गई है। वही है भगवान् का विशुद्ध सत्त्वमय श्रेष्ठ रूप।

जो योगी हैं उन्हें भगवान् के इसी रूप का दर्शन मिलता है, जिसे वे अपनी साधना द्वारा उपलब्ध करते हैं। भगवान का वह रूप हजारों पैर, भुजाएं और मुखों के कारण अत्यंत विलक्षण है—उसमें हजारों सिर, हजारों कान, हजारों आँखें और हजारों नासिकाएं हैं। वस्तुतः वे सृष्टि में निहित अनेक रूपों, शक्तियों एवं क्रियाओं आदि का प्रतीक हैं।

भगवान का यह वह आदिरूप पुरुष है, वह महापुरुष, वह विराट पुरुष है जिसे नारायण कहते हैं, जो अनेक अवतारों का अक्षय कोष है–इसी से सारे अवतार प्रकट होते हैं।–इसी रूप के छोटे-से-छोटे अंश से पशु-पक्षी और मनुष्य आदि योनियों की सृष्टि होती है अर्थात यह ऊर्जा का वह महाकोष है जिसके ऊर्जांश असंख्य रूपों में गति भर सकते हैं।

हमारी चिंतन परंपरा के अनुसार भगवान कृष्ण का अवतार भगवान विष्णु का आठवां, अत्यंत महत्त्वपूर्ण अवतार है। इसके पूर्व और इसके बाद भगवान विष्णु के चौबीस अवतारों की चर्चा की जाती है।

भगवान कृष्ण के अवतार ग्रहण करने की पृष्ठभूमि में एक विस्तृत कथा आती है, किंतु गीता और अन्य ग्रंथों के अवतार के हेतु के संदर्भ में कृष्ण की उक्तियां, अवतार के दो प्रमुख आधारों का प्रतिपादन करती है।

☆☆☆

योगिराज भगवान कृष्ण ने गीता में कहा है कि हे अर्जुन!

यदा यदा हि धर्मस्य ग्लानिर्भवति भारत।
अभ्युत्थानम् अधर्मस्य तदात्मानं सृजाम्यहम्।।
परित्राणाय साधूनां विनाशाय च दुष्कृताम्
धर्मसंस्थापनार्थाय सम्भवामि युगे युगे!

हे अर्जुन! जब-जब धर्म की ग्लानि होती है और अधर्म की वृद्धि होती है। तब-तब मैं अपने आपकी नई सृष्टि करता हूं या अपना आविर्भाव करता हूं। साधुओं की रक्षा के लिए और दुष्टों के नाश के लिए तथा धर्म की स्थापना के लिए मैं युगों-युगों में अवतार लेता हूं।

अर्थात युग-युग में धर्म और अधर्म का संघर्ष चलता रहता है और इन युगों में ईश्वर, भगवान, नर रूप में अवतार लेकर धर्म की स्थापना करते हैं। इसके साथ ही–

स्वलीला कीर्ति विस्तारात् भक्तेष्वनुजिघृक्षया।
अस्य जन्मादि लीलानां प्राक्ट्येहेतुरुत्तमः।।

अपनी लीला के विस्तार के लिए और भक्तजनों के अनुरंजन हेतु अनेक जन्मों में लीला करने के लिए भगवान प्रकट होते हैं। तो द्वापर में प्रकट हुए भगवान श्रीकृष्ण।

कृष्ण! इस नाम के सामने आते ही मुरलीधारी अपनी त्रिभंगी मुद्रा में खड़े होकर गोपियों को रिझाने की लीला करने वाले गोपाल, कन्हैया का बिम्ब उभरता है तो दूसरी ओर अर्जुन के रथ पर सारथी के रूप में बैठे भगवान स्वरूप का बिम्ब व्यक्त होता है। तो जरासंध को मरवाने वाले, कंस का उद्धार करने वाले... हतशक्ति अर्जुन को कर्मयोग की शिक्षा देने वाले भगवान कृष्ण का रूप सामने आता है।

कृष्णावतार का उल्लेख कंस के साथ जुड़ा है, किंतु वह भक्तिभाव का प्रतीक है। वस्तुत: कृष्ण मूलत: योगिराज हैं और धर्म के प्रतिपाद्य हैं।

हमारी पृथ्वी पर अनेक घटनाएं होती रहती हैं। कुछ का परिचय हमसे सीधा होता है कुछ का अप्रत्यक्ष रूप से हुआ करता है। कहते हैं कि धरती पर जब अधिक अत्याचार बढ़ गया तथा और भी बढ़ने की सम्भावना थी तब लक्ष्मी पति विष्णु ने कृष्ण रूप में अवतार लिया।

जैसा कि कहा है, इस अवतार से पूर्व भगवान विष्णु अनेक रूपों में अवतार ले चुके थे।

कृष्णावतार श्री विष्णु का पूर्णावतार माना जाता है। श्रीकृष्ण सोलह कलाओं में सम्पन्न, राग, विराग की भावना से पूर्ण, सर्व पूज्य श्री पुरुष हैं।

भगवान का सबसे पहला अवतार मत्स्य अवतार है। कहा जाता है कि एक बार कुछ राक्षस, दैत्य वेदों को लेकर समुद्र में प्रवेश कर गए। इससे चारों तरफ अंधकार छा गया तो भगवान विष्णु ने समुद्र में प्रवेश करके मकर दैत्य से युद्ध किया। मत्स्य अवतार के रूप में उन्होंने न केवल वेदों का उद्धार किया अपितु पृथ्वी पर पुन: धर्म की स्थापना की।

बहुत पहले ऋषि दुर्वासा इन्द्र से मिलने के लिए आए। उन्होंने इन्द्र को एक कमल की माला दी और इन्द्र से उस माला को एरावत हाथी के सिर पर डाल दिया उस हाथी से वह माला कुचली गई। जब दुर्वासा ने यह देखा तो उसने वह अपना अपमान समझ कर इन्द्र को शाप दे डाला। सारे इन्द्र लोक में दरिद्रता छा गई, किन्तु इन्द्र अभी भी सुरक्षित था और आत्मरक्षा में लीन था। उसने भगवान विष्णु के पास जाकर अपना दुख निवेदन किया तो विष्णु ने सागर मंथन का परामर्श दिया और कूर्म (कछुवा) का अवतार लेकर मंद्राचल को अपनी पीठ पर धारण किया।

भगवान ने वराह अवतार के रूप में अवतार लेकर पृथ्वी का उद्धार किया। जय-विजय नाम के दो द्वारपालों को सनद आदि ऋषियों ने इसलिए श्राप दे

डाला था कि उन्होंने उन ऋषियों को भगवान विष्णु की सेवा में उपस्थित होने से रोका था। शाप के कारण वे दोनों राक्षस योनि में पैदा हुए जिनका नाम हिरण्याक्ष और हिरण्यकशिपु रखा गया। उन्होंने सारी पृथ्वी को रसात में जाकर स्थित किया तो उसका उद्धार करने के लिए भगवान ने वराह का अवतार लिया।

हिरण्यकशिपु को मारने के लिए भगवान ने नरसिंह अवतार लिया। उन्होंने स्वयं ही उसकी तपस्या से प्रसन्न होकर उसे वरदान दिया था कि वह न दिन में मरेगा न रात में। वह देव व असुरों से भी नहीं मारा जाएगा। इस पर उसने गर्वित होकर देवलोक पर आक्रमण कर दिया और इन्द्र को परास्त करके उसने अपने भक्त पुत्र प्रह्लाद को भी तंग करना शुरू कर दिया। वह चाहता था कि लोग उसे ही ईश्वर मानें किन्तु उसके पुत्र ने उसे भगवान मानने से इंकार कर दिया।

एक बार क्रोध में आकर हिरण्यकशिपु ने प्रह्लाद से पूछा कि मैं तुझे मारता हूं और यह देखता हूं कि तेरा भगवान तुझे बचाता है या नहीं। उसने प्रह्लाद को एक खम्भे से बांध दिया और उसे आग में तपा दिया जैसे ही वह उसे मारने लगा तो नरसिंह रूप में विष्णु प्रकट हुए और उन्होंने संध्याकाल में उस राक्षस का वध कर दिया।

भगवान विष्णु का वामन अवतार भी प्रसिद्ध है। इसमें उन्होंने वामन रूप में पृथ्वी को तथा सम्पूर्ण ब्रह्मांड को तीन पैरों से ही नाप लिया था। –बली प्रारंभिक रूप में धर्मात्मा और इन्द्रिय जित दैत्य था। उसने इन्द्र को परास्त करके सारे भू-मंडल पर अपना राज्य स्थापित कर लिया था और फिर उसे बहुत अधिक घमंड हो गया। मुनि कश्यप ने बली से कहा कि वह इंद्र का राज्य लौटा दे किन्तु वह नहीं माना। इसके बाद भगवान ने ब्राह्मण का रूप धारण कर उससे भिक्षा मांगते हुए संपूर्ण ब्रह्मांड नाप लिया। बाली ने जब उनसे कुछ लेने के लिए कहा तो उन्होंने तीन पैर धरती मांगी और इस तरह उसका सब कुछ अपने हस्तगत कर लिया फिर उसे पाताल लोक भेज दिया और इन्द्र का राज्य उसे वापस कर दिया।

भगवान विष्णु ने परशुराम के रूप में गर्वित राजाओं को दंड देने के लिए अवतार लिया। वे जमदग्नि ऋषि के यहां पैदा हुए और राजा कार्तवीर्य से संघर्ष करके दुष्टतापूर्ण राज्य करने वाले अनेक क्षत्रियों को मारा। उनके बाद भगवान राम का अवतार आता है।

राम का अवतार मर्यादा और उच्च आदर्शों की स्थापना के लिए हुआ है। उन्होंने राजा दशरथ के यहां राम रूप में जन्म लिया और जीवन में सब कर्म करते

हुए लोक मर्यादा की प्रतिष्ठा की। इस विषय में कहानी यह है कि रावण और कुम्भकरण जय विजय की जन्म परम्परा में ही थे। कहा यह जाता है कि हिरण्याक्ष कुम्भकरण के रूप में पैदा हुआ और हिरण्यकशिपु रावण के रूप में।

भगवान राम ने रावण को पराजित करके पृथ्वी पर दुखी ऋषि मुनियों की रक्षा की। सबसे पहले उन्होंने किशोर अवस्था में ऋषि विश्वामित्र के साथ जाकर यज्ञ में बाधा डालने वाले अनेक राक्षसों को मारा और फिर बाद में लंका के राजा रावण को पराजित करके पृथ्वी का उद्धार किया।

भगवान के सम्पूर्ण अवतारों में सबसे पूर्ण और सब कलाओं से सम्पन्न अवतार कृष्ण का अवतार माना जाता है। भगवान विष्णु ने कंस और जरासंध बने जय विजय के उद्धार के लिए कृष्ण का अवतार लिया। यह अवतार एक ओर धर्म की रक्षा के लिए था दूसरी ओर लोक मंगल के साथ लोक रंजन के लिए भी था। जब कंस और जरासंध के अत्याचारों से लोग तंग हो गए तो विष्णु ने कृष्ण का अवतार लिया। उन्होंने ब्रज में रहकर अनेक लीलाएं कीं और योगिराज के रूप में महाभारत के युद्ध में गीता के प्रसंग में धर्म की वास्तविक व्याख्या की और कौरव पांडवों के युद्ध में पांडवों का पक्ष लेकर धर्म की स्थापना की।

इस प्रकार जब-जब पृथ्वी पर पाप बढ़ता रहा है तब-तब किसी न किसी रूप में अवतार होता रहा है। अवतारों की इसी परम्परा में मार्कंडेय दत्तात्रे और बुद्ध आदि ऋषि मुनियों को भी अवतार के रूप में स्वीकृति मिली है।

वैदिक कर्मकांड के विरोध में अहिंसा और सामान्य समानता के धर्म की स्थापना करने के लिए बुद्ध के अवतार को माना जाता है।

प्रकृति अपनी समस्त शक्ति से अपने भीतर अच्छे-बुरे तत्त्व को समाए हुए होती है और इसीलिए सत्य-असत्य, प्रकाश और अंधकार, अच्छे-बुरे का संघर्ष हमेशा चलता रहता है। हमें इस बात पर आश्चर्य नहीं करना चाहिए कि बुराई क्यों होती है। बुराई नहीं होगी तो सत्यता और अच्छाई का प्रतिपादन कैसे होगा? इसलिए भगवान ने अपने सभी अवतारों में बुराई को जड़ से निकालने के लिए कर्म पर बल दिया और इसका व्यापक प्रतिपादन पूर्ण अवतार रूप कृष्ण के मुख से निकली गीता में प्रतिपादित किया गया।

सत्ता में आने के बाद पृथ्वी अनेक बार अधर्म के द्वारा प्रताड़ित होती रही है और यह समय भी ऐसा ही था जब पृथ्वी के छोटे-छोटे अंशों पर राज्य करने वाले राजा सत्ता के मद में चूर अपनी प्रजाओं पर अत्याचार कर रहे थे। सहनशक्ति का अंत कहीं न कहीं तो होता है और यही पृथ्वी की स्थिति हुई

और उसने अनुभव किया कि अब आराध्य देवों की स्तुति के अतिरिक्त और कोई मार्ग नहीं बचा है। इन दैत्य समान राजाओं का विनाश करने के लिए दैवी शक्ति का पृथ्वी पर अवतरण आवश्यक है। सोचते-सोचते पृथ्वी का रूप जैसे गऊ का रूप हो गया। एक ऐसी गऊ जो अपने चारों ओर के वातावरण से दुखी, संतप्त है।

देवलोक में ब्रह्मा को भी विचित्र व्याकुलता अनुभव हो रही थी। उन्हें लग रहा था जैसे कोई उनसे अपना दुख कहना चाहता है और विचार करते-करते अनायास उन्हें लगा कि वे पीड़ित की करुण-पुकार सुन सकते हैं। ब्रह्मा के कानों में स्तुति की मधुर ध्वनियां गूंजने लगीं और उन्होंने देखा कि अपनी आँखों में आंसू लिए सामने गऊ-रूपी पृथ्वी खड़ी है।

दुख की गाथा बहुत लंबी थी किंतु करुणा से भरे स्वर बहुत शीघ्र ही ब्रह्मा जी की समाज में आ गए और ब्रह्मा जी ने भगवान शंकर, स्वर्ग के अन्यान्य देवी-दवताओं के साथ क्षीर सागर की यात्रा प्रारंभ कर दी।

कभी काल बहुत तेज चलता है, कभी गति स्वयं से भी तेज जाती है और ऐसा ही कुछ हुआ। अल्प समय में ही सभी देवी-देवताओं ने अपने आपको क्षीर सागर के समीप पाया। ऐसा लगा जैसे क्षीर सागर ही उनके समीप आ गया हो। सबने देखा कि भगवान विष्णु उनके सामने खड़े हैं। फिर वही बात-एक लंबी गाथा का संक्षिप्तीकरण-विष्णु ने आश्वासन दिया कि मैं बहुत शीघ्र ही शूरसेन के पुत्र वसुदेव और देवकी के यहां जन्म लूंगा और दैत्य स्वरूप राजाओं का विनाश करूंगा। आश्वासन बहुत धैर्य बंधाने वाला था इसलिए सब अपने-अपने स्थान पर लौट आए।

शूरसेन के निकटवर्ती उग्रसेन का पुत्र कंस अपनी चचेरी बहन देवकी को बहुत प्रेम करता था। वसुदेव और देवकी के विवाह के अवसर पर उसने स्वयं उनके रथ का संचालन करने का भार उठा लिया। किंतु अकस्मात उसे लग जैसे उसे कोई कुछ कह रहा है और जब उसने ध्यान से सुनने का प्रयास किया तो जैसे ध्वनि आकाश से आ रही थी कि जिस बहन को तू इतने प्यार से विदा कर रहा है उसी की आठवीं संतान तेरे वध कारण बनेगी।

प्यार एकदम घृणा, द्वेष और क्रोध में बदल गया। कंस एकदम राक्षसत्व की मुद्रा में आ गया और देवकी को मारने दौड़ा। तब वसुदेव एकदम बीच में आए और उन्होंने कंस से कहा-यह तुम्हारी प्रिय बहन है, इसे क्यों मारते हो?

वसुदेव की बात सुनकर कंस का देवकी पर उठा हाथ नीचे आ गया–

''मैं आपके कथन का कैसे विश्वास करूं?''

''तुम्हारी शंका क्या है?''

''मेरे लिए अपने से बड़ा कोई प्रभाव नहीं है। यदि मुझे लगता है कि देवकी का पुत्र मेरा भांजा होगा तो मेरे लिए इस संबंध का महत्त्व क्या है?''

''उचित कहा है आपने।''

''तो अब क्या करना होगा?''

''आपको देवकी से तो भय है नहीं।''

''नहीं, बिल्कुल नहीं।''

''भय पुत्रों से है न?''

''हां, निश्चित रूप से।''

''मैं शपथपूर्वक कहता हूं कि मैं देवकी की सभी संतानें उत्पन्न होते ही आपको सौंप दूंगा।''

कंस आश्वस्त हुआ किंतु उसने देवकी और वसुदेव को कारागृह में डाल दिया।

जन्मजन्मांतर का विश्वास कंस जैसे पापी के मन में भी था। उसे ध्यान आया जैसे इसके पहले भी वह कई जन्मों में विष्णु के द्वारा मारा गया है जैसे प्रत्येक व्यक्ति की मृत्यु निश्चित है किंतु मृत्यु से पहले वह जो कुछ करना चाहता है, उसे करना उसका भी धर्म है।

समय अपनी गति से चला और एक दिन अनायास देवकी को अनुभव हुआ कि वह गर्भवती हो गई है। दुख-सुख की मिलीजुली अनुभूति, माँ बनने का सुख और फिर इस कल्पना से सिहर जाना कि पैदा होते ही उसकी संतानें मार दी जाएंगी–वसुदेव ये सब अनुभव करते और पत्नी को धैर्य दिलाने के अतिरिक्त और कोई स्थिति नहीं थी।

देवकी के पुत्र उत्पन्न होते गए और कंस उन्हें मारता गया। अंत में देवकी के गर्भ से एक कन्या पैदा हुई। पहले की तरह वसुदेव ने कंस को लड़की दे दी और कंस ने उसे मारने के लिए जैसे ही ऊपर उछाला वैसे ही लड़की जैसे योगमाया में परिवर्तित हो गई और बोली–

''तुझे मारने वाला तो कहीं और जन्म ले चुका है कंस।''

कंस के मुखमंडल पर भय ही भय छा गया। वह यह नहीं जान पाया कि जिस कन्या को वह मारना चाहता था वह तो वहां उत्पन्न ही नहीं हुई थी–

हुआ यह–और जो कुछ भी हुआ अत्यंत विचित्र था। रोहिणी नक्षत्र था। आकाश के सभी नक्षत्र, तारे, गृह शांत...वातावरण में जैसे सौम्य का राज हो, निर्मल आकाश में तारे जगमगा रहे थे पृथ्वी बड़े-बड़े नगर और छोटे-छोटे गांव, अहीरों की बस्तियां जैसे पुरवैया से सराबोर हो रही हो...रात का समय और प्रकृति का विपयर्य...वृक्षों की पंक्तियों में टहनियों पर रंग-बिरंग पुष्पों के गुच्छे ऋषियों के तपोवन के निकट और तपोवनों में अग्नियों का प्रज्वलन–न जाने क्या हो रहा है भूमंडल पर। वसुदेव और देवकी के मन में भगवान विष्णु की मूर्ति इस तरह बसी हुई थी कि सद्य:जात बालक को देखकर उन्हें लगा कि शंख, चक्र, गदा, पद्म लिए साक्षात् भगवान खड़े हैं। वसुदेव और देवकी के सामने–एक अद्भूत बालक। वर्षाकालीन मेघ के समान परम सुंदर श्यामल शरीर पर मनोहर पीतांबर फहरा रहा है। गले में कौस्तुमणि झिलमिला रही है। वक्षस्थल पर तो जैसे श्रीवत्स का चिह्न अंकित है, सारे शरीर-लक्षण से वे उन्हें विष्णुमय दिखाई दिए... सुंदर-सुंदर घुंघराले बाल सूर्य की किरणों के समान चमक रहे हैं। बालक के अंग-प्रत्यंग से अनोखी छटा छिटक रही है।

जब वसुदेव जी ने देखा कि मेरे पुत्र के रूप में तो स्वयं भगवान् ही आए हैं। तब पहले तो उन्हें असीम आश्चर्य हुआ। फिर आनंद से उनकी आँखें झिलमिला उठीं, उनका रोम-रोम परमानंद में मग्न हो गया। श्रीकृष्ण का जन्मोत्सव मनाने की उतावली में उन्होंने उसी समय दस हजार गायें दान देने का संकल्प कर लिया। भगवान श्रीकृष्ण की अंगकांति से सूतिकागृह जगमगा रहा था। जब वसुदेव जी को यह निश्चय हो गया कि यह तो परमपुरुष ही हैं उस समय भगवान् का प्रभाव जान लेने से उनका सारा भय जाता रहा। उन्होंने तब बालक को हृदय से लगा लिया–स्वयं परमसत्ता ने ही आशीष दे दिया हो जैसे, जमीर वसुदेव के मन प्रेरणा जगी, कैसे भी, इस बालक को तो निर्दयी के हाथ से बचाना ही होगा, पहुंचा देना होगा कहीं और अपने मित्र नंद के यहां गोकुल में! हां, वहीं मिल सकता है संपूर्ण सहयोग।

इतना सब सोचे जाने के उपरांत वहां पहुंचने की युक्तियां सोचने लगे...ये वेही ईश्वरमय परम क्षण थे जब वहां गोकुल में नंद के यहां उनकी पत्नी यशोदा के गर्भ से उस योगमाया का जन्म हुआ, जो भगवान् की शक्ति होनें के कारण उनके समान ही जन्म-रहित है।

लेकिन बाधाएं तो थीं ही...कारागृह के द्वारपाल, वहां के बड़े-बड़े बंद द्वार लेकिन एक-एक करके सब बाधाएं दूर होती गई...कोई परमशक्ति ही थी कि जिसके प्रभाव से यमुना नदी भी पार कर ली और वह भी ऐसे समय जब बार-बार वर्षा होने से यमुना बहुत बढ़ गई थी, तरगों के कारण जल पर केन ही फेन फैला हुआ था, सैकडों भयानक भंवर पड़ रहे थे।...वसुदेव सिर पर बालक को उठाए हुए थे, और यमुना जी ने दिव्य बालक को ऐसे मार्ग दे दिया जैसे कभी श्री राम जी को समुद्र ने मार्ग दे दिया था। मूसलाधार वर्षा भी थम गई। वसुदेव जब नंदबाबा के गोकुल में पहुंचे तो देखा सब नींद से अचेत पड़े हुए हैं। उन्होंने अपने पुत्र को यशोदा जी की शय्या पर सुला दिया और उनकी नवजात कन्या लेकर वे बंदीगृह में लौट आए। उधर नंदबाबा की पत्नी यशोदा जी को इतना तो मालूम हुआ कि कोई संतान हुई, किंतु वे यह न जान सकी कि पुत्र है या पुत्री। क्योंकि एक तो उन्हें बड़ा परिश्रम हुआ था और दूसरे योगमाया ने उन्हें अचेत कर दिया था।

वहां बंदीगृह में नवजात शिशु के रोने की ध्वनि सुन कर द्वारपालों की नींद टूटीं। वे तुरंत कंस के पास गए और संतान उत्पन्न होने की सूचना दी। कंस सूतिकागृह की ओर झपटा यही सोच कर कि 'इस बार तो मेरे काल का जन्म हुआ है।' उसे तो अपनी कुछ सुध-बुध भी न रही, बाल बिखरे हुए थे रास्ते में कई जगह वह लड़खड़ा कर गिरते-गिरते बचा।

''मेरे प्यारे और समर्थ भाई, इसे मत मारो। देवकी ने दुखी होकर विनती की, तुमने मेरे बहुत से सुंदर-स्वस्थ बालक मार डाले। मैंने भाग्य का खेल मान सब कुछ सहन कर लिया। लेकिन अब इस कन्या को तो छोड़ दो। यह अबला तुम्हारा कुछ नहीं बिगाड़ सकती।''

परंतु कंस ने रोती हुई दीन-हीन देवकी की एक न सुनी। उसने बहन के हाथ से कन्या छीन ली। अपनी नन्हीं-सी भानजी के पैर पकड़ कर कंस ने उसे बड़े जोर से एक चट्टान पर दे मारा। अपने स्वार्थ ने उसे एकदम अंधा बन दिया था, बुद्धि-शून्य हो गया था।

और श्रीकृष्ण की वह छोटी बहन कोई साधारण कन्या तो थी नहीं। वह देवी थी। वह उसके हाथ से छूट कर तुरंत आकाश में चली गई और अंतर्धान होने से पहले इसी देवी ने कंस से कहा था...''रे मूर्ख! तुझे मारने वाला तो कहीं और जन्म ले चुका है।''

देवी की वाणी सुनकर कंस एकदम विचलित हो घोर आश्चर्य में पड़ गया–''यह मैंने क्या किया?''

अब उस पापी से कोई कहता भी क्या। ब्रह्मघाती होने का दुख उसे जला रहा था और वह कहता चला गया, ''मैंने तो राक्षसी काम किया। अपनी ही बहन के बच्चों को मार डाला...मैंने सोचा मैं विधाता की वाणी सुन रहा हूं और उसी धोखे में आकर मैंने इतना बड़ा पाप कर डाला।''

देवकी के पास तो अब कहने को भी क्या था। भाव-आंसू सब कुछ तो सूख गए। कंस को तो जैसे अब अपनी बहन की दुर्दशा का ध्यान आया–''प्यारी बहन। शोक करना छोड़ दो। क्योंकि सभी प्राणी अपने-अपने कर्मों का फल भोगने के लिए विवश हैं। सभी प्राणियों की तरह वे बच्चे भी कर्मों के, प्रारब्ध के अधीन थे...तुम दोनों क्षमा करो'' ऐसा कहते हुए कंस देवकी और वसुदेव दोनों से विनम्रतापूर्वक क्षमायाचना मांगने लगा।

उन दोनों ने कंस को इस तरह पश्चाताप से तड़पते देखा तो वसुदेव ने भी शांत होकर कहा, ''ठीक कह रहे हैं'', हम सब कर्म-फल के अधीन हैं–जब तक जीव यह सोचता है कि 'मैं मारने वाला हूं या मारा जाता हूं' तब तक वह अज्ञानी है। इसीलिए जीव यह नहीं जानते कि सबके प्रेरक भगवान् एक ही भाव से दूसरे भाव का, एक वस्तु का नाश करा रहे हैं।''

आंसू बहाते हुए कंस ने भी देवकी और वसुदेव को कैद से छोड़ दिया और अपने महलों में चला गया।

❑❑❑

2

श्रीकृष्ण और गोकुल

गोकुल के नंदबाबा बड़े मनस्वी और उदार थे। पुत्र का जन्म होने पर तो उनका हृदय बहुत ही आनंदित हो उठा–तन-मन में और उनके आसपास सब और विलक्षण आनंद की धारा बह चली।

उन्होंने स्नान किया सुंदर-सुंदर वस्त्राभूषण धारण किए। फिर वेदज्ञ ब्राह्मणों को बुलवाकर स्वस्तिवाचन और अपने पुत्र का जातिकर्म-संस्कार करवाया। समस्त पदार्थों की शुद्धि काल, स्नान, संस्कार, तपस्या, यज्ञ, दान और संतोष से होती है और आत्मा की शुद्धि तो आत्मा के नित्य-शुद्ध-स्वरूप का ज्ञान होने से होती है–ये सारी शुद्धियां वहां उस समय अस्तित्वमय हो रहीं थीं। मंगल गान, स्तुति गान से दिशाएं गूंज रहीं थीं। भेरी और दुंदुभियां बार-बार बजने लगीं। ब्रजमंडल के सभी घरों के द्वार, आंगन और भीतरी भाग झाड़-बुहार दिए गए, सुगंधित जल का छिड़काव हुआ...घर-घर में ध्वज-पताका, पुष्पों की मालाएं, बंदनवार सजाए जा रहे थे।

गाय, बैल और बछड़ों को भी हल्दी-तेल से रंग दिया गया। उन्हें गेरू, मोरपंख, फूल के हारों आदि से सजा दिया गया। सभी ग्वाल बहुमूल्य वस्त्र,. गहने, अंग-रखे और पगड़ियों से सुसज्जित होकर नंदबाबा के घर आए, उनके हाथों में भेंट की बहुत-सी सामग्रियां थीं। जब गोपियों को यह बात मालूम हुई कि यशोदा जी को बालक हुआ है तो उनके आनंद की सीमा न रही। उन्होंने सोलह श्रृंगार किया और भेंट देने की सामग्री लेकर यशोदा जी के पास जाने के लिए झटपट चल पड़ी। नंदबाबा के घर जाकर वे नवजात शिशु को आशीर्वाद दे रहीं थीं। '–चिरंजीवी हो' साथ ही लोगों पर हल्दी-तेल से मिला हुआ पानी छिड़क देती।

भगवान श्री कृष्ण के ऐश्वर्य, माधुर्य, वात्सल्य-सभी अनंत हैं। तो जब वे ब्रज में प्रकट हुए, उस समय उनके जन्म का यह महान उत्सव मनाया गया–गोपगण भी आनंद से मतवाले होकर एक-दूसरे पर दही, दूध, घी और पानी उड़ेलने लगे। एक-दूसरे के मुंह पर मक्खन मलने लगे-आनंदातिरेक व्यक्त करने का यह उनका अपना एक ढंग था।

सभी गुणीजनों और विद्वानों को भी उनकी मुंहमागी वस्तुएं देकर नंदबाबा ने उनका बड़ा सत्कार किया। वस्तुत: जब से उनके यहां भगवान श्रीकृष्ण का निवास हुआ, तब से सब प्रकार की ऋद्धि, सिद्धियां वहां अठखेलियां करने लगीं थीं।

उधर कंस के यहां फिर से हिंसक लोगों का बोलबाला हो गया था। कंस के मंत्री ही बड़े दुष्ट-बुद्धि के, साथ ही मुर्ख भी थे। कंस के हंता बालक के कहीं और होने की बात सुन वे अपने मन की पूरी करने के लिए कंस को कुछ दूसरी ही मंत्रणा देने लगे–

''यदि उस तरह का बालक और कहीं अब भी है। तो कुछ तो करना होगा।''

''मुझे तो इसका कुछ ध्यान नहीं। आप ही राय दीजिए।'' कंस अब भी पिछली दुर्घटनाओं को लेकर उद्विग्न था।

''हमें यहीं करना होगा साथ ही देखना होगा कि बड़े-बड़े नगरों में, गांवों में, बस्तियों में कहां-कहां नवजात शिशु हैं।''

''हां, और वे बच्चे चाहे दस दिन से अधिक के हों–या कम के, सबको मार डालेंगे।''–दूसरे मंत्री ने अंतिम निर्णय दे दिया और सबने इसके लिए हामी भर दी। वस्तुत: वे सब दैत्य स्वभाव के थे और देवताओं के प्रतिशत्रुता भाव रखते थे। उनके मन में था कि इस बहाने भयंकर उत्पात करेंगे, देवताओं का नाश करेंगे।

इस योजना की भनक वसुदेव को भी पड़ी। इसीलिए वे नंदबाबा से बोले–''अब आप अपने यहां लौट जाइए।'' उन दिनों नंद मथुरा में अपना वार्षिक कर चुकाने आए हुए थे।

''हां, कंस को कर तो दे भी आया हूं। अब यहां करने को कुछ नहीं। मित्र, मैं तो तुम्हारे स्नेह के कारण यहां रुका हुआ था।

''जानता हूं। पर स्थिति कुछ अलग रंग दिखा रही है। वसुदेव ने बड़े प्रेम से नंद के कंधे पर हाथ रखते हुए कहा–''हम दोनों मिल भी चुके और फिर

मिलते भी रहेंगे।–किंतु अब तुम्हें और अधिक दिन यहां नहीं ठहरना चाहिए। क्योंकि आजकल गोकुल में बड़े उत्पात हो रहे हैं।

जब वसुदेव जी ने इस प्रकार कहा तब नंद ने गोपों सहित वहां से प्रस्थान करने की तैयारी की और बैलों से जुते छकड़ों पर सवार होकर गोकुल की ओर चल दिए।

रास्ते भर उनके मन में भी उथल-पुथल रही–'वसुदेव जी का कथन झूठ नहीं हो सकता।' इस पर उन्होंने मन ही मन भगवान् की ही शरण ली–'वे ही रक्षा करेंगे।'

पूतना नाम की एक बड़ी क्रुर राक्षसी थी। उसका अब एक ही काम था–बच्चों को मारना। कंस की आज्ञा से वह नगर, ग्राम और अहीरों की बस्तियों में बच्चों को मारने के लिए घूमा करती थी। वह पूतना आकाशमार्ग से चल सकती थी और अपनी इच्छानुसार रूप भी बना लेती थी। एक दिन गोकुल के पास आकर उसने माया से अपने को एक सुंदर युवती बना लिया। फिर गोकुल के भीतर घुस गई।

उसने बड़ा सुंदर रूप बनाया था। उसकी चोटियों में बेले के फूल गुंथे हुए थे। सुंदर वस्त्र पहने हुए थी। वह अपनी मधुर मुस्कान और कटाक्षपूर्ण चितवन से व्रजवारियों का चित्त चुरा रही थी।–लेकिन वास्तव में तो वह बालकों के लिए दुष्ट ग्रह के समान उन्हें ग्रसने वाली थी। वह इधर-उधर बालकों को ढूंढते हुए अनायास ही नंदबावा के घर में घुस गयी। वहां उसने देखा कि बालक श्रीकृष्ण शय्या पर सोये हुए हैं। वह क्या जानती थी कि भगवान् श्रीकृष्ण तो स्वयं दुष्टों के काल हैं! क्योंकि अभी तो उन्होंने अपने प्रचंड तेज को छिपा रखा था और तो तुरंत जान भी लिया था कि यह बच्चों को मार डालने वाला पूतना ग्रह है।

जैसे कोई भ्रमवश सोये हुए सांप को रस्सी समझ उठा ले, वैसे ही अपने कालरूप भगवान् श्रीकृष्ण को पूतना ने अपनी गोद में उठा लिया। पूतना का हृदय कुटिल था, किंतु देखने में वह एक भद्र महिला के समान जान पड़ती थी। इसलिए रोहिणी और यशोदा उससे प्रभावित चुपचाप ही खड़ी रह गयीं। और इतने में ही उस राक्षसी ने बालक को अपनी गोद में लेकर उसके मुंह में अपना स्तन दे दिया, जिसमें बड़ा भयंकर और किसी प्रकार न पच सकने वाला विष लगा हुआ था।

श्रीकृष्ण ने अत्यंत क्रोधित रूप धारण कर लिया और दोनों हाथों से उसके स्तनों को जोर से दबा कर उसके प्राणों के साथ उसका दूध पीने लगे। वास्तव

में तो उसके प्राण लिए जा रहे थे इसलिए पूतना का एक-एक मर्मस्थल फटने-सा लगा। वह चिल्ला उठी, अरे, छोड़ दे-छोड़ दे। बसकर दे। वह हाथ और पैर पटक-पटक कर रोने लगी। उसका सारा शरीर पसीने से लथपथ हो गया, यहां तक कि नेत्र भी उलट गए और चिल्लाहट का वेग ऐसा भयंकर था कि जैसे सारी पृथ्वी डगमगा उठी। पहाड़ भी जैसे हिलने लगे हों और दिशाएं ऐसे गूंज उठीं कि बहुत-से लोगों को लगा जैसे वज्रपात ही हो गया है।–इस प्रकार उस राक्षसी पूतना के स्तनों में इतनी पीड़ा हुई कि वह अपने को छिपा न सकी, अपने असली रूप में प्रकट हो गयी जो महाभयंकर राक्षसी का था--बाहर निकले हुए दांत, मुंह भी फट गया, बाल बिखर गए, हाथ-पांव फैल गए–पूतना के उस भयंकर शरीर को देखकर सब के सब ग्वाल और गोपी डर गए।

जब गोपियों ने देखा कि बालक श्रीकृष्ण उसकी छाती पर निर्भय होकर खेल रहे हैं तब वे बड़ी घबराहट के साथ वहां पहुंची और झटपट श्रीकृष्ण को उठा लिया। सबने बालक श्रीकृष्ण की रक्षा की प्रार्थना की और माता यशोदा ने उन्हें पालने में सुला दिया। इसी समय नंदबाबा साथियों सहित मथुरा से गोकुल पहुंचे। जब उन्होंने पूतना का भयंकर शरीर देखा तो वे आश्चर्यचकित हो गए। सोचने लगे–'अवश्य ही वसुदेव जी के रूप में किसी ऋषि अथवा योगेश्वर ने जन्म लिया है। क्योंकि उन्होंने मथुरा में जैसा कहा था, वैसा ही उत्पात यहां देखने में आ रहा है।'

जब गोकुल से दूर ले जाकर पूतना का शरीर जलाया गया तब उसमें से ऐसा धुआं निकला, जिसमें से अगर जैसी सुगंध आ रही थी। ऐसा हुआ, क्योंकि भगवान ने जो उसका दूध पी लिया था–जिससे उसके सारे पाप तत्काल नष्ट हो गए थे। पूतना एक राक्षसी थी। उसने भगवान् का भी मार डालना चाहा। फिर भी उसे भगवान् के हाथों मर कर परम गति मिली।–तो जो सच में 'परम' के प्रति समर्पित होते हैं उनकी तो बात ही क्या।

पूतना का समस्त वृत्तांत नंदबाबा को पता चला तो उन्होंने मृत्यु के सुख से बचे हुए अपने बालक को गोद में उठा लिया। और उन्होंने सुख की सांस ली। यह 'पूतना-मोक्ष' भगवान श्रीकृष्ण की अद्भुत बाल-लीला रही जिसे देख-सुन प्रत्येक प्राणी विस्मित रह गया।

❑❑❑

3

बाल कृष्ण

वह भी एक अद्भुत दिन था जब श्रीकृष्ण के करवट बदलने का अभिषेक-उत्सव मनाया जा रहा था। उसी दिन उनका जन्मनक्षत्र भी था। घर में भीड़ लगी हुई थी, गाना-बजाना हो रहा था। ब्राह्मण मंत्र पढ़-पढ़कर नंदनंदन श्रीकृष्ण का अभिषेक कर रहे थे। यशोदा जी भी पूजन-सम्मान में लगी हुई थीं। वह ब्रजवासियों के स्वागत-सत्कार में ऐसी जुटी हुई थीं कि कब श्रीकृष्ण नींद से उठ गए, कब वे रोने लगे–यह उन्हें पता ही नहीं चला। कब वे रोते-रोते पांव उछालने लगे, कब एक छकड़े के नीचे सोए और कब उनका नन्हा पांव लगते ही वह विशाल छकड़ा उलट गया, पता ही नहीं चला।

उस छकड़े पर दूध-दही आदि अनेक रसों से भरी हुई मटकियां रखी हुई थीं। वे सब फूट गईं, छकड़े के पहिए तथा धुरे अस्त-व्यस्त हो गए। यशोदा, नंद, रोहिणी गोपगण सब अतिथि इस विचित्र घटना को देख व्याकुल हो उठे।

"इसे कृष्ण ने ही तो रोते-रोते अपने पांव की ठोकर से उलट दिया है।" वहीं खेलते हुए बालकों ने बताया।

"ऐसा कैसे?" किंतु गोपों ने बालकों की बात पर विश्वास नहीं किया।

"नहीं-नहीं। यह अवश्य किसी ग्रह आदि का उत्पात है" यशोदा जी ने दौड़कर अपने लाल को उठा हृदय से लगा लिया। ओर रोते-रोते ही वह उपस्थित पंडित-विद्वानों से कहने लगी–"कुछ तो कीजिए आप सब। वेदमंत्रों के द्वारा शांतिपाठ ही कराइए।"

☆☆☆

इस अद्भुत घटना को व्यतीत हुए कुछ समय ही हुआ था कि यशोदा जी को एक और बड़ा अनुभव हुआ। जो बहुत व्यक्तिगत-स्तर का था, निजी था,

जिसे वही जान सकती थी। वह अपने प्यारे लल्ला को गोद में लेकर दुलार रही थीं। अकस्मात् श्रीकृष्ण चट्टान के समान भारी बन गए। उन्होंने भार से पीड़ित होकर श्रीकृष्ण को पृथ्वी पर बैठा दिया। उन्हें कुछ समझ नहीं आया, वह चकित-सी भगवान् का स्मरण करने लगीं।

किंतु दुष्टों का राज्य तो दुष्टों का राज्य ही होता है–कंस के ऐसे राज्य की ओर से गोकुल में विपदाएं आनी ही थी। एक ओर थी दिव्य-शक्ति और दूसरी ओर थी दैत्य-शक्ति। आस्थाविहीन राक्षसों में भगवान् की महिमा समझने की संवेदना ही न थी–उन्हीं में से एक था तृणावर्त दैत्य, जो कंस का निजी सेवक भी था। वह बवंडर के रूप में गोकुल में आया और बैठे हुए बालक श्रीकृष्ण को उड़ा कर आकाश में ले गया। उसने धूल से सारे ब्रजमंडल को ढक दिया। उसके भयंकर शब्दों से दसों दिशाएं कांप उठीं। सारा ब्रज दो घड़ी तक धूल और घोर अंधकार से ढका रहा।

उस जोर की आंधी और धूल की वर्षा में अपने पुत्र का पता न पाकर यशोदा को बड़ा शोक हुआ। वे पृथ्वी पर गिर पड़ी। वे फूट-फूट कर रोने लगीं। दूसरी गोपियां भी दौड़ी हुईं उनके पास आईं और उनकी आँखों से भी आंसू की धारा बहने लगी।

और उधर तृणावर्त्त श्रीकृष्ण को बवंडर रूप से उठा तो ले गया किंतु उनके भारी बोझ को न संभाल सका। इससे उसका वेग शांत हो गया। भगवान् उसे एक चट्टान के समान जान पड़ रहे थे–उसने उन्हें गिरा देने की चेष्टा की, किंतु गिरा न सका। उस अद्‌भूत बालक ने उसके गले को कसकर पकड़ रखा था। वह निश्चेष्ट होने लगा, उसकी आँखें बाहर निकल आईं, प्राण-पखेरू उड़ गए और बालक श्रीकृष्ण के साथ वह ब्रज में गिर पड़ा।

सबने देखा कि–वह विकराल दैत्य आकाश से एक चट्टान पर गिरा और उसका एक-एक अंग चकनाचूर हो गया। गोपियों ने झटपट वहां जाकर श्रीकृष्ण को गोद में ले लिया और लाकर माता यशोदा को दे दिया। नंद आनंद विभोर हो उठे–

''जाने हमने कौन से दान, जप, जीवों की भलाई की थी जिसके फल से हमारा यह बालक मर कर भी हमें सुखी करने के लिए फिर से लौट आया।''

''हां! घोर आश्चर्य है,'' हर कोई किसी न किसी रूप में अपने मन के विस्मित आनंद को व्यक्त कर रहा था–

''कितनी अद्‌भुत घटना!''

''हां, यह बालक राक्षस के द्वारा मृत्यु के मुख में डाल दिया गया, किंतु फिर भी जीता-जागता आ गया।''

''और देखो, उस हिंसक दुष्ट को उसके पाप ही उसे खा गए।''

''हां, हमारे धन्य भाग!''

नंदबाबा को विश्वास हो गया कि 'सचमुच वसुदेव जी की बात सत्य प्रमाणित हो रही है।'

इधर यशोदा माता के निजी अनुभवों का संसार विशाल से विशालतर, विशालतम होता जा रहा था...उनकी ममता का विशाल भंडार कृष्ण के लिए खुला था। वे वात्सल्य के झूले पर कृष्ण को बिठाकर कभी सत्यता में कभी अपनी कल्पनाएं में खोई रहती थीं।

और वह प्रात: बिल्कुल विचित्र रही यशोदा के लिए। यशोदा अपने बालक को स्तन पान करा रही थीं। वात्सल्य में डूबीभीगी उन्होंने अनुभव किया कि बालक ने दूध पी लिया है। किंतु यह क्या? कृष्ण ने जम्माई ली और यशोदा उनकी ओर देखने लगीं।

यशोदा के नेत्रों का धोखा था या कृष्ण के मुख का चमत्कार, जैसे कृष्ण उसके सामने से तिरोहित हो गए हैं और उनके स्थान पर आकाश, अंतरिक्ष, ज्योतिमंडल, दिशाएं और फिर सूर्य, चंद्रमा, मंद-मंद बहती वायु फिर अनायास यशोदा ने जैसे ही अपनी पलकें झुकायी वैसे ही समुद्र, द्वीप, पर्वत, नदियां और संपूर्ण चराचर जगत उन्हें सामने दिखाई दे रहा था।

नंदबाबा जब-जब यशोदा को कहते कि आजकल बृहदवन में बहुत चमत्कारी घटनाएं हो रही हैं तो यशोदा केवल मुस्करा पड़ती। उसे यह अनुमान तो होता कि इस बालक में कोई दिव्य शक्ति है, लेकिन आज तो वह अपने को धन्य मानने लगीं और उसका मन संपूर्ण रूप से फूलों से भरे हुए बगीचों की तरह खिल उठा।

नंदबाबा के घर में चहल-पहल थी, आने-जाने वालों को तांता लगा हुआ था। लोगों के मुख से तरह-तरह की कथाएं सुनने को मिल रहीं थीं। गोपियां अपने मुख से गीतों का उच्चारण करते हुए आ जा रहीं थीं। नंदबाबा एक ओर खड़े किसी की प्रतीक्षा कर रहे थे। थोड़ी देर बाद ही एक तपस्वी धीरे-धीरे आते हुए दिखाई दिए–

ये यादवों के गुरु गर्गाचार्य थे।

आचार्य–''आपने नामकरण पर विचार किया। उत्तम है।''

नंद–''बालकों की अवस्था हो गई है।''

आचार्य–किंतु एक प्रश्न है मेरे मन में।''

नंद–''आदेश दीजिए।''

आचार्य–''मैं यादवों का गुरु हूं। यदि मैंने नामकरण कराया और कंस तक यह सूचना पहुंची तो वह समझ जाएगा कि यह बालक यादववंशी है।''

नंद–ऐसा नहीं होगा।''

आचार्य–तो क्या विचार किया है?''

नंद–''आप चुपचाप गौशाला में स्वस्तिवाचन का पाठ करके इन बालकों का द्विजाति समुचित संस्कार कर दीजिएगा। मैं तो सगे-संबंधियों को भी नहीं बुलाऊंगा।''

गौशाला में सामान्य रूप से रोहिणी और यशोदा के पुत्र का नामकरण संस्कार संपन्न हुआ।

आचार्य–''बड़े पुत्र का नाम होगा राम और इसमें रमण के गुणों के साथ बल अधिक है इसलिए पूरा नाम होगा बलराम। इसके जीवन में दो बातें विशिष्ट होंगी या तो यह विरोधी लोगों में मेल कराता रहेगा अथवा तटस्थ रहेगा। अत:–इसका एक नाम 'संकर्षण' भी होगा।'

नंद–''तथास्तु महाराज!''

आचार्य–''यह दूसरा छोटा बालक अब तक श्वेत, रक्त और पीत रंगों में जन्म ले चुका है–इस बार यह कृष्ण वर्ण है अत: इसका नाम कृष्ण होगा। यह बालक बहुत भाग्यशाली है। यह कभी वसुदेव के यहां पैदा हुआ होगा, इसलिए इसका नाम वासुदेव भी होगा। यह आपको सदा चिंतामुक्त रखेगा। यह अलग-अलग अनेक प्रकार से वीरता के कर्म करेगा। इसलिए इसके गुण-कर्म के स्वभाव से अनेक नाम होंगे। इसकी हस्त-रेखाएं बता रही हैं कि संपूर्ण जीवन का पयार्य होगा। किंतु''–

नंद–''किंतु क्या आचार्य?''

आचार्य–''ऐसी संभावना है कि यह कभी आपके साथ और कभी आपसे दूर रहेगा।''

नंद–"तो हम जीवित कैसे रहेंगे आचार्य?"

आचार्य–"यह आपको बहुत शक्ति और स्नेह देगा।"

इस भांति नामकरण संस्कार संपन्न हुआ। नंदबाबा को संतोष था कि उन्होंने अपना कर्तव्य पूरा किया।

नामकरण संस्कार के विषय में किसी को निमंत्रण न देकर यशोदा का दुखी होना तो स्वाभाविक था लेकिन नंद और यशोदा उस समय बहुत प्रसन्न होते जब दोनों बालक बाल-सुलभ क्रीड़ाएं करते धीरे-धीरे बड़े होने लगे।

कृष्ण की बाल-लीलाओं में मटकों से पानी गिरा देना, बछड़े की पूंछ पकड़ना, पक्षी को पकड़ने के लिए दौड़ना और उसकी छाया के पीछे तेजी से जाना सम्मिलित था।

कृष्ण के सभी खेल-कूद गोपियों के मन को बहुत भाते थे और गोकुल में समय कितनी जल्दी निकल गया यह किसी को अनुमान ही नहीं हुआ। कृष्ण और बलराम बड़े हो गए, छींके पर रखा मक्खन उतार खाने लगे, गोपियों के घर में जाकर उलट-पुलट करने लगे।–एक दिन गोपियां यशोदा के घर आईं और कहने लगीं कि कृष्ण ने मिट्‌टी खाई है। जब यशोदा ने उन्हें फटकारा तो वह अपना मुंह दिखाने लगे और जैसे ही कृष्ण का मुंह खुला, यशोदा ने एक बार फिर से वही सब देखा, जो वह पहले भी एक बार देख चुकी थी। किंतु कृष्ण ने यशोदा के मन में उठा ज्ञान का बवंडर सहसा विस्मित करा दिया और फिर से यशोदा एक सहजमाता के रूप में परिवर्तित हो गईं।

कृष्ण जानते थे कि पृथ्वी पर उनका अवतरण लीलाओं के लिए हुआ है किंतु ये लीलाएं उनके अस्तित्व का अंत नहीं हैं।

कृष्ण ऊखल से बांध दिए गए किंतु जैसे ही कृष्ण ने देखा कि माँ थोड़ा दूर गई है तो उन्होंने वह मटकी तोड़ दी। माता थोड़ी देर के लिए क्रोधित हुई किंतु फिर अपने सहज रूप में आ गईं।

बालक से किशोर होते-होते कृष्ण पृथ्वी के इस भाग को दुष्टों के आतंक से मुक्त करना चाहते थे। इस कारण उन्हें अपनी नई से नई शक्ति को निमंत्रण देना पड़ा।

कृष्ण ने यमलार्जुन का उद्धार किया और इससे सिद्ध किया कि अहंकारी व्यक्ति धर्म का उल्लघंन करता है। यमलार्जुन की कथा की दृष्टि से पूर्व जन्म में नल कूबर और मणिग्रीव यक्ष थे जिन्होंने स्नान करते हुए नारद की उपेक्षा की

थी। जिससे इस जन्म में नारद के श्राप से वह वृक्ष के रूप में जड़ होकर पैदा हुए थे।

कृष्ण ने वृक्ष-रूप यमलार्जुन को खींच कर उनमें निहित पुरुषों को मुक्त कर दिया।

कृष्ण केवल बड़े ही नहीं हो रहे थे। धीरे-धीरे गोकुल के चारों ओर उनके कार्यों का प्रकाश भी फैल रहा था। उनकी एक-एक लीला आश्चर्यजनक लग रही थी–ऐसा अनुभव हो रहा था जैसे यह स्थान अब छोड़ना पड़ रहा है तो थोड़ी दूर ही यहां उत्पातों की सूचना मिल रही है।

गोकुल से थोड़ी दूर ही वृंदावन स्थान था और कृष्ण ने वहां जाने का विचार किया। अब तक की बड़ी-बड़ी घटनाओं पर गोप लोग विचार करते रहे...सारे गोंप मिलकर वृंदावन की ओर चले क्योंकि वहां उन्हें हरी घास, लताएं और वनस्पतियां मिलेंगी। वृंदावन ग्वाल-बाल की ध्वनियों से चहचहा उठा।

एक दिन जब श्याम और बलराम अपने बछड़े चरा रहे थे, तभी एक बनावटी-सा बछड़ा उस झुंड में आ गया। कृष्ण उसे पहचान गए कि यह उनका बछड़ा नहीं है। और उन्होंने तीव्रता से जाकर उस बछडे के पैर पकड़ लिए और उसे पृथ्वी पर गिरा दिया। उन्होंने उसे आकाश में घुमाया, जिससे उसके प्राण-पखेरू उड़ गए और वह साक्षात दैत्य के रूप में दिखाने लगा।–ग्वाल-बाल कन्हैया के इस कार्य को देखकर हर्ष से तालियां बजाने लगे और कुछ ही दिनों के बाद ग्वाल-बाल अपने बछड़े लेकर एक जलाशय के निकट पहुंचे और उन्होंने अपने बछड़ों को जल पिलाया। किंतु तभी देखा कि एक बहुत बड़ा जीव किनारे पर बैठा है, ध्यान से देखने पर वह बगुला जैसा लगा। ग्वाल-बालों के आश्चर्य का ठिकाना और भी नहीं रहा जब उन्होंने देखा कि उस बगुले जैसे जीव ने कृष्ण को निगल लिया है। ग्वाल-बाल डर गए। लेकिन थोड़ी देर बाद ही उस बगुले के पेट को चीर कर कृष्ण बाहर निकले। गोपों ने देखा कि वे ठीक और स्वस्थ हैं–बाद में कृष्ण ने उन्हें बताया कि यह बगुले जैसा जीव वस्तुत: बकासुर है, राक्षस है जो मुझे मारने आया था। किंतु मैंने ही इसे मार दिया।

''और वह बछड़ा कौन था?''

वह वत्सासुर नाम का राक्षस था।'' कृष्ण ने बताया, ''ये दोनों यहीं आसपास रहते थे और सीधे-सादे प्राणियों को तंग करते थे।''

''तुम तो बहुत वीर हो।''

''मैं वीर हूं या नहीं, किंतु तुम्हारे सहयोग से सब कुछ करता हूं। अभी देखते जाओ। अभी और भी अनेक दैत्य यहां वनों में छिपे हैं। मैं उन्हें भी मार कर इस भू-भाग को बहुत स्वच्छ बनाना चाहता हूं।''

''हम सब तुम्हारे साथ रहा करेंगे।''

कृष्ण ने सहमति में गरदन हिलाई और अपने बछड़ों को लेकर घर की ओर चल पड़े।

जब सबने श्रीकृष्ण की वीर-गाथाएं सुनी तो विस्मित रह गए, कल्पना कर कांप गए कि कैसा लगा होगा जब विकराल असुर 'बक' ने झपटकर श्रीकृष्ण को निगल लिया होगा...उन्हें यह सुनकर बहुत आश्चर्य हुआ कि जब श्रीकृष्ण बगुले के तालु के नीचे पंहुचे तब आग की तरह उसका तालु जलने लगा। उसने तिलमिला कर उन्हें बाहर धकेल दिया। यह वह योगाग्नि थी जिसे कोई भी जीव नहीं सह सकता।

नंदबाबा, गोप, ग्वाल, ग्वालिनें–प्रत्येक आनंदित हो कुछ इस तरह की ही बातें कर रहे थे–''घोर आश्चर्य! इस बालक को कई बार मृत्यु के मुख में जाना पड़ा। किंतु जिन्होंने इसका अनिष्ट करना चाहा उन्हीं का अनिष्ट हुआ।''

वे सब श्रीकृष्ण की बाल-लीलाओं में कुछ इस भांति तन्मय रहते कि संसार के दु:ख-कष्टों की कुछ चिंता ही न रहती।

ग्वाल-बाल भी कांच, घुंघची, मणि, सुवर्ण के गहने पहने उछलते-कूदते रहते, कभी रंग-बिरंगे फूलों और मोर पंखों से स्वयं को सजाते रहते तो कभी भौरों के साथ गुनगुनाते, बांसुरी बजाते। कभी वन में ही कलेवा करने के विचार से भोर होते ही निकल पड़ते। यदि श्रीकृष्ण वन की शोभा निहारते हुए कुछ आगे निकल जाते तब पहले में छुऊंगा, पहले मैं छुऊंगा–इस तरह परस्पर होड़ लगाकर सब उनकी और दौड़ पड़ते, उन्हें छू-छूकर आनंदमग्न हो उठते।

वहीं कंस की प्रेरणा से अघासुर नाम का दैत्य आया वह पूतना और बकासुर का छोटा भाई था। वह इतना भयंकर था कि स्वयं देवता भी सोचते थे कि कब इसकी मृत्यु का अवसर आए–और यह अवसर आ ही पहुंचा, उसका उद्धार भी श्रीकृष्ण द्वारा ही होना था। द्वेष में पहल उससे ही हुई–ग्वाल-बालों का आनंद देख उसे बहुत जलन हुई, उनकी वह सुखमयी क्रीड़ा देखी न गई। सोचने लगा कि मेरे भाई-बहन इन्हीं के कारण विनष्ट हुए। मैं इन्हें ही नहीं, सारे ग्वालबालों को मार डालूंगा, तब ब्रजवासी अपने आप ही मरे-जैसे हो जाएंगे।

ऐसा निश्चय कर वह दुष्ट दैत्य अजगर का रूप धारण कर मार्ग में लेट गया। उसका शरीर एक योजन लंबे बड़े पर्वत के समान था। उसने सबको निगलने की सोची थी, इसलिए उसने गुफा के समान अपना बहुत बड़ा मुंह फाड़

रखा था।–अघासुर का ऐसा रूप देखकर बालको ने समझा कि यह भी वृंदावन की कोई शोभा है। कोई कहता - ''यह जो बड़ा जीव-सा है, किसी अजगर के खुले हुए मुंह जैसा है।''

–''यदि हम इसके मुंह में घुस जाएं तो क्या हमें यह निगल जाएगा?''

–''अरे, यह क्या निगलेगा?''

–''ऐसा किया तो मुंह की खाएगा। इसकी गति भी बकासुर जैसी होगी।''

–''हां, हमारा कन्हैया इसे छोड़ेगा थोड़े ही!''

इस प्रकार बातें करते, ताली पीट-पीटकर हंसते हुए अघासुर के मुंह में घुस भी गए। श्रीकृष्ण ने सोचा कि, अरे यह तो सच्चे अजगर को झूठा समझकर अंदर घुस गए– इनका एकमात्र रक्षक में ही हूं– कैसे हो कि अघासुर मर जाए, लेकिन अंदर पहुंचे ग्वाल बाल, बछड़े बच जाएं?''

योगबल से सब जानने वाले श्रीकृष्ण के लिए उपाय ढूंढना कठिन न था।– वे स्वयं भी उसके मुंह में घुस गए। अघासुर तो प्रतीक्षा में ही था कि कब श्रीकृष्ण भी अंदर आ जाएं और वह मुंह बंद करले, सब को चबा डालें। किंतु श्रीकृष्ण ने क्षर्णाश में ही उसके गले में अपने शरीर को फुर्ती से बढ़ा लिया।

अघासुर का शरीर बड़ा ही विशाल था, किंतु भगवान् ने अपने शरीर को इतना बड़ा कर लिया कि उसका गला ही रुंध गया। आँखें उलट गयी। सांसे रुक गईं। प्राण बाहर निकल गए।–श्रीकृष्ण ने अपनी अमृतमयी दृष्टि से ग्वाल-बालों, बछड़ों को जिला दिया। फिर उन सबको साथ लेकर अघासुर के मुंह से बाहर निकल आए। अघासुर मूर्तिमान अघ (पाप) ही था। भगवान् श्रीकृष्ण के स्पर्श मात्र से उसके सारे पाप धुल गए।

श्रीकृष्ण मनुष्य-बालक के रूप में बहुत-सी लीलाएं करते हुए कुछ और बड़े हो गए तो ग्वाल वालों के साथ गौएं चराने दूर-दूर तक निकल जाते। वृंदावन की परम सुंदरता उन्हें बहुत आनंदित करती। गोवर्धन की तराई में, यमुना तट पर गौओं को चराते हुए, बलराम जी के साथ वनमाला पहने हुए भौरों की सुरीली गुनगुनाहट में अपना स्वर मिला कर मधुर संगीत अलापने लगते।–कभी श्रीकृष्ण कूदते हुए राजहंसों के साथ स्वयं भी कूदने लगते और कभी ग्वाल-बालों को हंसाते हुए, नाचते हुए भोरों के साथ स्वयं भी ठुमक-ठुमक कर नाचने लगते।

श्रीकृष्ण इन ग्रामीण बालकों के साथ बड़े प्रेम से ग्रामीण खेल खेला करते थे, किंतु कभी-कभी उनकी ऐश्वर्यमयी लीलाएं भी प्रकट हो जाया करती।

एक दिन सखाओं में एक प्रधान गोप श्रीदामा ने निवेदन किया–

''बलराम जी! आप तो सर्वदा सुख ही पंहुचाते हैं और हमारे श्रीकृष्ण जी! दुष्टों को नष्ट कर डालना तो आपका स्वभाव ही है।''

फिर श्रीदामा ने कहा–''यहां से थोड़ी दूर पर एक बड़ा भारी वन है। उसमें ताड़ के वृक्ष भरे पड़े हैं–वहां बहुत से ताड़ के फल पक-पककर गिरते रहते हैं। परंतु वहां धेनुक नाम का एक दुष्ट दैत्य रहता है। उसने उन फलों पर रोक-टोक लगा रखी है। वह उन्हें किसी को लेने नहीं देता–वह दैत्य गधे के रूप में रहता है।

उसके साथ और भी बहुत से दैत्य उसी रूप में रहते हैं। उसने जाने कितने मनुष्य खा डाले हैं। मनुष्यों की तो बात क्या! उसके भय से पशु-पक्षी तक भी उस जंगल में नहीं जाते।''

इतना सब सुनकर बलराम श्रीकृष्ण के साथ तालवन की ओर चल दिए। वहां पहुंच अपनी बाहों से उन ताड़ के पेड़ो को पकड़ लिया, बहुत जोर से हिलाया तो कितने ही फल नीचे आपड़े। धनेकासुर फलों के गिरने का शब्द सुनते ही दौड़ा आया, गधे के रूप में रहने वाला यह दैत्य बहुत बलवान था–उसने बड़े वेग से अपने पिछले पैरों से बलराम जी की छाती में दुल्ती मारी। फिर ऐसा करने के लिए फिर से रेंकता हुआ आया तो बलराम ने एक ही हाथ से उसके दोनों पैर पकड़ लिए। और उसे अकाश में घुमा कर एक ताड़ के पेड़ पर दे मारा। उसके तो प्राण-पखेरु उड़ गए, साथ ही सारे ताड़ के पेड़ ऐसे हिल गए जैसे बड़े जोर की आंधी चली हो।

धेनुकासुर के सभी साथी दैत्य क्रोध में मर श्रीकृष्ण, बलराम पर बड़े वेग से टूट पड़े। उन्होंने सबके पिछले पैर पकड़ कर लालवृक्षों पर देमारा। उस समय वही भूमि ताड़ के फलों से पट गयी और टूटे हुए वृक्ष तथा दैत्यों के प्राण हीन शरीरों से भर गयी।

जिस दिन धेनुकासुर मरा, उसी दिन से लोग निडर होकर उस वन के फल खाने लगे तथा पशु भी स्वक्ष्छंदता के साथ पास चरने लगे।

आनंदित और श्रीकृष्ण के प्रेम, स्नेह से आपूरित, एक दिन ग्वालबाल यमुना तट पर पहुंचकर खेल-कूद में मग्न थे। जेठ-आषाढ़ की गरमी से पीड़ित अचानक पानी के बिना हलक सुखने लगा और उन्होंने यमुना जी का विषैला जल पी लिया। पानी पीते ही ग्वाल और गौएं प्राणहीन होकर गिर पड़े।–योगेश्वरों के योगेश्वर श्रीकृष्ण ने अपनी अमृत बरसाने वाली दृष्टि से उन्हें जीवित कर

दिया, उन्होंने अपनी योग-दृष्टि से यह भी जानं लिया कि महाविषधर कालिय नाग ने यमुना जी का जल विषैला कर दिया है। तब जल को शुद्ध करने के लिए उन्होनें वहां से उस महानाग को निकाल दिया।

वस्तुतः यमुना में कालिय नाग का एक कुंड था, जिसका जल विष की गर्मी से खौलता रहता था। श्रीकृष्ण एक बहुत ऊंचे कदंब के वृक्ष पर चढ़ गए और वहां से विषैले जल में कूद पड़े। जब कालिय नाग ने देखा कि एक बालक निर्भय रूप से विषैले जल में मजे से खेल रहा है तो उसका क्रोध और भी बढ़ गया–उसने उन्हें अपने नागपाश में जकड़ लिया। श्रीकृष्ण के प्यारे सखा दुःख और भय से मूर्च्छित होकर पृथ्वी पर गिर पड़े। नंदबाबा को सूचना मिली। वे घबरा कर वहां पहुंचे। माता यशोदा तो कालियदह में कूदने ही लगी, किंतु रोती हुई गोपियों ने उन्हें पकड़ रोक लिया।

जब श्रीकृष्ण ने सबकी पीड़ा गहरे म0ें अनुभव की तो अपनी लीला करते हुए अपना शरीर फुला कर खूब मोटा कर लिया। इससे नाग का शरीर टूटने लगा। उसने कई पैंतरे बदले, किंतु उनसे तो उसका शरीर और भी क्षीण होता गया। तब श्रीकृष्ण ने उसके बड़े-बड़े सिरों को दबा दिया और उछलकर उन पर सवार हो गए। कालिय नाग के मस्तकों पर बहुत-सी लाल-लाल मणियां थीं। उनके स्पर्श से श्रीकृष्ण के सुकुमार तलुओं की लालिमा और भी बढ़ गई। समस्त कलाओं के आदि-प्रवर्तक श्रीकृष्ण उसके सिरें पर कलापूर्ण नृत्य करने लगे। कालिय नाग अपने सौ सिरों में से जिस सिरों को नहीं झुकाता था, उसी को प्रचंड दंडधारी कृष्ण अपने पैरों की चोट से कुचल डालते थे। जब उसके मुंह से खून की उल्टी होने लगी तब उसे सारे ब्रह्मांड के आदिपुरुष भगवान् नारायण की स्मृति हुई। वह मन ही मन भगवान् की शरण में चला गया।–भगवान् श्रीकृष्ण को शरणागत वत्सल जान कर अपने अपराधी पति को छुड़ाने की इच्छा से नाग पत्नियों ने उनकी शरण ग्रहण की।

श्रीकृष्ण ने कालिय को प्राणदान देते हुए कहा–

"मैं जानता हूं कि तू गरुड़ के भय से रमणक द्वीप छोड़कर इस दह में आ बसा था। अब तेरे शरीर में चरण-चिह्नों से अंकित हो गया है। इसलिए जा, अब गरुड़ तुझे खाएंगे नहीं, किंतु, तू अव यहां से अपने परिवार सहित समुद्र में चला जा। यमुना का जल मुक्त हो।"

इससे पहले की कथा का भी सबको ज्ञान हुआ–होता यह था कि गरुड़ जी सांपों को खा जाया करते थे। इसलिए सर्पों ने यह नियम बना लिया था कि

प्रत्येक मास में निश्चित वृक्ष के नीचे गरुड़ को एक सर्प की बलि दी जाए। इस नियम के अनुसार प्रत्येक अमावस्या को सारे सर्प अपनी रक्षा के लिए गरुड़ जी को अपना-अपना भाग देते रहते थे। कालिय नाग ने इस नियम का पालन नहीं किया, वह तो बलि के लिए चढ़ाए गए सर्पों को भी खा लेता था। इससे गरुड़ महात्मा को बड़ा क्रोध आया। उस पर वेग से आक्रमण किया तो नाग ने गरुड़ को ही डस लिया। गरुड़ जी भगवान् विष्णु के वाहन हैं, पराक्रम में अतुलनीय–कालिय नाग की ढिठाई से उनका क्रोध और भी बढ़ गया। उन्होंने अपने सुनहले पंख से नाग पर बड़े जोर का प्रहार किया और कालिय वहां से भागा, भयभीत होकर यमुना जी के उस कुंड में आ गया जो गरुड़ के लिए अगम्य था।

और अब जब कालिय नाग को समुद्र में चले जाने का आदेश दे दिया गया तो ब्रजवासी अपार आनंदित हुए। किंतु इतनी बड़ी दुर्घटना के कारण सब ब्रजवासी बहुत थक गए थे। उस रात वे सब वहीं यमुना जी के तट पर सो गए। सब गौएं इत्यादि भी वहीं थीं। गर्मी के दिन थे, वहां का वन सूख गया था। आधी रात के समय उसमें आग लग गई। उस आग ने सोये ब्रजवासियों को चारों ओर से घेर लिया और वह उन्हें जलाने लगी।

आग की आंच लगने पर ब्रजवासी घबराकर उठ खड़े हुए और श्रीकृष्ण की शरण में दौड़े चले आए, उन्होंने देखा कि उनके स्वजन इस प्रकार व्याकुल हो रहे हैं तो उस दावानल को आत्मसात कर लिया। अनंत योग-साधना की गहराई कौन नाप सकता है।

श्रीकृष्ण कालियदह से सकुशल निकल आए, दावाग्नि से सबकी रक्षा की–प्रत्येक प्राणी सुरक्षा के आनंद से भर गया। ग्रीष्म ऋतु में भी वृंदावन में वसंत ही वसंत छा गया। हरियाली, झरने, कमलों का पराग–शीतल, सुगंध हवाएं बह चलीं। ऐसे में वनविहार की इच्छा जागी तो आगे-आगे गौए चलीं, पीछे-पीछे ग्वालबाल और बीच में अपने बड़े भाई बलराम के साथ बांसुरी बजाते श्रीकृष्ण? घुंघराली अलकों वाले, लाल-लाल मूंगों से सजे लालिमा और स्वयं का प्रकाश बिखेरते–'देखते ही बनती थी छवि श्याम की!'

खेलों में घुमड़ी-परेता, रस्साकशी, कुश्ती, जायफल या आंवले के फलों को गेंद की भांति खेलना-उछलना तो कभी वृक्षों पर झूले डालना।

इन समस्त क्रीड़ाओं के बीच दो दल बनाकर भी खेल खेले गए। एक खेल में एक दल के लोग दूसरे दल के लोगों को अपनी पीठ पर चढ़ाकर एक

निर्दिष्ट स्थान पर ले जाते, नियम था कि जीतने वाला दल चढ़े और हारने वाला दल चढ़ावे। इस प्रकार खेलते हुए वे भांडीर नामक वट के पास पहुंच गए। एक बार बलराम जी के दल वाले श्रीदामा, वृषभ आदि ग्वालों ने खेल में बाजी मार ली। हारे हुए दल के प्रलंब ने बलराम जी को पीठ पर चढ़ाया। उसने देखा था कि श्रीकृष्ण को हरा न सकेगा, तो वह उन्हीं के पक्ष में हो गया था। बलराम जी को लेकर फूर्ती से भाग चला। लेकिन बलराम के भारी बल को न सह सका उसे रुकना पड़ा। तब उसने अपना वास्तविक रूप दैत्य, रूप धारण कर लिया। वह प्रलम्ब नहीं प्रलंबासुर था।

बलराम पहले तो कुछ घबरा गए-कि आग की तरह धधकती आँखें वाला भयानक दैत्य बड़े वेग से आकाश मार्ग से उन्हें लिए जा रहा है। किंतु फिर बहुत क्रोधित होकर बलरामजी ने उसके सिर पर जोर से घूंसे जमा दिए। उसका सिर चूर-चूर हो गया और वह पृथ्वी पर गिर पड़ा व प्राणहीन हो गया। यह दैत्य भी श्रीकृष्ण का, बलराम का कुछ नहीं बिगाड़ सका।

❑❑❑

4

चीर हरण और गोवर्धन धारण

भगवान् श्रीकृष्ण के योगी रूप में रंजन और रक्षण दोनों का अद्‌भुत सामंजस्य है। श्रीकृष्ण को सर्वांग अवतार कहा जाता है और योगिराज भी, क्योंकि उनके अधिकांश कार्य प्रकृति और पुरुष के द्वंद्व, सहयोग और विश्वस्वरूप की व्याख्या के लिए हैं। प्रकृति और पुरुष के बीच राग-संबंध भी सृष्टि का एक अनिवार्य अंग है। राग के अभाव में जीवन अपूर्ण है। यही राग योगिराज कृष्ण के संबंध में रास और महारास के रूप में आता है।

चीर-हरण का इसी संबंध में विशेष अर्थ है। इस प्रसंग में श्रीकृष्ण, परमात्मा और गोपियां आत्मा की प्रतीक होती हैं।

शरद्-ऋतु का प्रारंभ हो चुका था और कृष्ण की क्रीडाओं से गोपियां निरंतर मुग्ध होती जा रही थीं। उन्होंने कात्यायनी देवी की पूजा की, क्योंकि कात्यायनी स्वयं महायोगिनी हैं इसलिए गोपियों ने अपने मन में श्रीकृष्ण को पति रूप में मानने का वरदान कात्यायनी से मांगा।

एक दिन गोपियां यमुना जी में स्नान कर रहीं थीं। उन्होंने अपने वस्त्र तट पर रखे हुए थे। धीरे-से श्रीकृष्ण आए, उनके अपने सखा, ग्वाल-बाल भी साथ में थे। उन्होंने वस्त्र उठाए और कदंब के पेड़ पर चढ़ गए। गोपियों को जब पता चला तो उन्होंने कृष्ण वस्त्र देने की प्रार्थना की–

गोपियां–''हमारे वस्त्र हमें दे दो।''

कृष्ण–''बाहर आओ, और ले लो।''

गोपियां–''हम निर्वस्त्र बाहर कैसे आ सकती हैं।''

कृष्ण–''ऐसा व्रत रख कर निर्वस्त्र स्नान करना ही नहीं चाहिए।''

गोपियां–''हमसे भूल हो गई।''

कृष्ण–"निर्वस्त्र स्नान से पाप होता है।"

श्रीकृष्ण ने कहा कि तुम्हें इस समय अपने इस प्रकार स्नान करने पर और प्रभु को नमस्कार करने पर अपने अपराध से मुक्ति मिल गई। श्रीकृष्ण ने उनके वस्त्र उन्हें दे दिए और कहा कि यह पूजा अन्य सांसारिक भोगों से मुक्ति दिलाएगी। वस्तुत: महान प्रेम और महान पूजा प्रभु के प्रति ही समर्पित होती है।

☆☆☆

ब्रज में यह एक परंपरा थी कि वर्षा-ऋतु के स्वामी इंद्र की पूजा होती थी जिसे इंद्र-यज्ञ भी कहा जाता था। माना जाता था कि इंद्र वर्षा करने वाले मेघों के स्वामी हैं और मेघ ही जीवनदान करने वाला जल बरसाते हैं। अत: समस्त ब्रजवासी मेघपति इंद्र की पूजा किया करते थे। नंदबाबा ने इसके विषय में श्रीकृष्ण और बलराम से कहा–

"हम लोगों के पुरुषार्थ का फल देने वाले इंद्र ही हैं। यह धर्म हमारी कुलपरंपरा से चला आया है। अत: हमें अब इंद्र-यज्ञ की तैयारी में जुट जाना है।"

किंतु श्रीकृष्ण ने अपने प्रश्न द्वारा सबके मन में द्वंद्वात्मक हलचल मचा दी, प्रश्न था–

"प्राणी को अपने कर्म के अनुसार ही सुख-दुख की प्राप्ति होती है और जब सभी प्राणी अपने-अपने कर्मों का ही फल भोग रहे हैं तो किसी इंद्र या किसी देवता की क्या आवश्यकता है?"

"तो करें क्या!" यह प्रश्न सभी का था।

"वन और पहाड़ ही हमारे दाता हैं। इसलिए हम लोग गौओं, ब्राह्मणों और गिरिराज का भजन करने की तैयारी करें।"

सबके मन में उत्साह के फूल खिल उठे, ब्राह्मणों ने स्वस्तिवाचन किया, गौओं को हरी-हरी घास खिलाई गई, फिर नंद बाबा और गोपों ने गौओं को आगे करके गिरिराज की प्रदक्षिणा की। गोपियां भी भली-भांति शृंगार करके और बैलों से जुती हुई गाड़ियों पर सवार होकर श्रीकृष्ण की लीलाओं का गायन करती हुई गिरिराज की परिक्रमा करने लगी। जैसे श्रीकृष्ण ही गिरिराज पर दूसरा विशाल शरीर धारण करके प्रकट हो गए। पूज्य और पुजारी एक हो गए। भक्त भगवान् मय हो गए। भक्तों को योगत्व रसमय होता है। यहां भी आनंद-रस बरस रहा था।

जब इंद्र को पता चला कि 'ब्रज में मेरी पूजा पर रोक लगा दी गई' तब वे बहुत क्रोधित हुए। अहंकार और अपमान से आगबबूला होकर उन्होंने इसका

प्रतिकार करना चाहा। उन्हें लगा जैसे पृथ्वी पर अब उसकी सत्ता समाप्त हो जाएगी, तो उन्होंने मेघों को आदेश दिया कि वे ब्रजभूमि पर इतनी वर्षा करें कि वह भूमि डूब जाए।

मेघों ने इंद्र की आज्ञा मानकर तीव्र गति से बरसना प्रारंभ कर दिया और उससे ब्रजभूमि का कोना-कोना पानी से भर गया। लोग शीत से कांपने लगे। अनेक ब्रजनारियों ने अपने बच्चों को अपने आंचल में छिपा लिया और सब लोग मिल कर रक्षा के लिए कृष्ण के पास गुहार मचाने गए। उन्होंने कृष्ण के सामने अपनी विपत्ति व्यक्त की। कृष्ण समझ गए कि यह सारा कोप इंद्र का है। इंद्र अपने देवराज पद के मद में परिवर्तित परिस्थितियों का आकलन नहीं कर पा रहा है। मुझे इस दुष्कर्म का प्रतिकार करना होगा, मैं अपनी योगशक्ति से उसको भली-भांति उत्तर दूंगा।

तभी दो-तीन गोप उनके पास आ खड़े हो गए-

गोप-''हमारी रक्षा करो कृष्ण!''

कृष्ण-''धैर्य रखो।''

गोप-''हमारा सब कुछ जल में निमग्न हो गया है। ऐसा पहले कभी नहीं हुआ।''

कृष्ण-''यह इंद्र की दुष्टता है।''

गोप-''क्यों, हमने उसका क्या बिगाड़ा।''

कृष्ण-आप लोगों ने उसकी पूजा बंद कर दी।

गोप-किंतु वह तो देवता है।

कृष्ण-किंतु अहंकारी हो गया है।

गोप-हमारी रक्षा करो। इंद्र के कोप से आप ही छुटकारा दिलाएंगे।

कृष्ण ने गोप-गोपियों को अपने निकट किया और उनके देखते ही गिरिराज को उठा लिया और सभी ब्रजवासियों को गिरिराज के नीचे आने के लिए कहा। बहुत समय तक वर्षा होती रही। उधर इंद्र को इस बात का आश्चर्य हो रहा था कि ब्रजवासियों ने फिर से उसकी पूजा क्यों प्रारंभ नहीं की?

और जब उसे सच्चाई का पता चला तो उसे बहुत क्रोध तो आया लेकिन उसने गोवर्धन पर्वत पर साक्षात विष्णु के दर्शन किए और वह सब कुछ समझ गया। इंद्र ने नमन किया और वर्षा बंद हो गई।

कृष्ण के अनेक कार्यों से ब्रजवासी आश्चर्यचकित तो थे ही लेकिन गोवर्धन की घटना के बाद वे कृष्ण में एक विशिष्ट दैवी शक्ति की परिकल्पना करने लगे।

नंदबाबा का चबूतरा गोप-ग्वालों से भरा हुआ था। नंद भीतर से आकर आसन पर विराजमान हो गए।

गोप 1. ''नंदबाबा, अद्भुत बात हो गई।''

गोप 2. ''हमारा कृष्ण-कन्हैया तो बहुत बड़ा योगी है।''

गोप 3. ''बछड़ों, भैसों को उठाकर तो फैंकता ही था। पहाड़ भी उठा लिया।''

गोप 1. ''हमको लगा मृत्यु आ गई।''

नंद–''नहीं भाई, यह तो समय पर आती है।''

गोप 1. ''हमारे घरों का पानी बिल्कुल सूख गया।''

गोप 2. ''वर्षा रुकेगी, तो पानी सूखेगा।''

गोप 3. ''जब पूतना आई थी, तो उस समय उसने पूतना को कैसे उछाला था।''

नंद–''दोनों भाई बराबर के वीर हैं।''

गोप 1.–''हां, यह तो हम देख ही रहे हैं।''

नंद–''गर्गाचार्य ने तो पहले ही कहा था कि यह बालक अद्भूत शक्तिसंपन्न होगा।''

गोप 2.–''हमें कृष्ण का अभिषेक करना चाहिए।''

नंद–''हां, कृष्ण ने इंद्र का गर्व-भंग किया है।''

थोड़े समय बाद ऐसा लगा जैसे इंद्र अपना अपराध स्वीकार करके कृष्ण से क्षमा मांगने आए हों। तब कृष्ण ने सबको संबोधित होकर कहा कि ''चाहे प्राणी सामान्य हो या विशिष्ट उसे अहंकार नहीं करना चाहिए, अहंकार से प्राणी अपना धर्म भूल जाता है। जब प्राणी अपना धर्म भूलता है, अधर्म कर आचरण करता है, तो उसके अहंकार का नाश होता है और इस दृष्टि से कभी-कभी उसे अपमानित भी होना पड़ता है जैसे इंद्र को अपमानित होना पड़ा।

5

गोपियां और श्रीकृष्ण

गोवर्धन प्रसंग के उपरांत कृष्ण को यह आभास हो गया था कि अब वह समय दूर नहीं है जब कंस की दृष्टि उन पर प्रबल रूप में पड़ेगी। क्योंकि इसके पूर्व भी वेश बदल कर आने वाले राक्षस कंस के द्वारा ही भेजे गए और अब सीधा कंस से युद्ध करके प्रजा को उससे मुक्ति दिलाने का अवसर आ गया है।

बलराम कृष्ण के समीप खड़े थे। उन्होंने बहुत समय बाद कृष्ण के मुख पर इतनी गंभीरता अनुभव की।

बलराम–''क्या सोच रहे हो कृष्ण?''

कृष्ण–''जान कर आप क्रोधित हो जाएंगे।''

बलराम–''इससे पहले भी तो हुआ था।''

कृष्ण–''यह तो आपका स्वभाव है।''

बलराम–''स्वभाव नहीं, तुम जो इधर-उधर की क्रीड़ाएं करते रहते हो। उनसे कौन प्रसन्न होगा।

कृष्ण–''सच दाऊ जी।''

बलराम–''ऐसे ही बातों से मुझे मोह लेते हो।''

कृष्ण–''क्या मैंने केवल क्रीड़ाएं की हैं? क्या अनेक दुष्टों के दलन के समय आप मेरे साथ नहीं थे?''

बलराम–''हां था, और ऐसे कार्यों में सर्वदा साथ दूंगा। किंतु...''

कृष्ण–''किंतु एक कार्य और संपन्न करना है।''

बलराम–''कौन-सा?''

कृष्ण–"अभी नहीं बताऊंगा।"

बलराम–"मुझे उचित लगा तो साथ दूंगा नहीं तो मैं चला जाऊंगा कहीं।"

कृष्ण–"वचन दो–अन्यथा नहीं लोगे।"

बलराम–"ठीक है।"

बलराम के कथन से आश्वस्त होकर कृष्ण ने गोपियों के साथ रास-क्रीड़ा करने की योजना बनाई। वे चाहते थे कि उन्हें छोड़ कर जाने से पहले जीवन के परम सुख और गहन दुख से परिचित करा दिया जाए। यह संपूर्ण सृष्टि प्रभु की योगमाया का विस्तार है, उनकी योगशक्ति का तांडव भी। अत: उन्हें बताना आवश्यक है कि प्रेम करके किसी फल की कामना नहीं होनी चाहिए और जब वही प्रेम निकट न हो तो उसे भी जीवन की अनिवार्यता समझ कर स्वीकार करना चाहिए।–शरीर से भोगे जाने वाले कर्मबंधन मनुष्य को सीमित कर देते हैं मानो अपने मन से प्राकृत और अप्राकृत कल्याण रूप आश्रित होता है। उसे प्रेम-विरह, वृद्धि-विनाश, प्रमाण-प्रमेह, गुण-अवगुण से रहित होना चाहिए।

कृष्ण इसी तरह से विचार करते हुए घर जाने लगे तो उन्होंने अनुभव किया कि अनेक गोपियां उनके सामने खड़ी हैं, उन्होंने कहा–"महाभाग्यवती गोपियो! तुम्हारा स्वागत है। बतलाओ, तुम्हें प्रसन्न करने के लिए कौन-सा काम करूं? किंतु यह रात का समय है। जो बड़ा भयावना होता है। रात के समय घोरजंगल में स्त्रियों का रुकना उचित भी नहीं है। तुम्हारे घर के लोग भी तुम्हें न पाकर तुम्हारी चिंता में होंगे, तुम सब तुरंत ब्रज में लौट जाओ।"

फिर श्रीकृष्ण ने सहज चंचलता अपना ली, "हूं, समझा। तुम इस समय इस वन को पूर्ण चंद्रमा की कोमल रश्मियों से रंगा हुआ देखने आई होगी। पवन से झिलमिलाते हुए वृक्षों के पत्ते...फिर यमुना में पड़ रही इनकी तरंगित परछाइयां!...चलो, यह संपूर्ण सुंदरता तुमने जी भर कर निहार ली अब लौट जाओ" श्रीकृष्ण सत्य जानते थे, गोपियों के हृदय की जानते थे, फिर भी इस तरह अनजान बन रहे थे। गोपियों के मन का सत्य बाहर आ जाए या वे सामान्य स्त्रियोचित व्यवहार अपना लें। अत: श्रीकृष्ण ने सांसारिक व्यवहार की बातें कहीं–"यदि तुम मेरे प्रेम से परवश होकर यहां आई हो तो उसमें भी अनुचित क्या! क्योंकि जगत के पशु-पक्षी तक मुझसे प्रेम करते हैं। परंतु स्त्रियों का परम धर्म यही है कि वे पति और परिवार की निष्कपट भाव से सेवा करें।"

जब गोपियों ने अपने प्रियतम श्रीकृष्ण की यह निष्ठुरता से भरी बातें सुनी तब उन्हें बड़ी ठेस पहुंची। आँखों के आंसू पोंछते हुए प्रणयकोप के कारण वे

गदगद वाणी से कहने लगीं–"हम सब कुछ छोड़कर–संसार के सभी विषयों से मुंह मोड़कर केवल तुम्हारे चरणों में ही प्रेम करती हैं। हम अपना स्त्रीधर्म जानती हैं किंतु–हमारे प्रियतम! जो तुम्हारे और अपने स्वरूप को जानते हैं, वे केवल तुम्हीं से प्रेम करते हैं। क्योंकि तुम्हारे अतिरिक्त जगत की सभी वस्तुएं अनित्य और दुःखद हैं। इसलिए परम पुरुष श्रीकृष्ण! तुम हम पर कृपा करो, तुम नित्य हो, अपनी आत्मा ही हो।–इससे पहले हम भी घर-संसार में रमी हुई थी, किंतु एक बार तुम्हारे सुखस्वरूप का दर्शन कर लिया तो हमारी गति-मति निराली ही हो गई है। हमारे ये पैर तुम्हारे चरणकमलों को छोड़कर एक पग भी नहीं हट रहे हैं।–हमें दूर जाने के लिए न कहो। हम सच कहती हैं, तुम्हारी विरह-व्यथा की आग से हम अपने-अपने शरीर जला देंगी और ध्यान के द्वारा तुम्हारे चरणकमलों को प्राप्त करेंगी।

जब श्रीकृष्ण ने गोपियों की इतनी व्याकुल-वाणी सुनी तो उनका हृदय करुणा से भर गया। यद्यपि वे स्वयं महायोगी हैं, उन्हें किसी बाहरी वस्तु की अपेक्षा नहीं, फिर भी उन्होंने हंसकर अपनी भाव भंगिमाएं और चेष्टाएं गोपियों के अनुकूल कर दीं। रास-लीला का प्रारंभिक स्वरूप था यह। उनके साथ गीत गाते हुए यमुना जी के पावन पुलिन पर उन्होंने पदार्पण किया। जो तरंगों के स्पर्श से शीतल और कुमुदिनी की सहज सुगंध से सुवासित वायु के द्वारा रसमय हो रहा था, उस आनंदप्रद पुलिन पर श्रीकृष्ण ने गोपियों के साथ क्रीड़ा की। आलिंगन, स्पर्श से गोपियों का सम्मान किया। स्वयं को परम आनंदित, सर्वश्रेष्ठ मानते हुए वे कुछ मानवती हो गईं, तब श्रीकृष्ण उनका गर्व शांत करने के लिए उनके बीच में ही अंतर्धान हो गए।

अब तो गोपियों की विरह-व्यथा देखते ही बनती थी। मिलन के उपरांत के विरह से तो वे इतनी पगला-सी गईं कि स्वयं कृष्ण की लीलाएं करने लगीं–आज तक जो कुछ भी अद्भुत लीलाएं देखी वे स्वयं उन्हें फिर से क्रियावान करने लगीं–कोई पूतना बनती तो साथ वाली सखी उसे उछालने दौड़ती, कोई छकड़ा चलती तो कोई शकटासुर को पटकने लगती कोई विरह की मारी पूरी कालिय दमन की कथा नाचते हुए दोहराने लगती और अंत में आनंद के आंसू बहाते-बहाते चीखने लगती, यमुनाजी के तट पर लेट जाती। इस तरह 'कृष्ण-कृष्ण', 'हमारे प्रियतम' पुकारते हुए वे उन्हें ढूंढ़ने वन की ओर चल दीं।

वहां उन्होंने श्रीकृष्ण के चरण-चिह्नों को पहचान लिया और जान गई कि वे एक गोपी के साथ हैं और यह गोपी और कोई नहीं, उनकी आराधना में सर्वाधिक ध्यानमग्न रहने वाली आराधिका है, राधिका है। वे दोनों कहीं दिखाई नहीं दे रहे हैं, अवश्य ही किसी एकांत में होंगे।–'हाय, वह कैसी बड़भगिनी है।'

लेकिन वे सब यह नहीं जानती थीं कि उनकी सखी कुछ ही दूरी पर अचेत पड़ी मिलेगी। हुआ यह था कि अपने प्रेम और सौभाग्य से मतवाली होकर, आराधिका से प्रेमिका होकर वह स्वयं को भी भूल गई थी और कृष्ण से कह बैठी थी, "मेरे पैर सुकुमार है। मुझे अपने कंधे पर चढ़ाकर ले चलो।"–और श्यामसुंदर ने कहा था–

"हां, प्रियतमा, तुम अब मेरे कंधे पर चढ़ लो।"

यह सुनकर ज्यों ही वह उनके कंधे.पर चढ़ने लगी श्रीकृष्ण अंतर्धान हो गए और वह रोने पछताने लगी। फिर उनके वियोग में अचेत,हो गई।–यह सब देख-सुनकर वे सब और भी अधीर हो गई। लेकिन सामने अंधकार में डूबा घनघोर जंगल था–ढूंढ़ने जाएगी तो श्रीकृष्ण और भी अंदर छिप जाएंगे। वे बेसुध-सी हालत में लौट आई। शरीर की सुध ही नहीं थी, फिर घर की याद कौन करता यमुना जी के पावन पुलिन पर आ गई और श्रीकृष्ण की प्रतीक्षा में डूबी एक साथ मिल कर उनके गुणों का गायन करने लगी।

कृष्ण के गुणों का गायन करते हुए राधिका तथा अन्य गोपियां गीतमय हो गईं और उनके सुख से संगीत के स्वरों में उनके मनोभाव व्यक्त होने लगे। गोपियों ने जैसे आत्म-प्रलाप आरंभ कर दिया। वे कहने लगी--'हे प्रियतम! हम तुम्हारी दासी हैं। तुम हमारे प्रभु हो। हम तुम्हारे लिए ही इस जीवन में जी रही हैं।

गोपियों का एक समूह कृष्ण को उलाहना दे रहा था कि तुमने हमारी भावनाओं को उकसाया, तुमने हमें प्रेम का अर्थ समझाया–सब की सब मिलकर ऐसे बोलने लगी जैसे गीत गा रही हों–

गोपी–'तुमने रतिभाव जगाया'

गोपी–'तुमने हमको उकसाया'

गोपी–'जंगल-जंगल भटकाया'

गोपी–'तुमने यह चित्त चुराया'

गोपी–'तुमने जीवन का दान दिया'

गोपी–'तुमने ही तो अभिमान दिया'

गोपी–'वृषभासुर को तुमने मारा'

गोपी–'अजगर को भी नवदान दिया'

गोपी–'कहां छिपे हो अंतर्यामी!'

गोपी–'संसार-चक्र से मुक्त करो'

गोपी–'क्यों रूठ गए हो हमसे तुम'

गोपी–'अब फिर से तुम अपना लो प्रिय'

गोपी–'आत्मा को परम बना लो प्रिय'

गोपी–'सर्वस्व न्यौछावर करती हैं'

गोपी–'बस राह तुम्हारी तकती है'

गोपिका–गीत से श्रीकृष्ण को विश्वास हो गया कि गोपियों का मान–मर्दन हो गया है। जो गोपियां कृष्ण के कंधे पर चढ़कर आनंदमग्न होना चाहती थी। उन्हें अपनी वास्तविकता का ज्ञान हो गया। श्रीकृष्ण ने देर नहीं की और उनके सामने प्रकट हो गए।

परम मनोहर श्यामसुंदर को आया देख, मंद–मंद मुस्कान से खिला हुआ उनका मुखकमल देख गोपियों में नूतन स्फूर्ति आ गई। कोई गोपी कृष्ण के करकमलों को अपने हाथ में ले आनंदित हुई, एक गोपी चंदन चर्चित भुजदंड को अपने कंधे पर रख कर स्वयं को धन्य मानने लगीं–कुछ गोपियां कृष्ण की मूर्ति को अपनी आँखों में बसाकर, आँखें मूंद परम सुख का अनुभव करने लगीं, कुछ एक तरफ खड़े होकर उनके ही विषय में बात करने लगी।

–"तूने आँखें क्यों बंद कर ली।"

–"मैंने तो उन्हें मन में बसा लिया।"

–"और तू क्या सोचने लगी?"

–"मैंने तो जैसे भगवान के ही दर्शन किए।"

–"और तू कैसे खिल रही है।"

–"मेरी तो सारी सांसारिक पीड़ा समाप्त हो गई।"

–"अरी सोच तो। कन्हैया के प्रेम में दोष तो नहीं।"

–"नहीं, नहीं री। कहीं भगवान के प्रेम में भी दोष होता है।"

अब श्रीकृष्ण की बारी थी, उन्होंने गोपियों को संबोधित करके उन्हें उनके भाव–संसार में डूबे रहते ही उन्हें उनके कर्म का ज्ञान कराया। श्रीकृष्ण नहीं चाहते थे कि वे अपने सांसारिक कर्तव्य से मुंह मोड़ लें, क्योंकि उनकी दृष्टि में प्रेम कर्तव्य के प्रति उन्मुख करता है उससे अलग नहीं करता। श्रीकृष्ण ने गोपियों को विश्वास दिलाया कि वे स्वयं भी उनके वश में हैं, भगवान भक्तों के वश में होते हैं। भक्त जैसा चाहे, भगवान को अपनी भक्ति के वशीभूत कर सकता है।

''मैं स्वयं तुमसे अलग कहां हूं। तुम मेरे में हो और मैं तुम्हारे में हूं। तुम महान हो। क्योंकि जिन बंधनों से प्राणी-ऋषि-मुनि का पद पाने पर भी बंधा रहता है–उन बंधनों को तुमने प्रेम के कारण अनायास तोड़ डाला। तुम उनसे मुक्त हो गई।'' मैं अनंत काल तक भी तुम्हारे प्रेम का ऋण नहीं चुका सकता।''

गोपियां कृष्ण के वचन सुन कर भाव-विभोर हो गईं।

भगवान कृष्ण का गोपियों के साथ महारास एक दार्शनिक भूमि पर जन्म लेता है–धर्म और अधर्म, सामान्य कर्तव्य और अकर्तव्य, प्राणी का अपना और समुदाय का सुख और जीवन के नियम, कामना का विस्तार और पूर्णकाम होने की भावना, ये सब कुछ सामान्य जीवन व्यवहार से दर्शन तक की यात्रा करते है अर्थात ये जीवन के स्वरूप भी होते हैं और जीवन जीने के दर्शन भी। जब मनुष्य इन सामान्य व्यवहारों को दर्शन के रूप में जीने लगता है, तब वह स्वयं सामान्य से बड़ा होता है।

कृष्ण और गोपियों का महारास, गोपियों को सामान्य से बड़ा बनाने की ही एक अद्‌भुत, लौकिक घटना है जिसका परिणाम अलौकिक हुआ।

कृष्ण के चले जाने के बाद गोपियों को यह लंबा जीवन उनके विरह में काटना था। इसलिए महारास का बहुत महत्त्व है। यहां पूर्ण आनंदकाम की स्थिति होती है जिसके आगे कुछ भी प्राप्त करना नहीं रह जाता।

पुन: भगवान कृष्ण के अंतर्धान होने पर गोपियों में विरह की तीव्र भावना पैदा हो गई। किंतु कृष्ण के समझाने पर उनमें थोड़ा-सा बोध जागा और उनकी पीड़ा कम हुई। उन्हें अनुभव हुआ कि जैसे उनके स्वामी भगवान कृष्ण उनके बीच में खड़े हैं और एक-एक गोपी के साथ एक-एक कृष्ण उनका हाथ पकड़े हुए है।–यह भावना का अतिरेक है जहां अपने काव्य पुरुष को कोई अपने निकटस्थ अनुभव करता है, और फिर पूरा का पूरा विश्व प्रेम के महारास में निमग्न हो जाता है।

वस्तुत: रस का विस्तार ही रास है। जब भगवान कृष्ण अनेक रूपों में अलग-अलग अनेक गोपियों के साथ रस रूप का विस्तार कर रहे थे तब अनेक देव और यक्ष अपनी-अपनी पत्नियों के साथ विमान पर चढ़कर इस लीला को देख रहे थे। अर्थात जब रस का विस्तार होता है तो वह अन्यों को भी प्रभावित करता है, सारी सृष्टि रसमग्न हो जाती है।

महारास का यह दर्शन कृष्ण और गोपियों के माध्यम से एक क्रीड़ा ही नहीं समझी जा सकती अपितु जीवन का सार और सत् बन जाती है। संसार के

सभी प्राणी अपनी आत्मा से सबसे अधिक प्रेम करते है, यह रास आत्मा में ही है अत: आत्मा ही एक को अनेक रूप में और अनेक को एक रूप में देखती है।–ब्रह्म का ब्रह्मत्व और उसका अनेकत्व दोनों सत्य हो जाते हैं। महारास लीला–'ब्रह्म सत्य जगत मिथ्या' का विरोध करता है। क्योंकि जिस जगत में, जिस शरीर से, ब्रह्म का अनुभव किया जा सकता है–वह जगत और वह शरीर असत्य कैसे हो सकता है! इस लीला के बीच में ही आत्मा और परमात्मा के बीच अनेक असुर (असुरवृत्ति) आते हैं और ब्रह्म (कृष्ण) को योग (योगमाया) के सहयोग से उन असुरों का संहार करना पड़ता है–वे चाहे बक, धेनुक हों अथवा कालिय हो।

बीच में आने वाले असुरों के नाश के बाद ही अपने अपकर्मों का, अपने भ्रमों का, अपनी शंकाओं का दावानल जलता है। इसके बाद ही सुख अथवा प्रेम की वर्षा और शरद् का आगमन होता है–और यह इच्छा स्वयमेव जागती है कि अब आत्मा को संपूर्ण समर्पण की स्थिति में ले जाया जा सके और उसके प्रारंभ के लिए मधुर संगीत में वेणुगीत का अस्तित्व आता है। और तब आत्माएं परस्पर वार्तालाप करती हैं।

गोपी 1.–''देख री सखी, कृष्ण गौओं के साथ वन में प्रवेश कर रहे हैं।''

गोपी 2.–''वन कितना सुंदर है–बगीचों और फूलों से भरा है।

गोपी 3.–''पक्षी चहचहा रहे हैं।''

गोपी 1.–''कृष्ण ने अपने हाथ में बांसुरी ले ली है।''

गोपी 2.–''कितना मनमोहक लग रहा है कान्हा।''

गोप –''यह किसका गान है।''

गोप 2.–''यह वंशध्वनि है प्रिय!''

गोपी 3.–''मैं तो भगवान को निकट पा रही हूं।''

गोपी 1.–''निकट तो वंशी है।''

गोपी 2.–''अधरों पर बैठी है।''

गोपी 3.–''इसका सौभाग्य तो देखो।''

गोपी 1.–''यह ध्वनि वैकुंठ लोक तक जा रही है।''

गोपी 2.–''मोर नाचने लगे हैं।

गोपी 3.–''देखो, आकाश में बादल देखो।

और इस प्रकार के वार्तालाप के बाद गोपियां अपने प्रेम के जल में डूब गईं और इतनी बेसुध हो गईं जैसे उनके संपूर्ण अहंकार रूपी चीर का हरण हो

गया हो। इस चीर-हरण के बाद ही आनंद के नद में सर्वांग स्नान किया जा सकता है–तब आत्मा और परमात्मा के बीच में कुछ शेष नहीं रहता।

महारास के बाद जब फिर से लोक प्रबल होता है तो फिर संसार और उसके बाह्य वात्याचक्र प्रबल होते हैं।

कंस ने अपनी राजधानी में बैठे-बैठे अपने चारों तरफ अपने अहंकार का जाल बुनते हुए अक्रूर जी को बुलाया,

अक्रूर–"आपने बुलाया महाराज?"

कंस–"हां।"

अक्रूर–"क्या आदेश है?"

कंस–"कृष्ण के विषय में तो सुन रहे हो।"

अक्रूर–"हां, अवश्य।"

कंस–"आपको मेरा एक कार्य करना हैं। आप ज्ञानी है मेरे आदरणीय हैं।"

अक्रूर–"कहिए महाराज, क्या कार्य है?"

कंस–"आप नंदराय के ब्रज में जाइए। वहां कृष्ण और उसके भाई बलराम को, जिस रथ पर आ जा रहें, उस रथ पर बैठा कर यहां ले आइए।"

अक्रूर–"किस कार्य के लिए महाराज?"

कंस–"देवताओं ने विष्णु के कहने पर कृष्ण को मेरी मृत्यु के लिए चुना है और यहां भेजा है।"

अक्रूर–"आप जानते हैं।"

कंस–"हां, जानता हूं।"

अक्रूर–"फिर भी अभी तक कुछ नहीं किया।"

कंस–"बाहर उसके बहुत सहायक हैं। यहां आएगा तो कुवल्यापीड़ हाथी से मरवा डालूंगा।"

अक्रूर–"यदि नहीं मार सका तो?"

कंस–"तो पहलवान मुष्टिक, चाणूर से मरवा दूंगा।"

अक्रूर–"संबंधी बहुत दुखी होंगे।"

कंस–"होने दो। मुझे तो अपनी रक्षा करनी है।"

अक्रूर–"और भी तो कुछ बच जाएंगे।"

कंस–"हां, उन्हें मैं मार डालूंगा।"

अक्रूर–"जैसी आपकी इच्छा।"

कंस–"मैं अपने पिता को भी नहीं छोड़ूंगा।"

अक्रूर–"पिता को?"

कंस–"हां, वे वृद्ध होने के बाद भी राज्य चाहते हैं।"

अक्रूर–"और उसके बाद?"

कंस–"मेरा पृथ्वी पर निष्कंटक राज्य?"

अक्रूर–"जो आज्ञा महाराज। रथ तैयार करवाइए। मैं ब्रज चला जाता हूं।"

कंस–"आपको मेरी बात स्वीकार है न?"

अक्रूर–"जी हां, महाराज! क्योंकि मैं समझता हूं कि प्रत्येक प्राणी को अपनी रक्षा का पूरा अधिकार है। आप अपने अनिष्ट से बचना चाहते हैं। मनुष्य को चाहिए कि वह अपनी रक्षा के सारे उपाय करे और सुख-दुख में समान रूप से व्यवहार करे। राजनीति अनुमति देती है कि सफलता-असफलता दोनों में से सफलता के लिए कुछ भी किया जा सकता है। फल तो देव की प्रेरणा से मिलता है और जीवन-मृत्यु भी मनुष्य के हाथ में नहीं है। यह केवल दैव जानता है कि किसकी मृत्यु पहले होती है, किसके बाद में?"

कंस–"आप उचित ही कह रहे हैं, फिर भी अपने सामर्थ्य के अनुसार मनुष्य कर्म तो करता ही है।"

अक्रूर–"हां, कर्म करता है। किंतु कर्म का फल उसके हाथ में नहीं है।"

कंस–"कर्म फल भी बदल देता है अक्रूर जी।"

अक्रूर–"यह मनुष्य का भ्रम है–फिर भी मैं आपकी आज्ञा का पालन कर रहा हूं और ब्रज जा रहा हूं।"

अक्रूर की ब्रजयात्रा के एक-दो दिन पहले ही श्रीकृष्ण ने घोड़े का रूप लेकर आक्रमण करने वाले केशी को मार डाला।–कृष्ण ने केशी के पैर पकड़ कर, उसे घुमाकर दूर फेंक कर मारा और उसी के साथ व्योमासुर का भी वध कर दिया। जैसे कृष्ण अपनी मथुरा-यात्रा के पूर्व सोच-विचार कर अपने प्रेमास्पदों को उनसे अलग होने के लिए तैयार कर रहे हों।

❑❑❑

6

मथुरा की ओर

संध्या का रूप रंग ब्रजभूमि पर अपना राज्य स्थापित कर रहा था और कृष्ण घर के निकट कदंब के नीचे अतीत की घटनाओं का दीर्घ चक्र अनुभव करते हुए आगे के सूर्य की किरणों की सीमा निर्धारण के विषय में सोच रहे थे। क्या सूर्य की किरणों का सीमा निर्धारण हो सकता है? संभवत: नहीं, किंतु मानव की स्थिति के अनुरूप तो किरणों के अस्तित्व का तथ्य विचारा जा सकता है।

क्या हुआ है अब तक? क्या केवल इन छोटे-छोटे राक्षसों के वध हेतु ही अविर्भाव का इतना विराट अस्तित्व? किंतु ऐसा नहीं है।

- तः क्या इनके वध की आवश्यकता नहीं थी?
- थी और वह हुआ।
- तो तृणावर्त का पराभव?
- विराट भवन गिराने के लिए उसकी सशक्त प्राचीरों से छोटे-छोटे भाग निकालने पड़ते हैं।
- हां, और यही कारण था पूतना के वध का। एक बालक की खोज के लिए अनेक वध। सीमा होती है आत्मरक्षा के घृणित उपायों की।
- पूतना का वध होता तो?

तो कुछ नहीं, किंतु वह होना था, स्त्रियां को अपनी मर्यादा की रेखाओं के अंदर ही नहीं तो क्या अंतर रह पाएगा...दैत्य और मानव में। किंतु मर्यादा स्त्री की ही नहीं पुरुष की भी तो होती है। स्त्री को अनुचित मार्ग पर संचालित करने वाला परुष कोई भी हो दैत्य ही होगा। उचित है इतना कुछ हो गया कितने दैत्य आए और उनका वध हुआ। कंस से भी मुक्ति मिली प्रजा को...किंतु यह

आर्यावर्त तो अत्यंत विशाल है। जब तक किसी विराट क्षितिज के तट पर धर्म और अधर्म का संघर्ष नहीं होगा तब तक धर्म की स्थापना नहीं हो पाएगी।

- धर्म की स्थापना! कृष्ण ने दिशाओं की ओर देखा।
- धर्म क्या है? कृष्ण ने अपने भीतर झांका।
- अधर्म करने वाला धर्म की उपेक्षा करता है और धर्माचरण वाला व्यक्ति अधर्म के सामने शक्तिहीन क्यों हो जाता है?
- क्या कोई ऐसा दर्शन होगा जो धर्म की संपूर्ण शंकाहीन और सर्वांग व्याख्या कर सकें! क्या सामान्य प्राणी अधर्म के सभी स्वरूपों को जान सकता है।
- क्या धर्म और अधर्म की व्याख्या करने वाले ऋषि मुनियों, ध्यानियों ने धर्म-अधर्म की परस्पर विरोधी स्थापनाएं नहीं की?
- की हैं? क्योंकि वे सृष्टि के विषय में एकमत नहीं थे।

सृष्टि के विषय में मतभेद स्वाभाविक है, किंतु धर्म, धर्माचरण, का व्यवहार तो मानव को स्वयं ही निर्धारित करना पड़ेगा।

क्या मनुष्य में इतनी बुद्धि है कि वह स्वयं धर्म के आचरण पर चल सकें?

सामने से एक ठंडी फुहार आई कृष्ण का तन-मन भीग गया।

''यह राधा थी।''

राधा–किस चिंता में लीन हो मेरे देव।

कृष्ण–चिंता अवश्य है, किंतु मेरे स्वयं की नहीं।

राधा–अच्छा! तो हमेशा की तरह, विश्व चक्र भ्रमण कर रहे हो भीतर ही भीतर।

कृष्ण–अपने-आभ्यंतर के भ्रमण से ही सत्य प्राप्त होता है।

राधा–तो अभी तक प्राप्त हुआ, या...!

कृष्ण–इतने शीघ्र! कुछ बाधाएं थी तो आ जाती है।

राधा–जैसे मैं आ गई।

कृष्ण–नहीं, तुम नहीं।

राधा–तो फिर कौन-सी बाधा।

कृष्ण–बतलाने योग्य नहीं।

राधा–गोपनीय है।

कृष्ण–गोपनीय भी नहीं।

राधा–सर्वदा की तरह आधी इधर और आधी उधर की बात कर रहे हो।

कृष्ण–क्योंकि कोई बात अपने आप में पूर्ण नहीं होती।

राधा–मेरे मस्तिष्क में कुछ नहीं आता।

कृष्ण–तुम मस्तिष्क में कुछ आने ही क्यों देती हो तुम्हारे हृदय में आता है, जो भी।

राधा–बांसुरी नहीं बजानी।

कृष्ण–मन नहीं है। बांसुरी और रास से पृथक सत्ता है विश्व की।

राधा–मुझे नहीं ज्ञात।

कृष्ण–ज्ञात कर लो।

राधा–नहीं।

कृष्ण–पश्चाताप होगा।

राधा–नहीं कृष्ण नहीं! मेरा विश्व बांसुरी की धुन पर थिरकता है और जब धुन रुकती है तो रुक जाता है।

कृष्ण–किसी एक पर इतनी निर्भरता उचित नहीं।

राधा–तुम एक कहां हो। विश्व हो। सृष्टि हो सत्य असत्य, धर्म-अधर्म सभी तुम हो।

राधा कृष्ण की ओर थोड़ा झुकी और कृष्ण मुस्करा दिए। कदम्ब की डालों पर विचित्र-सा कम्पन लहरा गया। यह न वायु का कम्पन था, न अग्नि की तपन का बस कुछ ऐसा अवश्य था, जिसे कदंब अपनी जड़ों से लेकर शीर्ष के पत्रों तक अनुभव कर रहा था।

थोड़ा समय और व्यतीत हो गया। दोनों ऐसे ही खड़े रहे जैसे आत्मा परमात्मा और प्रकृति पुरुष एक होने की स्थिति में समय को भी चुनौती दे रहे हों। तेज हवा चलने लगी लगा जैसे आंधी आने वाली है। राधा भयभीत होकर कृष्ण के और भी निकट हो गई। कृष्ण भी जानते थे कि यह आंधी-वस्तुतः आंधी ही है। वायु की तीव्रता कुछ कोमल संबंधों को अपने साथ उड़ा ले जाएगी।

कृष्ण–तुमने मुझे धर्म-अधर्म, सत्य-असत्य कहा।

राधा–हां, कहा! असत्य क्या है?

कृष्ण–धर्म-अधर्म के संघर्ष में धर्म का पक्ष लेना चाहिए न।

राधा–हां! अवश्य।

कृष्ण–चाहे किसी अपने को कष्ट हो?

राधा–हां! पर क्यों पूछ रहे हो यह सब?

कृष्ण–धर्म की रक्षा के लिए कहीं जाना पड़े तो।

राधा–कहीं भी जाना पड़े। आकाश में, पाताल में-कहीं भी। पर यह सब कुछ क्यों पूछ रहे हो। मेरा मन-विचलित हो रहा है।

कृष्ण–मैं दाऊजी के साथ मथुरा जाना चाहता हूं।

राधा–हरे रामा, कंस तो बड़ा राक्षस है।

कृष्ण–किंतु उनसे बड़ा नहीं है न जिन्हें मैंने यहां देवपुर पहुंचाया है यह तो जानती हो।

राधा–तुम तो कोई देवपुरुष हो।

कृष्ण–अच्छा छोड़ो। माखन खई हो

राधा–अब बड़े हो गए हो तुम। ये चोरी-चोरा छोड़ो।

कृष्ण–अच्छा! इसके बाद माखन मिलेगा नहीं।

राधा–हाय राम। क्या कह रहे हो?

कृष्ण–उचित कह रहा हूं। वहां मथुरा में कौन माखन देगा?

राधा–मथुरा में।

कृष्ण–हां, मुझे मथुरा जाना पड़ेगा।

राधा–क्यों?

कृष्ण–राजा कंस ने बुलाया है।

राधा–क्यों बुलाया है तुम्हें?

कृष्ण–और आततायी, यहां मेरे पास आए। ये बड़ा है, इसने मुझे बुलावा भेजा।

राधा–राजा है न।

कृष्ण–हां, और देखो वहां से कोई भी सूचना मिले घबराना नहीं।

राधा–कोई विशेष बात है।

कृष्ण–हां है। तभी तो

राधा–क्या बात है?

कृष्ण–अभी तो कहा है, बह बड़ा आततायी है।

राधा–बाबा को बताया?

कृष्ण–अभी नहीं, किंतु उनको ज्ञात हो जाएगा। मथुरा से दूत अक्रूर आए हैं।

राधा–कौन?

कृष्ण–कंस के संदेश वाहक अक्रूर।

राधा–क्या कहलाया है कंस ने।

कृष्ण–बस बुलाया है।

कृष्ण की बात सुनकर राधा प्रकम्पित हो गई। उसी समय कुछ अन्य गोपियां भी वहां आ गई, सब चिंतित, व्याकुल। कृष्ण समझ गए कि सारे ब्रज को अक्रूर के आने का समाचार मिल गया है। तो उन्होंने जो विचार किया, सोचा वह ठीक ही था। यह जो नई संस्कृति नए संबंधों, नए युग का प्रारंभ होगा। वह राधा गोपी, नंद बाबा माँ यशोदा के अश्रुओं पर चढ़कर होगा।

सामने से दाउजी आ रहे थे। कृष्ण ने अब गोपियों और अपने सखाओं से विदा लेना ही उचित समझा सब अपनी-अपनी दिशाओं की ओर चल दिए।

दाउजी को सामने से आता हुआ देख कर कृष्ण की मुद्रा और गंभीर हो गई क्योंकि उन्हें यह आभास हो गया था कि अगली कुछ यात्राओं में दाउजी उनके द्वारा किए जाने वाले कर्मों का पूरा समर्थन नहीं कर पाएंगे। फिर भी जो करने वाला कार्य है वह तो किया ही जाएगा।

श्रीकृष्ण ने भविष्य की रूप रेखा में यह अनुभव कर लिया था कि उन्हें मथुरा जाकर महत्त्वपूर्ण कार्यों में से पहला काम करना है–

कृष्ण–''दाउजी, प्रणाम।''

बलराम–''तुम्हें ज्ञात है अक्रूर आए हैं।''

कृष्ण–''हां, ज्ञात है।''

बलराम–''फिर अब।''

कृष्ण–''चलिए, हम गायों के दोहने के स्थान पर चलते हैं।

बलराम–''क्यों?''

कृष्ण–''राजा के दूत को ग्वाले वहीं मिले तो अधिक अच्छा है।''

कृष्ण और बलराम ऐसे मार्ग से जा रहे थे, जहां उन्होंने आते हुए अक्रूर जी को देखा। अंक्रूर नंदनिवास से कुछ दूरी पर धीरे-धीरे पैदल चल रहे थे। अक्रूर अत्यंत भावविभोर हो रहे थे और बार-बार चलते-चलते पृथ्वी का चुंबन कर रहे थे।

बलराम–"यह अक्रूर क्या कर रहे हैं?"

कृष्ण–आपको नहीं याद?"

बलराम–"मैं तुम्हारी तरह योग के बल पर, क्या हो रहा है"–यह जानने का प्रयास नहीं करता।

कृष्ण–"थोड़ा इधर आइए।"

बलराम–"क्या है?"

कृष्ण–"ध्यान से देखिए। यह आपके चरण-चिह्न स्पर्श कर रहे हैं।"

थांड़ी ही देर में बलराम और कृष्ण गाय के समीप खड़े हो गए–अक्रूर जो ने आकर उन्हें साष्टांग प्रणाम किया। फिर कृष्ण और बलराम उन्हें घर ले गए और भली-भांति उनका आदर-सत्कार किया।

भोजन के उपरांत परस्पर वार्तालाप आरंभ हुआ। नंदराय और कुछ अन्य वृंदावन के प्रमुख व्यक्ति वहां उपस्थित थे।

कृष्ण–"आपको यात्रा में कोई कष्ट तो नहीं हुआ? आपकी यात्रा कुशल रही।"

अक्रूर–"आपकी कृपा से कुशल रही।"

बलराम–"मथुरा की प्रजा कैसी है?"

अक्रूर–"राक्षस राज में जैसी हो सकती है।"

कृष्ण–"कंस एक भयंकर व्याधि है।"

नंद–"व्याधि ही नहीं, पातक है। जो राजा अपने ही वंश का विनाश चाहता है उसे क्या कहें?"

कंस–"यादवों से उसने वैर ठान रखा है।"

नंद–"वसुदेव जी को तो वह मारना ही चाहता था।"

बलराम–"वह तो नारद जी ने रोक दिया।"

कृष्ण–"किस हेतु बुलाया है मामा ने?"

अक्रूर–"धनुष-यज्ञ का संदेश है।"

नंद–''इसीलिए आपको भेजा है? उसका मंतव्य तो कुछ और ही है।''

अक्रूर–''आपने उचित कहा।''

बलराम–''अब उसके मन में क्या है?''

कृष्ण–''दुष्ट को अपने अंत तक अपनी शक्ति पर विश्वास रहता है।''

नंद–''हमें तो भय ही लगा रहेगा।''

बलराम–''चिंता मत करो, भय किस बात का? उसके भेजे हुए दूतों के साथ जो हुआ। वहीं अन्यों के साथ भी होगा।

अक्रूर–''उसकी इच्छा है कि धनुष-यज्ञ में अपने पहलवानों से लड़वाकर आप लोगों को यमपुरी पहुंचा दें। मुझे हंसी आती है...।''

कृष्ण--''हम चलने के लिए तैयार हैं। बाबा, वहां जाने की तैयारी करो।''

नंद–''जरा गोपों को बुलाओ।''

गोप–''क्या आज्ञा महाराज?''

नंद–''कृष्ण और बलराम कल मथुरा के लिए प्रस्थान करेंगे। सारा गो-रस एकत्रित कर लो। हम अपने राजा को भेंट करेंगे।

अक्रूर जी से मिलने बहुत-से लोग आए हुए थे। सारे नगर में नंद बाबा के घोषणा करने के बाद वहां का व्यवस्था-प्रधान भी वहां आ गया और नगर में घोषणा के प्रभाव ने यह भी बताया कि प्रजा की दशा क्या हो गई है?

गोपियों के एक समूह का वार्तालाप तो उसने सबके सामने सुनाया जैसे वे उनके सामने ही बोल रही हों–

गोपी 1.–''यह अक्रूर कितना क्रुर है।''

गोपी 2.–''बहुत स्वार्थी है।''

गोपी 3.–''स्वार्थी तो राजा कंस है।''

गोपी 1.–''कंस तो राक्षस है।''

गोपी 2.–''हमारे कृष्ण को कहां, हमारे प्राणों को बुलाया है।''

गोपी 4.–''कृष्ण के बिना कैसे रहेंगी हम?''

नगर-प्रधान ने यह भी बताया कि ग्वालों का एक समूह तो अपनी-अपनी पत्नियों के साथ बिल्कुल संज्ञा-शून्य लग रहा था। लगता था जैसे उनमें प्राण ही न रहा हों।

संध्या धीरे-धीरे रात में बदल गई लेकिन किसी की भी आँखों में नींद नहीं थी। कृष्ण और बलराम मन ही मन आगे किए जाने वाले कार्य पर विचार

कर रहे थे क्योंकि उन्हें याद था कि वे मथुरा की सीमा में प्रवेश ही करेंगे तो उन पर अनेक प्रकार से आक्रमण कराए जाएंगे।

बलराम–''क्या सोच रहे हो कृष्ण।''

''मन में साहस एकत्रित कर रहा हूं।'' और....?

कृष्ण–''योगशक्ति संचय कर रहा हूं। कंस का वध करने के लिए कर्म, ज्ञान, भक्ति तीनों की आवश्यकता है।''

बलराम–''कैसे?''

कृष्ण–''कंस केवल शक्ति से नहीं मरेगा। उसके लिए ज्ञान योग तथा बुद्धि कौशल की आवश्यकता है और भक्ति योग इसलिए कि यह कर्म भक्ति की सुरक्षा के लिए है। कर्म के लिए भक्ति भाव आत्मा का उन्नयन करता है।''

रात्रि बीत गई। प्रात:काल होते ही अक्रूर उठे। थोड़े समय बाद ही रथ तैयार होकर आ गया। कृष्ण-बलराम रथ पर बैठे, उन्होंने संपूर्ण ब्रजवासियों को सांत्वना दी कि 'वे शीघ्र ही आएंगे।'

रथ जब यमुना के किनारे आया तो अक्रूर जी स्नान करने के लिए उतरे। किंतु उनके आश्चर्य का ठिकाना नहीं रहा जब उन्होंने देखा कि दोनों भाई एक साथ जल में बैठे हैं। उन्होंने सोचा कि यह जल में कैसे आ गए?–अपनी शंका मिटाने के लिए जब बाहर आकर उन्होंने रथ में देखा तो दोनों रथ में बैठे थे। किंतु कृष्ण की छवि ही निराली लग रही थी। वे पीतांबर पहने हुए थे। शंख, चक्र, गदा, पद्म उनके हाथों में थे। नेत्र कमल के समान रतनारे लगे। अक्रूर जी को लगा कि नंद, सुनंद आदि पार्षद अपने स्वामी सनकादि परमर्षि 'परब्रह्म', ब्रह्मा, महादेव आदि देवता 'सर्वेश्वर', मरीचि आदि नौ ब्राह्मण 'प्रजापति' और प्रह्लाद-नारद आदि भगवान् के परम प्रेमी भक्त तथा आठों वसु अपने परम प्रियतम 'भगवान्' समझ कर विभिन्न भावों के अनुसार निर्दोष वेदवाणी से भगवान् की स्तुति कर रहे हैं। साथ ही लक्ष्मी, पुष्टि, सरस्वती, कांति, कीर्ति और तुष्टि (अर्थात-ऐश्वर्य बल, ज्ञान, श्री यश और वैराग्य-ये षडैश्ववर्यरूप शक्तियां), इला (संधिनी रूप पृथ्वीशक्ति), ऊर्जा (लीलाशक्ति), विद्या-अविद्या (जीवों के मोक्ष और बंधन में कारणरूपा बहिरंग शक्ति), ह्लादिनी संवित (अंतरंगा शक्ति) और माया आदि शक्तियां मूर्त्तिमान होकर उनकी सेवा कर रही हैं।

योगिराज भक्तवत्सल कृष्ण का यह रूप भक्तों के मन का आधार ही नहीं है अपितु वह दुष्टों के लिए एक चुनौती है।

❑❑❑

7

कृष्ण और कंस

ईश्वर की प्रकृति के तीन गुण है–सत्व, रज, तम और इन्हीं तीनों गुणों का विस्तार संसार का अस्तित्व है। ब्रह्मा से लेकर स्थावर पर्यंत सभी जीव प्राकृत हैं और इन तीनों तत्त्वों से परिपूर्ण हैं किंतु आत्मा इनमें लिप्त नहीं होती। यदि हम ब्रह्म का मानवीकरण करें तो अग्नि ब्रह्म का मुख है, पृथ्वी उसके चरण, सूर्य-चंद्र नेत्र, आकाश नाभि, दिशाएं कान, स्वर्ग सिर है–वृक्ष, फल-फूल आदि उसकी रोमावलियां हैं, पर्वतादि अस्थि-समूह हैं...कहने का तात्पर्य है कि दिखाई देने वाला जगत समग्र रूप से ब्रह्म का ही स्वरूप है।

अक्रूर ने कृष्ण की उपासना की और फिर तेजी से रथ दौड़ाकर मथुरा की सीमा तक पहुंच गए।

श्रीकृष्ण और बलराम ने रथ पर बैठे-बैठे दूर से मथुरा को देखा, मार्ग में जगह-जगह पर लोग मिलने के लिए आते, और आनंदमग्न होते। नंदबाबा और अन्य ब्रजवासी पहले ही मथुरा के बाहर एक उपवन में पहुंच चुके थे।

कृष्ण–''चाचाजी, रथ रोकिए।''

अक्रूर–''लीजिए, रथ रुक गया।''

नंद–''आप आ गए।''

कृष्ण–''आप पहले से ही विराजमान हैं।''

नंद–''अब आगे चला जाए।''

कृष्ण–''अभी नहीं। चाचा जी, आप पहले घर जाइए। फिर हम मथुरापुरी में प्रवेश करेंगे।''

अक्रूर–''नहीं भगवन्, मैं आपके बिना मथुरा में प्रवेश नहीं करूंगा।''

कृष्ण–''मेरी बात मानिए।''

अक्रूर–"आप सब, चल कर मेरे घर को पवित्र कीजिए।"

कृष्ण–"मैं बाद में भाई जी के साथ आपके पास आऊंगा।"

अक्रूर–"प्रभो।"

कृष्ण–"पहले कंस का वध कर दूं फिर आपके पास आऊंगा।"

अक्रूर को अनमने मन से कृष्ण की बात माननी पड़ी और उन्होंने बड़ी तीव्र गति से मथुरा में प्रवेश करके सबको, और विशेषरूप से कंस को श्रीकृष्ण और बलराम के मथुरा आने का समाचार दे दिया।

समाचार पाकर कंस के क्रोध का ठिकाना नहीं रहा और वह कृष्ण को मारने की अपनी योजनाओं को रूप देने में लग गया।

दूसरे दिन कृष्ण और बलराम ने ग्वाल-बालों के साथ मथुरा नगरी में प्रवेश किया।–उन्हें मथुरा एक संपन्न नगरी लगी–बड़े-बड़े भवन, विशाल अट्टालिकाएं, बड़े-बड़े राजपथ....कृष्ण जिस भी मार्ग से गुजरते, मथुरावासी ऊपर फूल बरसाते। सरोवरों, उपवनों वाली–यमुना किनारे बसी यह मथुरा नगरी सच में ही बहुत रम्य और भव्य थी। वहां की जीवंत गतिशीलता भी देखते ही बनती थी। श्रीकृष्ण ने देखा कहीं युवकों की टोलियां व्यायामशालाओं की ओर जा रहीं हैं तो कहीं गृहणियां घर का सामान लिए जा रही हैं...कहीं पर वस्त्र-प्रक्षालन हो रहा है, कहीं पर नव-निर्माण हो रहा है। श्रीकृष्ण सब देखते धीरे-धीरे आगे बढ़ रहे थे...उनकी सौंदर्यपूर्ण छवि देखकर नगरवासियों को बड़ा सुख मिल रहा था।

धीरे-धीरे कृष्ण और बलराम ने पुरवासियों से गंतव्य स्थान का मार्ग पूछना प्रारंभ किया। और इसी बीच उन्होंने एक दर्जी की दुकान में प्रवेश किया, उससे वस्त्र आदि लिए। उस पर प्रसन्न होकर उसे बहुत सारा धन दिया।

कुछ दूर जाकर वे सुदामा माली के यहां गए। वे दोनों भाइयों को देख खड़ा हो गया और उसने अनेक प्रकार से श्रीकृष्ण का स्वागत किया।

सुदामा–"भगवन्, आप मेरे घर पधारे।"

कृष्ण–"तुम प्रसन्न तो हो सुदामा।"

सुदामा–"अब आपके दर्शन के बाद प्रसन्नता ही प्रसन्नता है।"

कृष्ण–"ठीक है, अब हम आगे जाते हैं।

सुदामा–"यह कुछ फूल और मालाएं आपको अर्पित हैं भगवन्।"

उसकी फूल-मालाएं लेकर जैसे ही राजमार्ग पर आगे बढ़े, वहां उन्हें एक कुबड़ी स्त्री मिली जिसके हाथ में चंदन था और उसने बताया कि वह महाराज

कंस के यहां अंगराग आदि लगाने का काम करती है। उसने कृष्ण और बलराम को भी अंगराग लगाया, उससे प्रसन्न होकर कृष्ण ने उसके पैरों को अपने पैर से दबाकर ठोड़ी पर हाथ रख कर ऊपर उठाया और वह तत्काल सुंदर स्त्री के रूप में परिवर्तित हो गई। उसने कृष्ण से कहा–

कुब्जा–''भगवन्, मेरे घर चलिए।''

कृष्ण–''अवश्य आऊंगा, किंतु बाद में।''

कुब्जा–''नहीं, अभी चलें।''

कृष्ण–''क्यों, अभी क्यों?''

कुब्जा–''आपने मेरा चित्त मथ डाला है।''

कृष्ण–''मैं अपना कार्य करके तुम्हारे पास आऊंगा।''

इसके बाद कृष्ण मार्ग पूछते हुए धनुष-यज्ञ के स्थान पर पहुंचे।

बलराम–''बहुत सुंदर धनुष है।''

कृष्ण–''चलें, और आगे बढ़ें।''

रक्षक–''आप कौन हैं? कहां जा रहे हैं?''

कृष्ण–''हमें महाराज कंस का निमंत्रण है।''

रक्षक–''बिना पूछे अंदर नहीं जा सकते आप।''

कृष्ण–''सामने से हटो।''

कृष्ण ने आगे बढ़कर इंद्रधनुष के समान सुंदर उस धनुष को उठा लिया और उसके टुकड़े कर दिए। जैसे ही धनुष टूटा, आकाश में भयंकर शब्द हुआ। दिशाएं कांप उठीं। वहां उपस्थित असुरों ने कृष्ण को चारों ओर से घेर लिया।

असुर–''तुम कौन हो? तुमने धनुष क्यों तोड़ा?''

कृष्ण–''मैं तुम्हारा काल हूं।''

असुर–''देखते हैं कौन किसका काल है?''

कृष्ण–''जो जी में आए करो।''

असुर–''हम तुमको मार डालेंगे।

यह कह कर असुरों ने अपने शस्त्र उठा लिए और कृष्ण-बलराम पर आक्रमण कर दिया। कृष्ण ने धनुष के टुकड़ों से ही राक्षसों के शस्त्रों का प्रतिकार किया। थोड़े ही समय में सारी राक्षसी-सेना का संहार कर डाला।

यज्ञ-शाला के प्रधान बाहर आए और इस अद्भुत शोभा को देखने लगे।

थोड़े ही समय में यज्ञ-शाला में जो कुछ हुआ उसकी सूचना सारे नगर में फैल गई। उधर ग्वाल-बाल भी श्रीकृष्ण के समीप आ गए। सारे मथुरा निवासी कृष्ण के सौंदर्य को देख कर अपने को धन्य मान रहे थे।

एक दूत भागा-भागा कंस के पास गया–

दूत–''महाराज की जय हो।''

कंस–''क्या समाचार है?''

दूत–''मैं कैसे कह सकता हूं?''

कंस–''शीघ्र कहो।''

दूत–''कृष्ण ने धनुष...तोड़ दिया महाराज।''

कंस–''इतनी सेना के होते हुए भी?''

दूत–''जी महाराज।''

कंस–''प्रधान मंत्री, यह कैसे हुआ?''

मंत्री–''मैं तो आपके पास था महाराज।''

कंस–''यह क्या हो रहा है?–अंधेरा इतना शीर्घ क्यों बढ़ रहा है?''

दूत–''दीपक जला रहे हैं महाराज।''

कंस–''एक-एक स्थान पर दो-दो दीपक जलाओ, जाओ।''

दूत–''जी, महाराज''

कंस–''यह सामने क्या है?''

मंत्री–''कुछ नहीं महाराज''।

कंस–''गधे पर प्रेत बैठा है और तुम कहते हो कुछ नहीं।''

दूत–''कहीं नहीं महाराज।''

कंस–''सामने दीपक के ऊपर दीपक क्यों रखा है।''

मंत्री–''कुछ नहीं महाराज, आप विश्राम कीजिए, कल प्रातःकाल देखा जाएगा।''

कंस को जैसे साक्षात् अपनी मृत्यु दिखाई देने लगी, और वह रात बीतने की प्रतीक्षा करने लगा। उसे अब भी विश्वास था कि प्रातःकाल रंगशाला में उसके मुष्टिक, चाणूर जैसे पहलवान अपनी शक्ति से कृष्ण को मार डालेंगे।

प्रात:काल होते ही उसने रंगशाला को सजवाया, उसके चारों ओर बड़े-बड़े राजा और साथी पहलवान आकर बैठ गए। और वह बीच में बड़े-से सिंहासन पर विराजमान हो गया।

सभी उपस्थित लोगों को अनुभव हो रहा था कि कंस बहुत भयभीत है, वह केवल ऊपर से स्वयं को वीर दिखाने का प्रयास कर रहा है। कंस के भविष्य के विषय में उपस्थित समुदाय के मन में भ्रम था। सब अलग-अलग अपना मत व्यक्त कर रहे थे–

–''आपका क्या विचार है?''

–''महाराज कंस का अंत होगा।''

चाणूर–''क्या व्यर्थ बकबक करते हो।''

तोषल–''मैं एक ही दांव में पछाड़ दूंगा इस बालक को।''

बल–''तेरे से पहले तो मैं मार दूंगा।''

कूट–''तुम अपनी सुरक्षा का प्रबंध तो कर लो।''

तांजल–''क्या व्यर्थ की बात है?''

कूट–''अब तक श्रीकृष्ण ने जो कुछ किया है, उसके बारे में कुछ जानते हो।''.

मुष्टिक–''भाई, भय तो मुझे भी लगता है।

शल–''भाग चलो यहां से।''

तोषल–''कायरों सी बात करते हो। अखाड़े में आने तो दो।

मुष्टिक–''बहुत विलंब हो रहा है।''

शल–''कुवल्यापीड़ ने मार दिया होगा अब तक।''

बल–''जरा बाहर देख कर तो आ।''

एक-दो पहलवान रंगभूमि से बाहर आए, तो जो उन्होंने देखा-उनके आश्चर्य का ठिकाना नहीं रहा। सामने थोड़ी ही दूरी पर दोनों भाई खड़े थे, और एक हाथी उनका रास्ता रोक रहा था। उधर नगाड़े बज रहे थे।

कृष्ण–''महावत, हमें मार्ग दो।''

महावत–''शक्ति है तो हाथी को हटाओ।''

कृष्ण–''मार्ग से हट जाओ भाई।''

महावत–''मार्ग की भीख मांगते हो।''

कृष्ण–''यमपुरी जाने का विचार है क्या?''

महावत–''देखें, कौन जाता है यमपुरी?''

दूर से पहलवान देख रहे थे...

बल–"अभी तक हाथी हटा नहीं।"

कूट–"देख, कृष्ण कैसा मुस्करा रहे है।"

बल–"तू कृष्ण की ओर है, कि कंस की ओर।"

कूट–"सत्य की ओर।–अरे देख, कृष्ण हाथी की ओर बढ़ रहे हैं।"

बल–"हाथी ने कृष्ण को सूंड में ले लिया है।"

कूट–"अभी देख, देखता जा।"

बल–"बस...अब गए कृष्ण।"

कूट–"देख, सूंड से निकल भागे।–एक घूंसा जमाया हाथी की सूंड पर।"

बल–"है तो आश्चर्य की बात।"

हाथी की चिंघाड़ सुनकर एक-दो और पहलवान भी बाहर आ गए।

तोषल–"वाह क्या दृश्य है।"

शल–"कृष्ण हाथी के पैरों में छिप गए हैं।"

बल–"हाथी ने फिर से पकड़ लिया।"

कूट–"भगवन् फिर छूट गए।"

तोषल–"अब पैर के नीचे आ जाएंगे।"

कूट–"देख, देख। भगवन् ने सूंड को पकड़ कैसे हाथी को घसीटा है।"

तोषल–"बहुत वीर लगते हैं।"

कूट–"देख, उन्होंने हाथी को उलट दिया है।"

शल–"अरे, हाथी के ऊपर पैर रख कर दांत उखाड़ दिया।"

कूट–"अब बताओ।"

और इतनी ही देर में कृष्ण ने हाथी को मार कर उसके दांत अपने हाथ में ले लिए और रंगभूमि में प्रवेश। एक दांत बलराम के हाथ में, एक कृष्ण के हाथ में–दोनों ऐसे लग रहे थे जैसे दोनों के हाथ में एक-एक शस्त्र हो।

रंगभूमि में विराजमान विभिन्न वर्ग के लोग अपनी-अपनी भावना के अनुसार कृष्ण और बलराम को अनुभव कर रहे थे।

चाणूर–"कृष्ण का शरीर वज्र-सा कठोर है।"

शल–"युद्ध-कौशल भी बहुत है।"

बल–"कैसे हाथी को चकमा दिया।"

कूट–"संघर्ष में विजय केवल शक्ति से नहीं पाई जाती। उसके लिए बुद्धि की भी आवश्यकता होती है।"

तोषल–''बहुत वीर हैं भाई।''

स्त्रियों में से एक बोली–''दोनों भाई बहुत सुंदर लग रहे हैं।''

स्त्री 2.–''साक्षात् शृंगार रस के समान हैं दोनों!''

पूजा करने के लिए आने वाले पुरोहित ने जब इस बीच में कृष्ण-बलराम को देखा तो उन्हें साक्षात् भक्ति की प्रतिमा लगे...एक जीवंत भक्ति-भाव। एक ऐसा स्वरूप जिसकी केवल आराधना की जा सकती है। कृष्ण के पीछे-पीछे कुछ ग्वाल-बाल भी आए थे, उन्हें अपने सखा के ऊपर पहले से ही बहुत विश्वास था लेकिन इस समय उनके चमत्कारी कर्म देखकर उन्हें बहुत ही आनंद आया।

कृष्ण धीरे-धीरे रंगभूमि के मध्य में प्रवेश कर रहे थे। उनके संपूर्ण कार्यों की सूचना कंस को मिली और वह घबरा गया। उसे लगा जैसे कृष्ण वस्तुत: उसका काल हैं। चाणूर कंस के पास आया–

चाणूर–''आपने कुछ सुना महाराज?''

कंस–''हां, सुना है।''

चाणूर–''बहुत शक्तिशाली है यह बालक।''

कंस–''तुमसे अधिक तो नहीं।''

चाणूर–''मैं तो बाएं हाथ से गिरा दूंगा।''

कंस–''लगता है कृष्ण को मुझे ही मारना पड़ेगा। वह तुम में से किसी के वंश का नहीं है।''

चाणूर–''आप देखें तो सही।''

तोषल–''निश्चिंत रहें महाराज।''

कंस–''देखो, कैसे अकड़ कर आ रहे हैं।''

तोषल–''सुंदर भी बहुत हैं।''

कंस–''चुप।''

कूट–''महाराज के पैरों में पड़ गए कई लोग और क्षमा मांग ली उन्होंने।''

कंस–''मेरे हाथों नहीं बचेंगे।''

कृष्ण और बलराम और समीप आ गए। तब चाणूर ने उनसे कहा–''आपका रंगभूमि में स्वागत है, श्रीकृष्ण और बलराम।''

कृष्ण–''महाराज का निमंत्रण था, आ गए।''

चाणूर–''बहुत अच्छा किया। हम महाराज की प्रजा हैं और इनको प्रसन्न करना हमारा कर्तव्य है।''

कृष्ण–''हम सब मिलकर कुश्ती का खेल खेलेंगे।''

चाणूर–''महाराज प्रसन्न होंगे।''

कृष्ण–''हम महाराज कंस की प्रजा हैं। किंतु एक बात है।''

चाणूर–''क्या? कहिए।''

कृष्ण–''हम बालक हैं इसलिए छोटे पहलवानों से ही कुश्ती लड़ेंगे।''

चाणूर–''हमें ज्ञात है। तुमने कुवल्यापीड़ जैसे हाथी को तो मार डाला। पता है तुम कैसे बालक हो।''

कृष्ण–''पता है तो वैसा ही उपाय करो।''

इसके बाद श्रीकृष्ण चाणूर से और बलराम जी मुष्टिक से कुश्ती के लिए तैयार हो गए। रंगभवन में महिलाएं भी उपस्थित थीं और साथ में उनके पति भी, उन्होंने जब यह देखा तो आपस में बात करने लगे–

स्त्री–''कंस बड़ा अत्याचारी है।''

पुरुष–''सभासद उसके साथ मिले हुए हैं।''

स्त्री–''कहां यह बालक, कहां यह पहलवान।''

स्त्री2.–''कोमल बालक और कठोर पहलवान।''

पुरुष–''कहां वज्र और कहां फूल।''

स्त्री2.–''किंतु किशोर अवस्था में इनका इतना साहस।''

स्त्री3.–''सखी, यह धर्म के विरुद्ध है।''

पुरुष–''साक्षात् अधर्म है।

स्त्री–''किंतु देखो, कृष्ण कैसे चाणूर की पकड़ से मुक्त हो गए।''

पुरुष–''अरे, बलराम भी अलग खड़े हो गए।''

स्त्री1.–''मैं तो जाती हूं।''

पुरुष–''क्यों कुश्ती देखो।''

स्त्री1.–''जहां अधर्म हो वहां नहीं रहना चाहिए।''

पुरुष–''किंतु अधर्म का नाश करने के लिए?''

स्त्री1.–''हां, जानते हैं। किंतु हम लड़ नहीं सकती। इसलिए जिस सभा में किसी के अवगुण हों तो उनको कहना, न कहना, चुप रहना–तीनों प्रकार से मनुष्य पाप का भागी बनता है।''

पुरुष–''किंतु जो अधर्म का नाश कर रहे हों उनकी प्रशंसा के लिए तो रुकना चाहिए।''

स्त्री2.–''हां भाई, मैं तो रुकती हूं।''

स्त्री1.–"तो फिर मैं भी रुकती हूं, किंतु मुझे यह सब।"

पुरुष–"सभी देखते जाओ, धीरे-धीरे सब कुछ अच्छा लगने लगेगा।"

स्त्री1.–"कैसे?"

पुरुष–"जब कृष्ण-बलराम इन पहलवानों को मार देंगे।"

स्त्री2.–"इसके उपरांत तो महाराज कंस की ही बारी है।"

स्त्री–"अरे, देखो, कैसे चाणूर ने कृष्ण की गरदन अपने हाथ में फंसा ली।"

स्त्री2.–"उधर बलराम ने भी मुष्टिक को पटक दिया।"

पुरुष–"मैंने कहा था न, देखो।"

स्त्री–"कृष्ण बहुत सुंदर लग रहे हैं।"

स्त्री3.–"मुख पर कैसी मुस्कान बिखरी हुई है।"

पुरुष–"ये साक्षात-प्रभु के अवतार हैं।

स्त्री2.–"मैं तो इनके दर्शन से धन्य हो गई।"

पुरुष2.–"देखो, किस तरह कोमल ने कठोर को परास्त कर दिया है।"

स्त्री–"सचमुच गोपियां धन्य हैं।"

स्त्री2.–"अब पता चला, वे कृष्ण को देखने क्यों भागी-भागी चली आती हैं।"

स्त्री3.–"बांसुरी बजाने वाले मनमोहन में इतनी शक्ति।"

पुरुष–"लगता है, अब दोनों का समय आ गया। दोनों पहलवानों की पकड़ ढीली हो गई है।"

स्त्री–"कृष्ण ने चाणूर को मुष्टिक से मारा।"

पुरुष–"और देखो, बलराम ने मुष्टिक को तमाचा मारा।"

स्त्री–"दोनों भाइयों ने दोनों को ऊपर उठा लिया है।"

पुरुष–"बस, यह समाप्त।"

स्त्री–"कूट ने आकर हाथ जोड़ दिए।"

पुरुष–"अरे!...शल का सिर भी धड़ से अलग हो गया।"

पुरुष2.–"देखो तोषल आगे बढ़ा आ रहा है...।" "लो उसे भी एक झटके में नीचे गिरा दिया।"

ये पांचों पहलवान मर चुके तब जो बच रहे थे, वे अपने प्राण बचाने के लिए स्वयं वहां से भाग खड़े हुए। उनके भाग जाने पर श्रीकृष्ण और बलराम जी अपने समव्यस्क ग्वालों को खींच-खींच कर उनके साथ भिड़ने और नाच-नाच

कर भेरी ध्वनि के साथ अपने नुपूरों की झनकार को मिलाकर मल्लक्रीड़ा–कुश्ती के खेल करने लगे।

जैसे ही कंस ने देखा कि उसके विशिष्ट पाँचों पहलवानों का वध हो गया है तो उसने अपने सारे बाजे-गाजे बंद करवा दिए। कंस को बहुत क्रोध आया और उसने आज्ञा प्रचारित की–

कंस–''कृष्ण-बलराम को नगर से बाहर निकाल दो।''

मंत्री–''जो आज्ञा महाराज।''

कंस–''गोपों का सारा धन छीन लो।''

मंत्री–''जो आज्ञा महाराज।''

कंस–''नंद को बंदी बना लो।''

मंत्री–''जो आज्ञा महाराज।''

कंस–''वसुदेव को भी मार डालो और कारागृह में मेरे पिता उग्रसेन का भी वध कर दो।''

कंस आगबबूला होकर आज्ञाएं प्रचारित कर रहा था। इतने में ही कृष्ण तेजी से कंस के सिंहासन के समीप पहुंच गए। कंस ढाल और तलवार लेकर उन पर आक्रमण करने के लिए आगे आया तो कृष्ण ने अपना पैंतरा बदल कर उसको धराशायी कर दिया और अपने शरीर को उसके ऊपर बड़े भार के रूप में स्थापित कर दिया और उसे इतने जोर से दबाया कि कंस की मृत्यु हो गई।

कंस का वध देखकर उसके भाई बदला लेने के लिए आए तो कृष्ण और बलराम ने उन सबको मार गिराया।–जैसे ही कंस की पत्नी को पता चला, वह विलाप करती हुई आई। तब श्रीकृष्ण ने उनको समझाकर शांत कर दिया।

श्रीकृष्ण ने इस महान कार्य को संपन्न करने के बाद नगर की व्यवस्था की ओर ध्यान दिया। उन्होंने अपने माता-पिता पर अपनी योग-शक्ति से अपने अलौकिकत्व का आभास तक नहीं होने दिया, जिससे वे अपने वात्सल्य-सुख से वंचित न हो सकें। उन्होंने अपने नाना उग्रसेन को सांत्वना दी और जिन राजाओं को कंस ने बंदी बना रखा था, उन्हें मुक्त कर दिया।

कंस के कारागार में जितनी भी बंदी स्त्रियां थीं उन्हें भी विमुक्त कर दिया। कंस के वध के बाद नगर-निवासियों ने सुख की सांस ली। कृष्ण ने उग्रसेन जी का राजतिलक किया–

महाराज–''क्या मैं सिंहासन पर बैठ सकता हूं?''

कृष्ण–''अवश्य।''

महाराज–''किंतु ययाति का श्राप?''

कृष्ण–"उसकी चिंता मत कीजिए।"

महाराज–"किंतु दोष का परिहार कैसे होगा?"

कृष्ण–"मेरी इच्छा है, अत: दोष नहीं होगा।"

महाराज–"जैसी तुम्हारी इच्छा।"

कृष्ण–"मैं स्वयं आपकी सेवा करूंगा।"

उग्रसेन को राजसिंहासन पर बैठाने के बाद कृष्ण और बलराम नंद बाबा के पास आए। यह नंद और कृष्ण दोनों के लिए बहुत कठिन अवसर था। कृष्ण तो सारा सत्य जानते थे, अब उसे उसी रूप में नंदबाबा के सामने व्यक्त करने में उन्हें संकोच हो रहा था।

कृष्ण–"पिताजी।"

नंद–"कुछ कहना मत।"

कृष्ण–"आपने बहुत प्रेम से हमारा पालन किया।"

नंद–"वह तो स्वाभाविक होता है।"

कृष्ण–"हम माँ यशोदा के बहुत ऋणी हैं।"

नंद–"माँ यशोदा अपने वीर पुत्र का मुख देखना चाहेंगी। हम लोग शीघ्रता से ब्रज चलें।"

कृष्ण–"हम अभी ब्रज नहीं जा सकते।"

नंद–"क्यों?"

कृष्ण–"अभी मथुरा की व्यवस्था देखनी है और अपने दूसरे संबंधियों के कष्टों का भी निवारण करना है।"

नंद–"उचित कहा। हमारे अन्य संबंधियों का भी तुम पर हमारे समान अधिकार है।"

कृष्ण–"अच्छा! अब आप रथ पर विराजमान हों।"

नंद–"शीघ्र ही ब्रज भूमि आना।"

कृष्ण–"अत्यंतशीघ्र! आप निश्चिंत रहें।"

अत्यंत भारी मन से नंद बाबा, तथा उनके साथ आए हुए अन्य गोप, ग्वालबाला दु:खी मन से रथों पर सवार हो गए। रथ चल पड़े और ऐसा लगा जैसे केवल शरीर जा रहे हैं, उनके प्राण कृष्ण-बलराम के पास ही कहीं हैं।

❑❑❑

8

गुरुकुल और यज्ञोपवीत

नंदबाबा और अपने साथियों को विदा करके कृष्ण-बलराम, पिता वसुदेव और माता देवकी के पास पहुंचे। अपने पुत्रों को देखकर और यह जान कर कि वे अब वहीं रहेंगे, माता-पिता को बहुत प्रसन्नता हुई।

वसुदेव ने अपने पुरोहित गर्गाचार्य को बुलाया और कृष्ण-बलराम का यज्ञोपवीत संस्कार कराया और इसके उपरांत 'उज्जैन' के समीप गुरु संदीपन के गुरुकुल में अपने पुत्रों को शिक्षा के लिए भेज दिया।

कृष्ण पिता की आज्ञा के अनुसार संदीपन गुरु के यहां गए–

संदीपन–"आइए भगवन्, आपका स्वागत है।"

वसुदेव–"मैं आपको प्रणाम करता हूं। मैं अपने दोनों पुत्रों को आपके गुरुकुल में शिक्षा के लिए लाया हूं।"

संदीपन–"आपकी जो आज्ञा। किन्तु..."

कृष्ण–"आप हमें अपनी सेवा में ले लीजिए।"

संदीपन–"जैसी विधाता की इच्छा।"

कृष्ण–"पिताजी, अब आप जाइए।"

गुरुकुल के बाहर द्वार तक पिता को विदा करके कृष्ण-बलराम पुनः गुरु के समीप आए। थोड़े ही दिनों में दोनों ने संपूर्ण वेद-वेदांगों की शिक्षा प्राप्त कर ली।–गुरुकुल में अपने सभी साथियों के साथ अत्यंत मधुर व्यवहार से रहना और गुरु की सेवा करना कृष्ण-बलराम का नियमित धर्म बन गया। गुरु जैसे ही उन्हें बताते, कृष्ण बहुत शीघ्र ही सब कुछ सीख लेते। वे चौंसठ कलाओं में पारंगत हो गए।

और एक दिन–

संदीपन–"वत्स तुम्हारी शिक्षा पूरी हो गई है।"

कृष्ण–"आपकी कृपा है गुरुदेव।"

बलराम–"शिक्षा की संपन्नता पर आप आदेश दें कि आपकी इच्छा अनुसार हम आपको क्या गुरु दक्षिणा दें?"

संदीपन–"प्रभास क्षेत्र में हमारा बालक समुद्र में बह गया था, तुम उसे ला दो।"

कृष्ण–"जो आज्ञा गुरुदेव।"

कृष्ण-बलराम अत्यंत शीघ्रता से समुद्र के किनारे पहुंचे। समुद्र उनके सामने बहुत कुछ भेंट लेकर उपस्थित हुआ।

कृष्ण–"हमारे गुरु का बालक कहां है?"

समुद्र–"मैंने आपके गुरु-पुत्र को नहीं बहाया।"

कृष्ण–"तब?"

समुद्र–"मेरे जल के भीतर एक शंख-रूप दैत्य रहता है, उसने आपके गुरु का बालक चुराया है।"

समुद्र की बात सुनकर कृष्ण तुरंत असुर के पास आए, किंतु उन्होंने पाया कि वहां उनका पुत्र नहीं है। तब उन्होंने दैत्य का शंख लेकर यमपुरी की यात्रा की और वहां शंख बजाया...कुछ क्षण उपरांत ही गुरु का पुत्र प्राप्त हो गया।

गुरु संदीपन अपने पुत्र को पाकर अत्यंत प्रसन्न हुए।

कृष्ण और बलराम के सामने अभी विराट कार्य क्षेत्र पड़ा था। उन्होंने अक्रूर जी को बुला भेजा और उन्हें हस्तिनापुर भेजने का प्रस्ताव दिया।

कृष्ण की आज्ञा से अक्रूर जी पांडवों की स्थिति का पता लगाने के लिए धृतराष्ट्र आदि अनेक महत्त्वपूर्ण व्यक्तियों से मिले किंतु उन्हें वास्तविकता का ज्ञान विदुर जी से हुआ।

अक्रूर विदुर जी के घर गए–

विदुर–"आइए प्रभु, आपका स्वागत है।"

अक्रूर–"कुशल तो है। मैं विशेष रूप से पांडवों के विषय में जानने आया हूं।"

विदुर–"प्रजा पांडवों को बहुत प्रेम करती है।"

अक्रूर–"और राजा?"

विदुर–"और राजा भी।"

अक्रूर–"यह तो शुभ समाचार है।"

विदुर–"किंतु भगवन। धृतराष्ट्र के कुछ संबंधी और उसके पुत्र पांडवों से वैर-भाव रखते हैं। यही कष्ट कुंती को है, और यही कष्ट मुझे भी।"

अक्रूर–"जैसी विधाता की इच्छा।"

विदुर–"सब कुछ विधाता पर नहीं छोड़ा जा सकता। मनुष्य कर्मशील प्राणी है। इसलिए उसे अपने अधिकारों की रक्षा के लिए अधिक सतर्क होने की आवश्यकता है।

अक्रूर–"आपने उचित कहा भगवन।"

इधर अक्रूर हस्तिनापुर में रह कर राज्य की राजनीति और पांडवों की स्थिति का अवलोकन कर रहे थे, उधर श्रीकृष्ण कंस-वध के उपरांत संपूर्ण भारत में चारों ओर यह जानने का प्रयास कर रहे थे कि प्रजा के सुख और धर्म की स्थापना के लिए कौन-कौन से अवरोध हैं और कहां-कहां विद्यमान हैं? उन्हें अक्रूर के संदेश से पांडवों की स्थिति और हस्तिनापुर के विषय में पूरी जानकारी मिल गई।

कृष्ण को सबसे बड़ा अवरोध जरासंध लगा–

कृष्ण–"सबसे पहला अवरोध जरासंध है भाई।

बलराम–"कंस के वध से वह दुखी भी है और क्रोधित भी।"

कृष्ण–"उसकी शक्ति कितनी है?"

बलराम–"समुद्र की तरह अपार।"

कृष्ण–"अर्थात उसके अधीन सभी राजा उसकी सेना में हैं।"

बलराम–"अभी उनका विनाश समीप है।"

कृष्ण–"किंतु अभी जरासंध को नहीं मारना।"

बलराम–"यह भी नीति है?"

कृष्ण–"हां, भाई जो, आप जानते हैं कि हमारा पृथ्वी पर जन्म धर्म की रक्षा और प्रजा के सुख के लिए हुआ है। यदि अभी जरासंध को मार दिया गया तो फिर अलग-अलग असुर सेना का संहार करना पड़ेगा।

बलराम–"असुर सेना?"

कृष्ण–"हां, भाई जी।"

बलराम–"कौन-कौन से असुर शेष हैं?"

कृष्ण–"असुर तो हैं ही। वे राजा भी असुर ही हैं जो प्रजा पर अत्याचार करते हैं।"

बलराम–"तो क्या विचार किया?"

कृष्ण–"मैंने आपके आयुध, हल–मूसल निश्चित स्थान से मंगा लिए हैं। और आप इनके द्वारा शत्रु सेना का संहार कीजिए।"

बलराम और कृष्ण अपने-अपने शस्त्र लेकर मथुरा से निकले। सारथि दारुक रथ को संचालित कर रहा था। किंतु दोनों भाइयों ने पाया कि जरासंध ने मथुरा को चारों ओर से घेर लिया है। अब उन्हें अपनी रणनीति में परिवर्तन करना पड़ा, उन्होंने अपना पांचजन्य शंख बजाया। जरासंध एकदम सामने आ गया।

जरासंध–"अरे कृष्ण!...अभी तू बालक है।"

कृष्ण–"यह अभी ज्ञात हो जाएगा। तू युद्ध कर।"

जरासंध–"बच्चे से युद्ध करूं?"

कृष्ण–"अधिक मत बोल।"

बलराम–"बहुत गर्व है तुझे?"

जरासंध–"युद्ध के लिए तैयार हो जाओ।"

दोनों ओर से युद्ध प्रारंभ हो गया और थोड़े से क्षणों के बाद जरासंध की विशाल सेना तितर-बितर हो गई। उसको यह आशा नहीं थी। उधर अपनी अटारियों से मथुरा की स्त्रियां यह युद्ध देख रहीं थीं।

थोड़े समय बाद ही बलराम ने महाबली जरासंध को पकड़ लिया और वह उसका वध करना ही चाहते थे कि कृष्ण ने रोक लिया।

बलराम–"मैं इसका वध कर दूंगा।"

कृष्ण–"नहीं, भाई जी नहीं।"

बलराम–"क्यों, क्यों छोड़ा जाए।"

कृष्ण–"यह फिर से सेना इकट्ठी करके लाएगा और फिर यहां इसी स्थान पर उसका वध करेंगे।"

जरासंध को छोड़ दिया गया। उसे अत्यंत लज्जा आई। किंतु उसके साथी नरपतियों ने उसे समझाया कि यह पराजय तो केवल प्रारब्ध। हम फिर से सेना इकट्ठी करके कृष्ण को पराजित करेंगे। जरासंध मान गया और फिर से युद्ध की तैयारी में लग गया।

❑❑❑

9

कृष्ण-रुक्मिणी

जरासंध परास्त हो गया, किंतु उसके साथ ही कृष्ण का उत्तरदायित्व और बढ़ गया। क्योंकि उन्हें ज्ञात था कि वे सेना एकत्रित करके पुनः आक्रमण करेगा–

कृष्ण–"भाई जी, जरासंध और कालयवन, इस समय ये दो शत्रु यदुवंशियों पर भारी हैं।"

बलराम–"इसका उपाय करते हैं।"

कृष्ण–"एक को बल से और एक को बुद्धि से मारना होगा।"

बलराम–"हमें एक दुर्ग बनाना चाहिए, जिसमें कोई प्रवेश न कर सके।"

श्रीकृष्ण, बलराम और उनके साथियों ने मिल कर समुद्र के किनारे और कुछ समुद्र के अंदर भी एक किलानुमा नगर बनाया–जिसमें अपनी सारी प्रजा को पहुंचा दिया गया।

कालयवन ने अकस्मात चढ़ाई कर दी। उसे अपनी और आता हुआ देखकर, उस मूर्ख शक्तिशाली को थकाने के लिए श्रीकृष्ण भागने लगे और वे उनके पीछे-पीछे दौड़ने लगा...

कालयवन–"भाग क्यों रहे हो कृष्ण।"

कृष्ण–"मुझे भय लग रहा है।"

कालयवन–"रणछोड़ के भाग रहे हैं।"

कृष्ण–"हां, ऐसा ही।"

कालयवन–"पर्वत की गुफा में छिपोगे?"

कृष्ण उसकी बात का उत्तर दिए बिना पर्वत की गुफा में घुसते चले गए। और जब कालयवन उनका पीछा करते-करते अंदर गया तो उसने एक साधु को

सोते हुए पाया। यह साधु ब्राह्मणभक्त कुचुकुंद थे। कालयवन ने उनको लात मारी तो वह क्रोधित होकर उठ खड़े हुए। उनके नेत्रों से निकली ज्वाला जब कालयवन के शरीर पर पड़ी तो वह भस्म हो गया।

इसके बाद श्रीकृष्ण मुचुकुंद से वार्तालाप करके पुनः आकर अपने लोगों में मिल गए। यहां कालयवन की सेना अभी भी मथुरा को घेरे हुए थी। पहले श्रीकृष्ण और उनकी सेना ने इस सेना का संहार किया। उसके बाद उसकी संपत्ति लेकर द्वारिका में आ गए।

सबसे पहले भाई जी बलराम का विवाह हुआ और इसी बीच रूक्मी की बहन रूक्मिणी का संदेश लेकर एक ब्राह्मण श्रीकृष्ण के पास आया। इसी बीच बलराम जरासंध के विषय में विचार करते हुए कृष्ण के पास आए–

कृष्ण–''आइए, विप्रवर, प्रणाम।''

विप्र–''आयुष्मान भव।''

कृष्ण–''आज्ञा कीजिए।''

विप्र–''मुझे राजकुमारी रूक्मिणी ने भेजा है।''

कृष्ण–''क्या संदेशा है?''

विप्र–''उन्होंने कहलवाया है कि उनका भाई बलपूर्वक उनका विवाह शिशुपाल से कराना चाहता है। और उन्होंने अपने मन-मंदिर में आपको बसाया हुआ है।

कृष्ण–''तो क्या किया जाए?''

विप्र–''उन्होंने कहलवाया है कि यहां पर विवाह के लिए तत्पर कन्या को, विवाह के एक दिन पहले कुलदेवी के दर्शन के लिए मंदिर में जाना पड़ता है।

कृष्ण–''कौन-से मंदिर में?''

विप्र–''गिरिजा के मंदिर में।''

कृष्ण–''मैं जान गया विप्रवर, कि मुझे क्या करना है। आप निश्िंचत होकर रूक्मिणी से जाकर कहिए कि मैं उन्हें निराश नहीं करुंगा।''

उधर कुंडित-नरेश विवाह की तैयारियां कर रहे थे और इधर गिरिजा के मंदिर में रूक्मिणी कृष्ण की प्रतीक्षा कर रही थी। उसे चिंता हो रही थी कि अभी तक ब्राह्मण देवता भी नहीं लौटे। उसकी सखियों ने समझाया कि चिंता न करें।

थोड़े समय बाद ही रूक्मिणी के वामांग फड़कने लगे और उन्हें किसी शुभ समाचार की आशा हुई। सामने ब्राह्मण देवता खड़े थे–

रूक्मिणी–"क्या समाचार लाए पंडित जी?"

विप्र–"शुभ समाचार है।"

थोड़े समय बाद ही सारे नगर में यह समाचार फैल गया कि रूक्मिणी के विवाह में सम्मिलित होने कृष्ण और बलराम भी आ रहे हैं। राजा भीष्मक ने उनके स्वागत की तैयारियां करनी प्रारंभ कर दी।

दोनों भाइयों के आने पर उन्हें बहुत अच्छे स्थान पर ठहराया गया। रूक्मिणी के मन में संतोष हुआ कि कम से कम कृष्ण नगर में तो आ चुके हैं और वह देवी-दर्शन के लिए राजमहल से बाहर निकली।

रूक्मिणी मंदिर में पहुंच गई और पूजा करके मंदिर से बाहर निकली। मंदिर के बाहर वह बहुत धीरे-धीरे चल रही थी, जिससे नियत समय पर कृष्ण उनको वहां से ले जाएं।

कृष्ण बहुत तेजी से आए और रक्षकों के बीच में रूक्मिणी को उठाकर उन्होंने अपने रथ पर बैठा लिया और अन्य यदुवंशियों के साथ वहां से निकल पड़े।

तब भाग करके एक सैनिक ने रूक्मी को समाचार दिया और क्रोधित रूक्मी अपने साथियों के साथ युद्ध करने के लिए आ गया। जरासंध की सेना भी उसके साथ थी। अतंत इस भयंकर युद्ध में रूक्मी की हार हुई।

कृष्ण रूक्मिणी को लेकर थोड़ा-सा और आगे ही बढ़े कि रूक्मी ने फिर से उन पर आक्रमण किया। कृष्ण ने रूक्मिणी के कहने से रूक्मी का वध नहीं किया और उसे अपने रथ के पीछे बांध दिया।

श्रीकृष्ण बड़ी तीव्र गति से द्वारिकापुरी लौट आए और वहां आकर विधिवत रूक्मिणी से विवाह किया।

कृष्ण-रूक्मिणी के विवाह की पुष्टि हो जाने पर राजा भीष्मक को तो बहुत प्रसन्नता हुई और रूक्मी को भी बाद में थोड़ी बहुत समझ आ गई, किंतु शिशुपाल ने स्वयं को वहुत अपमानित समझा। वह जितना वैर कृष्ण से करता था, उससे दस गुना अधिक वैर करने लगा।

कृष्ण और रूक्मिणी के विवाह के बाद द्वारिका में तो प्रसन्नता की लहर फैल ही गई थी। उधर जब यह सूचना पांडवों को मिली तो वे भी बहुत प्रसन्न हुए।

कुंती अपने एकांत में विचारपूर्वक बैठी थी कि इसी समय अर्जुन ने आकर उनको समाचार दिया–

अर्जुन–"माताश्री, कृष्ण और रूक्मिणी का विवाह हो गया है।"

कुंती–"अत्यंत शुभ समाचार है।"

अर्जुन–"उनसे मिलने चला जाए।"

कुंती–"उन्हें संदेशा भिजवा दो।"

अर्जुन–"मैंने पहले ही लाक्षागृह की सूचना उनको भिजवा दी थी।"

कुंती–"तो क्या वे जानते हैं?"

अर्जुन–"हां।"

कुंती–"तब वे स्वयं यहां आएंगे। क्योंकि इस बीच उन्होंने अत्यंत महत्त्वपूर्ण कार्य किए हैं।"

युधिष्ठिर–"माताश्री, श्रीकृष्ण ने अन्य अनेक असुरों का भी संहार किया है।

कुंती–"मुझे विस्तार से बताओ।"

अर्जुन ने कृष्ण से संबंधित अन्य अनेक बातें माताश्री को बताई और उनसे मिलने की युक्ति के विषय में भी विचार किया।

☆☆☆

इधर रूक्मिणी से विवाह करने के बाद श्रीकृष्ण का दूसरा महत्त्वपूर्ण विवाह सत्यभामा के साथ संपन्न हुआ। इससे पहले जांबवती से भी एक घटना वश उनका मिलन हो गया था। उस घटना का एक छोर जांबवती थी तो दूसरे छोर पर आमिली थी सत्यभामा। घटना के केंद्र में थी स्यमंतक मणि–जो सत्राजित् के पास थी और जिससे निकलती चमकीली किरणों का कारण लगता था स्वयं सूर्यदेव ही दर्शन दे रहे हो।

सत्राजित् ने वह मणि ब्राह्मणों के द्वारा एक देवमंदिर में स्थापित करवा दी। वह मणि प्रतिदिन आठ भार सोना दिया करती थी। और जहां वह पूजित होकर रहती थी वहां दुर्भिक्ष, महामारी, मानसिक-शारीरिक व्यथा तथा मायावियों का उपद्रव आदि कोई भी अशुभ नहीं होता था।

एक दिन ऐसा हुआ कि सत्राजित् के भाई प्रसेन ने उस परम प्रकाशमयी मणि को अपने गले में धारण कर लिया और घोड़े पर सवार होकर शिकार

खेलने वन में गया। वहां एक सिंह ने घोड़े सहित प्रसेन को मार डाला और उस मणि को छीन लिया। वह अभी पर्वत की गुफा की ओर जा ही रहा था कि मणि के लिए ऋक्षराज जांबवान ने उसे मार डाला और वह मणि अपनी गुफा में ले जाकर बच्चे को खेलने के लिए दे दी।

अपने भाई प्रसेन के न लौटने से उसके भाई सत्राजित् को बड़ा दुख हुआ। वह कहने लगा–

''बहुत संभव है श्रीकृष्ण ने ही मेरे भाई को मार डाला है। क्योंकि वह मणि गले में डाल कर वन में गया था।''

सत्राजित की यह बात सुनकर लोग भी आपस में धीमे-धीमे स्वरों में ऐसा ही कुछ कहने लगे। जब श्रीकृष्ण ने सुना कि यह कलंक का टीका मेरे ही सिर लगाया गया है तब वे धो-बहाने के विचार से नगर के कुछ प्रमुख व्यक्तियों को साथ लेकर प्रसेन को ढूंढ़ने के लिए वन में गए। वहां खोजते हुए लोगों ने देखा कि घोर जंगल में सिंह ने प्रसेन और उसके घोड़े को मार डाला है। जब वे लोग सिंह के पैरों का चिन्ह देखते हुए आगे बढ़े, तब उन लोगों ने यह भी देखा कि पर्वत पर एक रीछ ने सिंह के पैरों का चिह्न देखते हुए आगे बढ़े, तब उन लोगों ने यह भी देखा कि पर्वत पर एक रीछ ने सिंह को भी मार डाला है।

श्रीकृष्ण ने सब लोगों को बाहर ही छोड़ दिया और अकेले ही घोर अंधकार से भरी हुई ऋक्षराज की भयंकर गुफा में प्रवेश किया। श्रीकृष्ण ने वहां जाकर देखा कि श्रेष्ठ मणि स्यमंत को बच्चों का खिलौना बना दिया गया है। वह बच्चे के पास गए, तो एक अपरिचित व्यक्ति को देख बच्चे की धाय भयभीत हो चिल्ला उठी। उसकी चिल्लाहट सुनकर.परम बली ऋक्षराज जांबवान क्रोधित हो कर वहां दौड़ आए और श्रीकृष्ण से युद्ध करने लगे।

वह उस समय इतने क्रोधित थे कि उन्हें उनके प्रभाव का पता न चला। कृष्ण समझ गए कि वे उन्हें साधारण मनुष्य मान यह युद्ध कर रहे हैं। तो युद्ध भी उसी ढंग से चल रहा था–कभी अस्त्र-शस्त्र का प्रहार करते तो कभी शिलाओं का। कभी घूंसे तान कर ही भिड़ जाते।

यह युद्ध अट्ठाईस दिन तक चलता रहा। श्रीकृष्ण के घूंसों की चोट से जांबवान के शरीर की एक-एक गांठ टूट-फूट गई। उत्साह जाता रहा। तन-मन चकनाचूर हो गया। वे चकित होकर कह उठे–

''प्रभो! जान गया-जान गया मैं। आप ही सारे प्राणियों के रक्षक, स्वामी भगवान विष्णु हैं। सबके प्राण और बल आप ही हैं। सबमें आप ही सत्ता रूप

से विराजमान हैं। सभी आलाओं की परम आत्मा आप ही हैं आत्माओं और काल के जितने भी अवयव हैं, उनके नियामक परम काल आप ही हैं। हां प्रभो! मुझे स्मरण है आपके नेत्रों में क्रोध भाव या और उन्हीं क्रोध भरे नेत्रों की तिरछी दृष्टि से आपने समुद्र की ओर देखा था–और तब!–उस समय समुद्र के अंदर रहने वाले बड़े-बड़े जीव-जंतु क्षुब्ध हो गए थे और समुद्र ने आपको मार्ग दे दिया था। तब आपने उस पर सेतु बांधा और फिर लंका का विध्वंस किया।...मुझे आज भी दीख-सा रहा है कि आपके बाणों से कट-कट कर राक्षसों के सिर धरती, पर लुढ़क रहे थे...हां, अवश्य ही आप मेरे वही 'रामजी' श्रीकृष्ण के रूप में आए हैं।''

श्रीकृष्ण ने देखा कि 'अब तो मेरे इस भक्त ने पहचान लिया है तो वे प्रेमपूर्वक उसके कंधे पर आशीषमय करकमल रखते हुए बोले–

''ऋक्षराज! हम मणि के लिए ही तुम्हारी गुफा में आए हैं। इस मणि के संबंध में हम पर झूठा कलंक लग गया है। अतः इसके द्वारा उसे मिटाना है।

यह सुनकर जांबवान ने बड़े आनंद से मणि उनके चरणों में अर्पित कर दी। साथ ही कहा–''मेरी अपनी कन्या है कुमारी जांबवती।''

इस श्रीकृष्ण ने प्रश्नभरी दृष्टि से उनकी तरफ देखा जांबवान ने हाथ जोड़कर कहा–''यही निवेदन है कि इस कन्या को सदा के लिए अपने श्रीचरणों के समीप स्थान दे दीजिए।''

श्रीकृष्ण जिन लोगों को बाहर छोड़ गए थे उन्होंने गुफा के बाहर बारह दिन प्रतीक्षा करने के बाद जब यह पाया कि वे तो अब तक भीतर से नहीं निकले, तब वे बड़े दुखी हुए और द्वारिका लौट आए।

वहां माता देवकी, पिता वसुदेव रानी रूक्मिणी तथा अन्य संबंधियों को जब इस बात का पता चला तो वे शोक में डूब गए। सारे द्वारिकावासी बहुत दुखी होकर सत्राजित् को भला-बुरा कहने लगे।–जब कुछ अपने वश में नहीं पाया तो सब महामाया दुर्गा देवी की शरण में गए और श्रीकृष्ण की प्राप्ति के लिए दुर्गाजी की उपासना करने लगे।

जब उसी समय उनके बीच में मणि और नववधू जांबवती सहित श्रीकृष्ण सबको आनंदित करते हुए प्रकट हो गए तो सबको यही लगा कि 'उनकी प्रार्थना सफल हुई।'

इसके बाद श्री कृष्ण ने सत्राजित् को राजसभा में महाराज उग्रसेन के पास बुलवाया और जिस प्रकार मणि प्राप्त हुई थी, वह सब कथा सुनाकर उन्होंने वह

मणि सत्राजित् को सौंप दी। सत्राजित् बहुत लज्जित हो गया। मणि तो उसने ले ली, किंतु उसका मुंह नीचे की ओर लटक गया। अपने किए पर उसे बड़ा पश्चाताप हो रहा था, अपराध के बोझ तले दबा हुआ वह ठीक से चल भी नहीं पा रहा था–किसी तरह वह अपने घर पहुंचा।

ग्लानि से भरा हुआ वह अत्यंत पीड़ित तो हो ही रहा था। किंतु साथ ही वह कुछ भयभीत भी था–'बलवान के साथ विरोध का परिणाम बुरा ही होता है।'

अब वह यही सोचता रहता कि, 'क्या करूं...अपने अपराध का मार्जन कैसे करूं? मैं ऐसा कौन-सा काम करूं जिससे लोग मुझे कोसे नहीं–और श्रीकृष्ण प्रसन्न हों।'

...यह सब सोचते-सोचते वह बुरी तरह व्यथित हो उठता! अपने अनुचित कर्म के विषय में सोच मन में एक हाहाकार-सा उठने लगता–'सचमुच मैं कितना छोटा हूं, लोलुप हूं....धन के लोभ इतनी बड़ी मूढ़ता का काम कर बैठा। यह जानते हुए भी कि भगवान कृष्ण कितने समर्थशील है, इतनी अदूरदर्शिता में पड़ गया। इतनी तुच्छ बात कह दी।''

उसने इस दारुण पश्चाताप के बीच एक निश्चय किया–उसकी कन्या सत्यभामा सुंदरता, उदारता शांत स्वभाव आदि सद्‌गुणों से संपन्न थी। बहुत-से प्रसिद्ध, प्रमुख लोग चाहते थे कि सत्यभामा उन्हें मिले।

सत्राजित् ने अपनी विवेक-बुद्धि से कर्म किया और अपनी कन्या तथा स्यमंतक मणि दोनों ही श्रीकृष्ण को अर्पण कर दी। तब श्रीकृष्ण ने विधिपूर्वक सत्यभामा का पाणिग्रहण किया–सत्राजित से उन्होंने कहा, ''स्यमंतक मणि हम नहीं लेंगे। आप सूर्य भगवान के भक्त हैं–इसलिए वह आप ही के पास रहे। हम तो केवल उसके फल के, अर्थात उससे निकले हुए सोने के अधिकारी हैं। वही आप राज्य को दे दिया करें।''

सत्यभामा से विवाह के बाद एक दिन श्रीकृष्ण और रूक्मिणी के बीच अनेक स्थितियों को लेकर वार्तालाप हुआ।

रूक्मिणी–''प्रभों! आपने धर्म की रक्षा के लिए अवतार लिया है।''

कृष्ण–''हां, यह तो सत्य है।''

रूक्मिणी–''क्या कार्य संपन्न हो गया?''

कृष्ण–''अभी पूर्ण नहीं हुआ।''

रूक्मिणी–''क्या मेरा भाई इसमें अवरोधक है?''

कृष्ण–''सबसे बड़ी समस्या शिशुपाल और जरासंध की है। किंतु तुम यह बताओ प्रिय कि तुमने मेरा वरण क्यों किया?''

रूक्मिणी–''प्रेम का कोई तर्क नहीं होता प्रभु!''

कृष्ण–''हम यहां दैत्यों से डर कर समुद्र में छिपे बैठे हैं, भयभीत भी है। हमारे पास विशेष धन और ऐश्वर्य भी नहीं।''

रूक्मिणी–''संकट झेल कर भी आपने मेरी प्रार्थना स्वीकार की। क्यों?''

कृष्ण–''दुष्टों का दर्प दलन करने के लिए मैंने तुम्हारा हरण किया।''

रूक्मिणी–''इसका अर्थ है कि आप भयभीत नहीं है। और मैंने आपका वरण करके दुष्टों को यह बताया है कि उनका नाश करने में मैं आपके साथ हूं। और मेरा जन्म आपके सहयोग के लिए हुआ है।''

कृष्ण–''तुम्हें कोई दुख नहीं।''

रूक्मिणी–''नहीं!''

कृष्ण–''तुम तो ऐश्वर्य में पली हो।''

रूक्मिणी–''ऐश्वर्य बाह्य दृश्य-वस्तुओं में नहीं होता। न राजप्रसाद के जन्मदाता हैं।''

कृष्ण–''तुम्हें अपने भाई का तो दुख होगा।''

रूक्मिणी–''नहीं, सारे बंधनों की सत्ता माया से है और आपके सान्निध्य में आकर मैं माया से ऊपर उठ गई हूं।''

कृष्ण–''अब मेरा मन शांत हुआ। क्योंकि मुझे इस बात की चिंता लगी रहती थी कि कहीं मुझसे विवाह करके तुम्हें कष्ट तो नहीं?''

रूक्मिणी–''अब तो विश्वास हुआ।''

कृष्ण–''हां, मैं चिंतामुक्त हुआ।''

रूक्मिणी–''एक प्रश्न और?''

कृष्ण–''क्या? अब कैसा प्रश्न।''

रूक्मिणी–''सत्य बोलिए, आप मेरी परीक्षा तो नहीं ले रहे।''

कृष्ण–''छोटे-बड़े सभी की परीक्षा होती है। परीक्षा की सत्यता से कोंई नहीं भाग सकता। किंतु उसमें सफल होना ही जीवन का सौंदर्य है।

कृष्ण और रूक्मिणी का यह परस्पर संवाद संपन्न हुआ और उसके बाद श्रीकृष्ण ने दो बड़े अवरोधों को पार करने की योजना बनाई, एक जरासंध और

एक शिशुपाल। लेकिन इसके पूर्व कि श्रीकृष्ण हस्तिनापुर के समाचारों के साथ आगे की योजनाओं को जोड़ते उन्हें शिशुपाल और जरासंध की ओर से विचित्र समाचार मिलने लगे। इसी बीच श्रीकृष्ण की भेंट देवर्षि नारद से हुई और जब देवर्षि नारद श्रीकृष्ण की दिनचर्या के साथ उनकी कार्यविधि का अध्ययन कर रहे थे। तो कृष्ण ने उनको बताया कि ''धर्म और अधर्म के संघर्ष में विजय तो धर्म की होती है किंतु अधर्म का पूरा नाश नहीं होता। यह जीवन की एक निरंतर प्रक्रिया है। मैं इस युग में अपनी योगशक्ति से असुरों का संहार करके सुरत्व की साधना करता हूं।''

नारद–''जरासंध की राजधानी से कुछ लोग आए हैं।''

कृष्ण–''उन्हें आने दीजिए।''

नारद–''भगवन, मैं चलता हूं।''

नारद जी श्रीकृष्ण से वार्तालाप करके चले गए और उधर जरासंध के नगर से आए प्रजा के दूतों ने श्रीकृष्ण को प्रणाम किया।

दूत–''हमें जरासंध के बंदी राजाओं ने भेजा है।''

कृष्ण–''क्या समाचार है?''

दूत–''जरासंध का दुर्व्यवहार बढ़ता जा रहा है।''

कृष्ण–''जानता हूं।''

दूत–''आप शीघ्रता से कुछ कीजिए। आपके होते हुए निरपराध राजाओं और उनकी प्रजा को कितने कष्ट उठाने पड़ रहे हैं।''

कृष्ण–''समय अत्यंत शक्तिशाली है मित्र।''

दूत–''हम तो आपकी शरण में आए हैं।''

कृष्ण–''आपको निराश नहीं होना पड़ेगा।''

दूत–''हे भगवान, आप ही हमारे लिए भगवान हैं। आप इस बार जरासंध को परास्त करके छोड़िए नहीं।

एक यदुवंशी–''भगवन, अब शीघ्रता से जरासंध पर चढ़ाई की जाए और उस पर विजय प्राप्त कर ली जाए।

यदु 2–''आपकी आज्ञा हो तो हम अभी से सैनिक तैयारी प्रारंभ करें।''

कृष्ण–''जरासंध के लिए मैंने दूसरा उपाय सोचा है।''

यदु 1–''कौन-सा उपाय भगवन।''

कृष्ण–''इसके लिए मुझे इंद्रप्रस्थ जाना होगा।''

यदु 2–''वहां क्यों भगवन?''

कृष्ण–''जरासंध का वध भ्राता भीम के हाथों होगा।''

जैसे ही कृष्ण ने इस बात पर विचार किया उन्हें पता चला कि पांडवों को राजसूय यज्ञ करने की इच्छा जागी है। इसी बीच उद्धव, देवर्षि नारद और श्रीकृष्ण के बीच संवाद हुआ–

नारद–"आपको पांडवों की सहायता करनी चाहिए। जिससे उनका राजसूय यज्ञ निर्विहन संपन्न हो।"

उद्धव–"भगवान तो शरणागत वत्सल हैं ही।"

नारद–"क्या पांडवों ने दसों दिशाओं पर विजय प्राप्त कर ली है।"

कृष्ण–"अभी नहीं।"

नारद–"तब फिर राजसूय कैसा।"

उद्धव–"उसमें बाधा क्या है?"

कृष्ण–"जरासंध।"

उद्धव–"तो पहले उसका वध किया जाए।"

कृष्ण–"महाबली भीम मल्लयुद्ध में जरासंध का वध कर देंगे।"

नारद–"आप स्वयं भी तो कर सकते हैं।"

कृष्ण–"नहीं।"

अक्रूर–"उसका कारण।"

कृष्ण–"राजसूय से पहले आसपास के सभी राजाओं को पांडवों की शक्ति का अनुमान होना चाहिए।"

अक्रूर–"महाबली भीम यह कार्य करेंगे?"

कृष्ण–"अवश्य।"

नारद--"बाधा तो शिशुपाल भी डालेगा।"

कृष्ण–"उसका उपाय भी है।"

नारद–"तो इस विषय में तैयारी प्रारंभ कर दी जाए।"

नारद जी 'नारायण-नारायण' कहकर वहां से चल दिए।

उद्धव–"भीम उसे परास्त कैसे करेंगे।"

कृष्ण–"भीम ब्राह्मण वेश में उससे युद्ध की भिक्षा मागेंगे"

वसुदेव–"वह युद्ध के लिए तैयार हो जाएगा।"

कृष्ण–"निश्चित रूप से।"

वसुदेव–"और उसकी सेना।"

कृष्ण–"जरासंध का वध होते ही वह स्वयं परास्त हो जाएगी।"

❑❑❑

10

कृष्ण : इन्द्रप्रस्थ की ओर

श्रीकृष्ण अपनी पूरी तैयारी के साथ इंद्रप्रस्थ के लिए चल दिए। सौवीर, आनर्त और मरुस्थानों को पार करते हुए मत्स्य और पांचाल प्रदेश से होते हुए इंद्रप्रस्थ के निकट पहुंच गए। बलराम उनके साथ नहीं थे वे व्यवस्था देखने के लिए वही रुक गए।

जब युधिष्ठिर को श्रीकृष्ण के आने का समाचार प्राप्त हुआ तो वह आनंदमग्न होकर उनकी अगुवाई के लिए बाहर आए।

युधिष्ठिर–''आइए भगवन, आपका स्वागत है।''

अर्जुन–'' केशव, मेरा प्रणाम स्वीकार करो।''

भीम–''मुझे आलिंगन से सुख दो।''

कृष्ण के आने की प्रसन्नता में और उनके स्वागत के लिए सारा नगर नववधू की तरह सजाया गया था। संध्या समय राजपथ के किनारे-किनारे दीप मालाएं लगाई गईं। थोड़ा समय व्यतीत होने के बाद मंत्रणा प्रारंभ हुई जिससे राजसूय यज्ञ की योजना पर विचार किया गया।

सब लोग शांत बैठे थे कि अर्जुन कृष्ण के समीप आए–

अर्जुन–''क्या सोच रहे हैं अच्युत?''

कृष्ण–''राजसूय यज्ञ के विषय में सोच रहा हूं।''

युधिष्ठिर–''आप हो तो वह भी संपन्न हो ही जाएगा।''

कृष्ण–''एक बड़ी बाधा है।''

अर्जुन–''कौन-सी?''

कृष्ण–''जरासंध।''

भीम–''आपकी इच्छा पर वह भी दूर हो जाएगी।''

कृष्ण–''उसके लिए तुम्हें उपाय करना होगा।''

भीम–''कहिए-क्या?''

कृष्ण–''ब्राह्मण बनकर उससे युद्ध की भिक्षा मांगनी होगी।''

भीम–''ब्राह्मण बन कर क्यों?''

कृष्ण–''इससे तुम्हारे और जरासंध के बीच ही मल्लयुद्ध होगा।''

भीम–''मैं तैयार हूं।''

अर्जुन–''हम सब साथ चलेंगे।''

भीम–''क्या जरासंध यहां नहीं आ सकता?''

कृष्ण–''नहीं, यह भी एक नीति है। जरासंध को वहीं मार कर, उसके कारागृह में जितने राजा बंदी हैं उन्हें अपने पक्ष में करना'। ''किंतु अर्जुन, तुमसे भी मुझे एक बात कहनी है।''

अर्जुन–''कहिए अच्युत।''

कृष्ण–''क्या तुम सुभद्रा को जानते हो?''

अर्जुन–''कल पूछना कि क्या मैं आपको जानता हूं।''

कृष्ण–''नहीं, ऐसी बात नहीं।''

अर्जुन–''मेरे कितने विवाह कराओगे। क्या जिस तरह आपने मत्स्यबेधन घटना के पूर्व द्रौपदी से सब कुछ निश्चित कर लिया था। क्या वैसे ही अपनी बहन सुभद्रा से पूछा?''

कृष्ण–''दोनों प्रसंगों में विभिन्नता है। द्रौपदी का सारा प्रसंग अत्यंत संश्लिष्ट है। यदि मैं उसके पास जाकर ब्राह्मण वेशधारी पांडव के लिए निश्चित परामर्श न करता तो–''

अर्जुन–''तो कथा कुछ और भी हो सकती थी।''

कृष्ण–''हां, मैं जानता था कि तुम्हारे अतिरिक्त केवल करण ही मत्स्यवेध कर सकता है। इसलिए मैंने द्रौपदी को पहले से ही तैयार कर लिया था कि सूतपुत्र से विवाह करना अस्वीकार कर दे।''

अर्जुन–''आपकी महती कृपा है। आप जब कहे जैसे कहें, मैं करने के लिए तैयार हूं।''

उसी समय कुछ अन्य विशिष्ट व्यक्तियों ने आकर कृष्ण अर्जुन को प्रणाम किया और फिर सबने मिल कर मगध प्रस्थान की तैयारी करनी प्रारंभ कर दी।

कृष्ण–''मगध जाने से पहले मैं बुआ जी से मिलूंगा।''

युधिष्ठिर–''माताश्री यहीं आ रही हैं।''

तभी सामने से कुंती आई। कृष्ण ने उनके चरण छूए। कुंती ने आशीर्वाद दिया और झुक कर प्रणाम भी किया। दोनों काफी समय तक बातचीत करते रहे और कुंती से वार्तालाप के समय ही श्रीकृष्ण अपने भविष्य की योजनाओं पर विचार करते रहे।

उनके निकट भविष्य की योजनाओं में सबसे पहले पांडवों के राजसूय यज्ञ की सफलता का रूप था–और यह भी कि उसके माध्यम से जरासंध का वध हो। और उसके साथ रूक्मिणी की इच्छा को जानते हुए कृष्ण अर्जुन का विवाह सुभद्रा से कराना चाहते थे।

कुंती–''मैं सामने खड़ी हूं, क्या सोच रहे हो?''

कृष्ण–''अर्जुन के विषय में।''

कुंती–''केवल अर्जुन के विषय में।''

कृष्ण–''वह केंद्र है।''

कुंती–''तो क्या सोचा?''

कृष्ण–''सुभद्रा से अर्जुन का विवाह।''

कुंती–''सुभद्रा से पुछा?''

कृष्ण–''उसने रूक्मिणी से अपनी इच्छा व्यक्त की थी।''

कुंती–''जैसी तुम्हारी इच्छा। पांडवों का संपूर्ण जीवन तुम्हारी छत्रछाया में सुरक्षित है, यह मैं जानती हूं। तुम जब जो कहोगे, वही होगा।''

कृष्ण–''आपका आशीर्वाद चाहिए।''

कुंती–''वह सदा तुम्हारे साथ है। और उनके लिए भी है जो दुष्ट हैं। विधाता करें कि उन्हें उनकी दुष्टता से मुक्ति मिले।''

कृष्ण–''लो, अर्जुन आ गए।''

कुंती–''मैं पार्थ को तुम्हें सौंपती हूं।''

कुंती और कृष्ण के संवाद के बाद कृष्ण ने पांडवों के राजसूय यज्ञ की पूर्ण भूमिका तैयार करने के लिए अपने नगर आना उचित समझा। यहां आकर उन्हें विरोध से सामना करना पड़ा। ''तुम हर समय मनमानी करते हो। मेरा विचार कुछ और था।'' सभा में बैठे बलराम इतने उत्तेजित हो गए कि श्रीकृष्ण के ऊपर बरस पड़े।

''आपका विचार मुझे ज्ञात था इसीलिए मैंने अर्जुन से सुभद्रा के हाथ का प्रस्ताव रखा।'' श्रीकृष्ण ने यह कहते हुए उन्हें शांत करना चाहा।

''क्यों? जब तुम मेरा मत जानते थे तो...''

''...हां, सुभद्रा की इच्छा।''

''वह तुम्हें कैसे पता चली?''

''बहन बड़े भाई को मन की बात नहीं बताती, लजाती है, पर साथ के भाई को बता देती है।''

''झूठ तो नहीं बोल रहे न।'' बलराम के मन में अब भी संशय शेष था।

''आपसे झूठ! संभव नहीं।''

''पर यह हुआ कैसे?''

''दोनों की जब भेंट हुई तो एक-दूसरे को मन में बसा लिया। मैंने युधिष्ठिर के पास दूत भेजकर इसकी स्वीकृति ली।''

''युधिष्ठिर के पास दूत भी भेज दिया। तुम अपनी मनमानी करना छोड़ोगे या नहीं?'' क्रोधित होने पर भी यह कहते-कहते एक हलकी-सी मुस्कान भी बलराम के मुख पर स्वयं ही चली आई थी।

''आप मुझे कभी छोड़ सकते हैं?''

''नहीं।'' बलराम ने कहा।

''तो आप ही तो मेरी मनमानी मानते हैं। मैं आपको कैसे छोड़ सकता हूं?''

☆☆☆

जब सुभद्रा-हरण हो गया तो यादवों को बड़ा क्रोध आया। उनसे नहीं रहा गया। पांडवों से अच्छे संबंध होने की बात भी पीछे छूट गई...स्मरण रह गई तो यही बात कि उनके वंश की कन्या का हरण हुआ है, तो कायरों की भांति अथवा निर्बल के समान हाथ पर हाथ धरे तो नहीं बैठा जा सकता। वो सब अर्जुन से लड़ने के लिए तैयार हो गए। किंतु उनमें से कुछ का मत था–

''नहीं, कृष्ण से पूछे बिना कुछ नहीं करना चाहिए।''

''हां, यह तो है।'' बलराम तो पहले से ही द्वंद्व में थे उन्होंने भी इसी का अनुमोदन किया।

और यह कितना स्वाभाविक था कि कृष्ण के सामने आते ही सारे यादवों के, तर्क ढीले पड़ गए। कृष्ण ने इतना ही कहा कि मेरी बहन वीर पुरुष द्वारा छोड़ दी गई है। इसमें क्रोध की क्या बात है।

विचार कुछ और था।'' सभा में बैठे बलराम इतने उत्तेजित हो गए कि श्रीकृष्ण के ऊपर बरस पड़े।

''आपका विचार मुझे ज्ञात था इसीलिए मैंने अर्जुन से सुभद्रा के हाथ का प्रस्ताव रखा।'' श्रीकृष्ण ने यह कहते हुए उन्हें शांत करना चाहा।

''क्यों? जब तुम मेरा मत जानते थे तो....''

''....हां, सुभद्रा की इच्छा।''

''वह तुम्हें कैसे पता चली?''

''बहन बड़े भाई को मन की बात नहीं बताती, लजाती है, पर साथ के भाई को बता देती है।''

''झूठ तो नहीं बोल रहे न।'' बलराम के मन में अब भी संशय शेष था।

''आपसे झूठ। संभव नहीं।''

''पर यह हुआ कैसे?''

''दोनों की जब भेंट हुई तो एक-दूसरे को मन में बसा लिया। मैंने युधिष्ठिर के पास दूत भेजकर इसकी स्वीकृति ली।''

''युधिष्ठिर के पास दूत भी भेज दिया। तुम अपनी मनमानी करना छोड़ोगे या नहीं?'' क्रोधित होने पर भी यह कहते-कहते एक हल्की सी मुस्कान भी बलराम के मुख पर स्वयं ही चली आई थी।

''आप मुझे कभी छोड़ सकते हैं?''

''नहीं।'' बलराम ने कहा।

''तो आप ही तो मेरी मनमानी हैं। मैं आपको कैसे छोड़ सकता हूं?''

जब सुभद्रा-हरण हो गया तो यादवों को बड़ा क्रोध आया। उनसे नहीं रहा गया।–पांडवों से अच्छे संबंध होने की बात भी पीछे छूट गई...स्मरण रह गई तो यही बात कि उनके वंश की कन्या का हरण हुआ है, तो कायरों की भांति अथवा निर्बल के समान हाथ पर हाथ धरे तो नहीं बैठा जा सकता। वो सब अर्जुन से लड़ने के लिए तैयार हो गए। किंतु उनमें से कुछ का मत था–

''नहीं, कृष्ण से पूछे बिना कुछ नहीं करना चाहिए।''

''हां, यह तो है।'' बलराम तो पहले से ही द्वंद्व में थे उन्होंने भी इसी का अनुमोदन किया।

और यह कितना स्वाभाविक था कि कृष्ण के सामने आते ही सारे यादवों

11

जरासंध प्रसंग और श्रीकृष्ण

युधिष्ठिर अपने मंच पर थोड़े-से व्याकुल बैठे थे कि श्रीकृष्ण ने प्रवेश किया। युधिष्ठिर ने अपने आसन से उठकर कृष्ण का अभिवादन किया।

"चिंतित लग रहे हो धर्मराज।" बैठते हुए कृष्ण ने कहा।

"जरासंध के विषय में सोच रहा था।"

"क्या? कोई विशेष बात है?"

"नहीं। किन्तु स्थिति यह है कि जरासंध ने अनेक राजाओं को पराजित करके अपने कारागार में डाल रखा है। यदि उस पर पापी को मार डाला जाए तो सभी राजा हमारे पक्ष में हो जाएंगे।...मैं जो राजसूय यज्ञ करना चाहता हूं उसके सच्चे अधिकारी आप हैं।"

श्रीकृष्ण ने कहा, "जरासंध की शक्ति अधिक है, यह माना और यह भी कि शिशुपाल भी उसके पक्ष में सेनापतित्त्व करता है, और भी अनेक राजा भय के कारण उसके पक्ष की बात करते हैं। पर मन से कोई भी उसके पक्ष में नहीं है।"

थोड़ी देर रुककर कृष्ण ने कहा, "यह उचित है कि राजसूय यज्ञ के पूर्व बंदी राजाओं की मुक्ति हो। और मैंने इसके लिए उपाय सोच लिया है।"

आश्चर्य से युधिष्ठिर ने कहा–"उपाय। क्या?"

"आप निश्चिंत रहिए। मैं, अर्जुन और भीम वहां उसके दरबार में जाएंगे। मैं तो उसको मारूंगा नहीं। अर्जुन से भी यह कार्य नहीं करवाना। जरासंध मल्लयुद्ध का वीर है अत: भीम हमारी प्रेरणा से उसे मल्लयुद्ध में परास्त कर सकते हैं। अब आप बताइए कैसे करें?"

कृष्ण के मुंह से वाक्य पूरा ही हुआ था कि अर्जुन ने प्रवेश किया। उन्होंने फिर से प्रसंग की जानकारी लेते हुए कहा–"अब हमारे पास अनेक अच्छे दिव्य अस्त्र-शस्त्र हैं, अत: हम उसका वध कर सकते हैं और यदि हमने जरासंध को मारकर राजाओं को मुक्त करा दिया तो इससे बढ़कर और क्या बात हो सकती है।"

श्रीकृष्ण अर्जुन की बात सुनकर प्रसन्न हुए किन्तु उनके मुख पर चिंता अभी भी छा रही थी। तब कृष्ण ने कहा, ''हे मित्र चिन्ता की कोई बात नहीं है। हम तीनों वहां चलेंगे और यह कार्य सम्पन्न करा देंगे। क्योंकि जरासंध के सहायक हंस और डिम्भक मारे जा चुके हैं अत: अब उसे मारना मुश्किल नहीं होगा।''

कृष्ण ने आकाश की ओर देखकर कहा, ''अब जरासंध के वध का समय आ गया है। अब तो केवल भीम उसके वध का माध्यम मात्र बनेंगे।'' कृष्ण ने कहा, ''मैं निश्चित रूप से यह समझता हूं कि जब हम तीनों उसके सामने आएंगे तो वह किसी एक को ललकारेगा और तभी भीम से उसका द्वन्द्व युद्ध होगा और वह मारा जाएगा।''

जरासंध के मारने का निश्चय करके तीनों ने अपना वेश परिवर्तन किया और ब्राह्मण बन गए। जब वे तीनों वहां जरासंध के यहां पहुंचे तो जरासंध उन्हें देखकर खड़ा हो गया। जरासंध सोचने लगा–

''ये इतने विशाल वक्षस्थल वाले ब्राह्मण पहले कभी नहीं देखे। किंतु ये तीनों आचरण से ब्राह्मण नहीं लग रहे। इसलिए वह कुछ तिरस्कार का भाव देकर बोला–''आप लोग कौन हैं? आपने लाल वस्त्र धारण किए हैं। गले में माला है, आपके हाथों पर धनुष की प्रत्यंचा का निशान है। आप बताइए आप कौन हैं? आप द्वार से क्यों नहीं आए। बुर्ज तोड़कर क्यों आए। आप ब्राह्मण नहीं लगते।''

जरासंध की बात सुनकर कृष्ण बोले–''हे राजन्! हम स्नातक ब्राह्मण हैं। यह तो आप समझ सकते हैं और ब्राह्मण, क्षत्रिय तथा वैश्य तीनों में से कोई भी स्नातक का वेश धारण कर सकता है। हमने पुष्पमाला भी धारण कर रखी है। हमारी वाणी कम चलती है–जो व्यक्ति वीर हो वह शत्रु के घर सामान्य रूप से प्रवेश नहीं करता।''

''तुम मेरे शत्रु कैसे हुए? मुझे नहीं याद आया कि मैं तुम्हारा शत्रु हूं।''

श्रीकृष्ण ने कहा, ''हमारी आपस की शत्रुता नहीं है। पर आपने राजाओं को कैद कर रखा है। क्या यह अपराध नहीं है? ये निरपराध राजा अब परतंत्र

हैं। यही हमारी और तुम्हारी शत्रुता का कारण है। तुम कैसे समझते हो कि निरपराध राजाओं को कारागृह में डालकर सज्जनों को प्रसन्न कर सकते हो।''

''तो तुम यहां मेरे काम की समीक्षा करने आए हो।''

''नहीं हम तुम्हारे चंगुल से राजाओं को छुड़ाकर और तुम्हें मारकर धर्म... की स्थापना करने आए हैं।''

जरासंध हंस दिया और कहने लगा–''मेरे समान कोई भी वीर नहीं है। तुम क्या करोगे...और तुम तीन हो। तुम चाहो तो मैं तीनों से एक साथ लड़ सकता हूं! तुम कहो तो एक-एक करके द्वन्द्व युद्ध कर सकता हूं।''

कृष्ण जरासंध की बात सुनकर हंसे और बोले–''हे जरासंध, तुमने काफी अत्याचार किया है। अब तुम्हारा अन्त समय आ गया है। तुम या तो सारे कारागृह में बंदी राजाओं को छोड़ दो, या यमलोक की यात्रा करो।''

कृष्ण के सामने अपने को थोड़ा-सा भी दुर्बल सिद्ध न होने देने के लिए जरासंध और अकड़ गया। उसने कहा–''हे वासुदेव तुम जानते हो, मैंने किसी भी राजा को बिना जीते बंदी नहीं बनाया। अब मैं तुम्हारे कहने से इन्हें कैसे छोड़ सकता हूं।''

जरासंध के हृदय में कृष्ण की बात तीर की तरह चुभी थी। अत: वह कहने लगा–''तुम चाहो तो युद्ध कर सकते हो। मैं तैयार हूं।''

कृष्ण ने तभी देखा कि जरासंध ने अपने पुत्र सहदेव को बुलाया।

''क्या आज्ञा है?'' कहता हुआ सहदेव आ गया।

तुम्हारा राज्याभिषेक होगा।

इतना कहकर जरासंध ने अपने पुत्र को राजा बनाकर स्वयं को अन्तिम युद्ध की यात्रा के लिए तैयार कर लिया।

''यह तुम्हारी इच्छा होगी कि तुम किससे युद्ध करो...'' कृष्ण ने जरासंध से कहा।

जरासंध ने तीनों की ओर देखा और युद्ध के लिए भीमसेन को चुना। तभी वहां ब्राह्मण आए और उन्होंने मंगल पाठ के साथ जरासंध को क्षत्रिय धर्म के अनुसार तैयार किया।

दैव के विधान से जरासंध भीम के हाथों पराजित होकर मुक्त हुआ। जरासंध की देहमुक्ति अन्य राजाओं की कारागार मुक्ति में परिणत हुई।

श्रीकृष्ण, भीम और अर्जुन गिरिव्रज से बाहर निकल रहे थे। सामने खुला मैदान था। वहां सभी छूटे हुए राजा ब्राह्मणों के साथ एकत्रित हो गए। अपूर्व सम्मिलन और हर्ष का अवसर था। राजाओं ने कृष्ण की पूजा करते हुए कहा–

''हे श्रीकृष्ण, यह आपके लिए तो केवल खेल रहा होगा किंतु हमारे लिए अस्तित्त्व का प्रश्न था। उसे आपने सुलझा दिया। यह अत्यन्त सौभाग्य की बात है कि आपने इतने राजाओं को जरासंध की कैद से छुटकारा दिलवा दिया। इससे अधिक और सुखद समाचार क्या होगा कि हम सब मुक्त हुए और आगे इस देश में अच्छा राज्य होने की संभावनाएं बढ़ गई हैं।''

राजाओं से सत्कार पाकर कृष्ण, भीम और अर्जुन अपनी राजधानी लौट आए। युधिष्ठिर ने उसको गले लगा लिया। सब प्रसन्न हुए और आदर-सत्कार के बाद पूछा कि यह कैसे संभव हुआ। श्रीकृष्ण ने अपने ही मुख से सारा वृत्तांत कह सुनाया।

अब एक क्षण कठिनता का आया। कृष्ण विदा मांगने लगे। उन्होंने कहा अब जरा दूसरी ओर भी देखना होगा। सभी पांडव उन्हें रोकना चाहते थे किन्तु कुंती के द्वारिका के हित के कारण उन्हें नहीं रोका।

अंततः श्रीकृष्ण कुछ समय के लिए चले गए।

युधिष्ठिर से पूछकर भाइयों ने राजसूय की तैयारी करनी प्रारंभ कर दी। उधर ब्राह्मणों ने युधिष्ठिर की राजसूय की दीक्षा दी और युधिष्ठिर ने भी आचार्य द्रोण, पितामह भीष्म तथा तात धृतराष्ट्र से राजसूय की आज्ञा लेकर यज्ञ की तैयारी करनी प्रारंभ कर दी।

❑❑❑

12

श्रीकृष्ण की अग्रपूजा : शिशुपाल वध

ब्रह्मलोक में देवर्षि नारद घूम रहे थे। वे इसके अतिरिक्त और कर भी क्या सकते थे। किन्तु इस समय उनके चिंतन का पक्ष दूसरा था। वे पृथ्वी लोक के विषय में विचार कर रहे थे। उन्हें इस बात का संतोष था कि भगवान ने क्षत्रियों में अवतार लिया है और वे पृथ्वी पर धर्म की स्थापना का कार्य कर रहे हैं।

वैसे यह आभास सबको हो रहा था कि कृष्ण केवल युगपुरुष या यदुकुल के वंश के पुरुष नहीं—वे साक्षात दिव्य शक्ति संपन्न हैं। उनके अनेक कार्य इस बात का प्रमाण थे कि उनमें दिव्यांश है।

पांडव और यदुवंशी सोचते, आखिर अवतार क्या होता है। उनको अपने ही मन से उत्तर मिलता है कि जो व्यक्ति अपना ध्यान न रखकर सबके कल्याण की बात करे वही दिव्य होता है। वही अवतारी होता है।

धर्मराज के राजसूय यज्ञ का प्रारंभ होने जा रहा है।

मुख्य प्रश्न है कि किसी की अग्रपूजा की जाए।

धर्मराज ने पितामह से पूछा—''धर्मराज यदुकुलभूषण कृष्ण ही तुम्हारी अग्रपूजा के योग्य हैं और यही नहीं सभी उपस्थित सज्जनों में जरा मुखमंडल के तेज का आभास तो करो।''

''हमारी सारी सभा भगवान कृष्ण की उपस्थिति से आलोकित हो रही है। इसमें किसी को संदेह है क्या?''

पितामह की बात का विरोध करने की क्षमता किसमें हो सकती थी। पर दुष्ट तो केवल दुष्ट होता है—वह आगे-पीछे का विचार न करके अपनी दुष्टता अभिव्यक्त कर देता है। अतः भीष्म के प्रस्ताव पर जब युधिष्ठिर ने भगवान को

पूजित करके अर्घ्य दिया और उन्होंने स्वीकार किया तो दुष्ट शिशुपाल बोल उठा–

"हे युधिष्ठिर तुम्हारी मत मारी गई है जो यहां उपस्थित अनेक ऋषि मुनियों के होते हुए तुम कृष्ण की पूजा कर रहे हो। क्या तुम नहीं जानते कि यहां पर उपस्थित भरतवंश के आचार्य महात्मा कृप, किम्पुरुषों के आचार्य द्रुम तथा पांडु के समान माननीय सर्वसद्‌गुण संपन्न भीष्म को छोड़कर, उनकी उपस्थिति में तुमने कृष्ण की पूजा का अनर्थ कैसे कर डाला? यह कृष्ण न ऋत्विज है, न राजा है और न तो आचार्य ही है। फिर तुमने किस कामना से इसकी पूजा की है?"

"यदि तुम्हें कृष्ण की ही अग्रपूजा करनी थी तो इन राजाओं को, हम लोगों को बुलाकर इस प्रकार अपमान तो नहीं करना चाहिए था। हम लोग भय, लोभ आदि के कारण तुम्हें कर नहीं देते, हम तो ऐसा समझते थे कि यह सीधा-सादा धर्मात्मा मनुष्य है, यह सम्राट हो जाए तो अच्छा ही है।"

"सो तुम इस गुणहीन कृष्ण की पूजा करके हम लोगों का तिरस्कार कर रहे हो। तुम अचानक ही धर्मात्मा के रूप में प्रख्यात हो गए। तभी तो तुमने इस धर्मच्युत की पूजा करके अपनी बुद्धि का दिवालियापन दिखलाया है।"

शिशुपाल ने भगवान् श्रीकृष्ण की ओर मुंह करके कहा–"कृष्ण! मैं मानता हूं कि पांडव बेचारे डरपोक और तपस्वी हैं। इन्होंने यदि ठीक-ठीक नहीं समझा तो तुम्हें तो बता देना चाहिए था कि तुम किस पूजा के अधिकारी हो। यदि कायरता और मूर्खतावश इन्होंने तुम्हारी पूजा कर भी दी तो तुमने अयोग्य होकर उसे स्वीकार क्यों किया?"

"तुम्हारी इस अनुचित पूजा से हम राजाओं का कोई अपमान नहीं होता। ये पांडव तो स्पष्ट रूप से तुम्हारा ही तिरस्कार कर रहे हैं। हमने युधिष्ठिर, भीष्म और तुमको देख लिया। तुम सब एक से एक बढ़कर हो।" ऐसा कहकर शिशुपाल अपने आसन से उठ खड़ा हुआ और कुछ राजाओं को साथ लेकर वहां से जाने के लिए तैयार हो गया।

धर्मराज युधिष्ठिर ने तत्क्षण शिशुपाल के पास जाकर समझाते हुए मधुर वाणी से कहा–"राजन! आपका कहना उचित नहीं है। कड़वी बात कहना निरर्थक तो है ही, अधर्म भी है। हमारे पितामह भीष्म धर्म का रहस्य न जानते हों, ऐसा नहीं है। आप व्यर्थ उनका तिरस्कार न कीजिए। देखिए, यहां आपसे भी विद्यावयोवृद्ध बहुत से राजा उपस्थित हैं। उन्हें भगवान श्रीकृष्ण की पूजा बुरी नहीं

मालूम हुई है। आपको भी उन्हीं के समान इसके संबंध में कुछ नहीं कहना चाहिए। चेदि नरेश! पितामह भीष्म ही भगवान् श्रीकृष्ण के वास्तविक स्वरूप को जानते हैं। श्रीकृष्ण के संबंध में उनके जैसा तत्त्वज्ञान आपको नहीं है।''

युधिष्ठिर इस प्रकार कह ही रहे थे कि भीष्म पितामह ने उन्हें संबोधन करके कहा–''धर्मराज! भगवान श्रीकृष्ण त्रिलोकी में से सबसे श्रेष्ठ हैं। जो उनकी पूजा को अंगीकार नहीं करता, उससे अनुनय-विनय करना अनुचित है। क्षत्रिय धर्म के अनुसार जो जिसे युद्ध में जीत लेता है, वह उससे श्रेष्ठ माना जाता है।''

''भगवान् श्रीकृष्ण ने इन उपस्थित राजाओं में से किस पर विजय नहीं प्राप्त की है? एक का भी नाम तो बतलाओ। ये केवल हमारे ही पूज्य हों, ऐसी बात नहीं, सारा जगत इनकी उपासना करता है। इन्होंने सब पर विजय प्राप्त की हो, इतना ही नहीं, सम्पूर्ण जगत सर्वात्मना इन्हीं के आधार पर स्थित हैं फिर भी पूर्वोक्त कारण से हम भगवान श्रीकृष्ण की ही पूजा कर रहे हैं।''

''भगवान् श्रीकृष्ण की पूजा का निषेध करने का अधिकार किसी को भी नहीं है। मैंने अपने विशाल जीवन में बड़े-बड़े ज्ञानियों का सत्संग किया है और उनके मुंह से सकल गुणों के आश्रम भगवान श्रीकृष्ण के दिव्य गुणों का वर्णन सुना है। यहां आए हुए श्रेष्ठ पुरुषों की सम्मति भी मैंने जान ली है। इन्होंने अपने जन्म से लेकर अब तक जितने कर्म किए हैं, उनका मैंने श्रेष्ठ पुरुषों से श्रवण किया है। शिशुपाल! हम लोग केवल स्वार्थवश, संबंध के कारण अथवा उपकारी होने से ही भगवान् श्रीकृष्ण की पूजा नहीं करते, हमारे पूजा करने का कारण तो यह है कि भगवान् श्रीकृष्ण जगत के समस्त प्राणियों के लिए सुखकारी हैं और समस्त श्रेष्ठ पुरुष उनकी पूजा करते हैं।

''यहां जितने लोग हैं उन सबकी, बच्चे-बच्चे की, परीक्षा हमने ले ली है। यश, शूरता और विजय में कोई भी भगवान श्रीकृष्ण के समान नहीं है। ज्ञान और बल दोनों ही दृष्टियों से भगवान श्रीकृष्ण से बढ़कर कहीं कोई नहीं है। दान, कौशल, शास्त्र ज्ञान, शूरता, संकोच, कीर्ति, बुद्धि, विजय, लक्ष्मी, धैर्य, तुष्टि और पुष्टि सभी गुण भगवान श्रीकृष्ण में नित्य-निरन्तर निवास करते हैं। परमज्ञानी श्रीकृष्ण हमारे आचार्य, पिता और गुरु हैं।

''सब लोगों को इसमें हार्दिक सहयोग देना चाहिए था। वे हमारे ऋत्विज, गुरु, स्नातक, राजा, प्रिय, मित्र सब कुछ हैं। इसीलिए हमने उनकी अग्रपूजा की है। भगवान श्रीकृष्ण ही संपूर्ण विश्व की उत्पत्ति एवं प्रलय के स्थान हैं। उनकी

क्रीड़ा के लिए ही सारा जड़-चेतन जगत हैं वे ही अव्यक्त प्रकृति हैं और वे ही सनातन कर्ता हैं। जन्मने-मरने वाले समस्त पदार्थों से वे परे हैं, इसलिए सबसे बढ़कर पूजनीय हैं। बुद्धि, मन, महतत्त्व, वायु, तेज, जल, आकाश, पृथ्वी और चारों प्रकार के सब प्राणी भगवान श्रीकृष्ण के आधार पर ही स्थित हैं।''

''सूर्य, चंद्रमा, ग्रह, नक्षत्र, दिशा, विदिशा, सबके सब श्रीकृष्ण में ही स्थित हैं। जैसे वेदों में अग्निहोत्र, छंदों में गायत्री, मनुष्यों में राजा, नदियों में समुद्र, नक्षत्रों में चन्द्रमा, ज्योतिश्चक्र में सूर्य, पर्वतों में मेरु और पक्षियों में गरुण श्रेष्ठ हैं, वैसे ही त्रिलोकी की ऊर्ध्व, मध्यम और अधोलोक रूप त्रिविध गतियों में भगवान श्रीकृष्ण ही सर्वश्रेष्ठ हैं।

''शिशुपाल तो अभी कल का अबोध बालक है। उसे इस बात का ज्ञान नहीं कि भगवान श्रीकृष्ण सर्वदा सब रूपों में विद्यमान हैं। इसी से वह ऐसा कह रहा है।

''जो सदाचारी एवं बुद्धिमान पुरुष धर्म का मर्म जानना चाहता है, उसे जैसा धर्म का तत्त्वज्ञान होता है वैसा शिशुपाल को नहीं है। इसे तो कभी सच्ची जिज्ञासा ही नहीं हुई। यहां जितने छोटे-बड़े राजर्षि-महर्षि उपस्थित हैं, उनमें कौन ऐसा है जो भगवान श्रीकृष्ण को पूज्य नहीं मानता और उनकी पूजा नहीं करता? एकमात्र शिशुपाल इस पूजा को बुरा समझता है। वह समझा करे, वह जो ठीक समझे कर सकता है।''

भीष्म पितामह इतना कहकर चुप हो गए। अब माद्रीनंदन सहदेव ने कहा–''भगवान श्रीकृष्ण परम पराक्रमी हैं। उनकी मैंने पूजा की है जिन्हें यह बात सहन नहीं हो रही है, उनके सिर पर मैं लात मारता हूं। मेरे इतना कहने के बाद जिसको विरोध करना हो, वह बोले। मैं उसका वध करूंगा।

''सभी बुद्धिमान हमारे आचार्य, पिता, गुरु एवं पूजनीय श्रीकृष्ण की पूजा का समर्थन करें।'' सहदेव ने इस प्रकार कहकर जोर से लात पटकी। परन्तु उन मानी और बलवान राजाओं से किसी की जीभ तक न हिली। आकाश में सहदेव के सिर पर पुष्पों की वर्षा होने लगी और अदृश्य रूप से साधु-साधु की ध्वनि सुनायी पड़ने लगी। देवर्षि नारद भी वहीं बैठे थे। उनकी सर्वज्ञाता प्रसिद्ध है। उन्होंने सबके सामने बड़े स्पष्ट शब्दों में कहा कि जो लोग कमलनयन भगवान श्रीकृष्ण की पूजा नहीं करते, उन्हें जिन्दा रहने पर भी मुर्दा ही समझना चाहिए। उनके साथ तो कभी बात तक नहीं करनी चाहिए। इसके अनंतर सहदेव ने ब्राह्मण और क्षत्रियों की यथोचित पूजा की। इस प्रकार पूजा का काम समाप्त हुआ।

भगवान श्रीकृष्ण की पूजा से शिशुपाल क्रोध के मारे आग बबूला हो गया था, उसकी आँखें खून उगल रही थीं। उसने राजाओं को पुकार कर कहा, ''मैं सेनापति बनकर खड़ा हूं। अब आप लोग किस उधेड़ बुन में पड़े हैं? आइए, हम लोग डटकर यादवों और पांडवों की सम्मिलित सेना से भिड़ जाएं।''

इस प्रकार शिशुपाल यज्ञ में विघ्न डालने के लिए राजाओं को उत्साहित करने लगे। उस समय वे लोग क्रोध से तिलमिला रहे थे, चेहरे पर शिकन पड़ गई थी। वे यही सोच रहे थे कि श्रीकृष्ण की पूजा और युधिष्ठिर का यज्ञांत-अभिषेक न होने पाए।

धर्मराज युधिष्ठिर ने देखा कि बहुत से लोग क्षुब्ध सागर की भांति उमड़कर युद्ध करना चाहते हैं। तब उन्होंने भीष्म पितामह के पास जाकर कहा–''पितामह! अब मुझे क्या करना चाहिए? आप यज्ञ की निर्विघ्न समाप्ति और प्रजा के हित का उपाय बतलाइए।'' भीष्म पितामह ने कहा–''बेटा! डरने की कोई बात नहीं। क्या कभी कुत्ता सिंह को मार सकता है? मैंने पहले ही तुम्हारे कर्तव्य का निश्चय कर लिया है। जैसे सिंह के सो जाने पर कुत्ते भौंकते हैं, वैसे ही भगवान श्रीकृष्ण के चुप रहने से ही ये चिल्ला रहे हैं।''

''मूर्ख शिशुपाल अनजाने में ही इन राजाओं को यमपुरी भेजना चाहता है। निस्संदेह भगवान श्रीकृष्ण शिशुपाल का तेज खींच लेना चाहते हैं। ये जिसको खींच लेना चाहते हैं, उसी की बुद्धि ऐसी हो जाती है। ये सारे जगत के मूल कारण और प्रलय स्थान हैं। तुम निश्िंचत रहो।''

भीष्म पितामह की बात शिशुपाल ने भी सुनी। उसने भीष्म को डांटते हुए कहा–''भीष्म। तुम्हें सब राजाओं को धमकाते समय शर्म नहीं आती। अरे! बूढ़े होकर अपने कुल को क्यों कलंकित करते हो? मूर्ख और घमंडी श्रीकृष्ण की प्रशंसा करते समय तुम्हारी जीभ के सौ टुकड़े क्यों नहीं हो जाते? मूर्ख से मूर्ख भी जिसकी निन्दा करता है, उसी ग्वालिए की, तुम ज्ञानी होकर क्यों प्रशंसा कर रहे हो? यदि इसने बचपन में किसी पक्षी (बकासुर) घोड़े (केशी) अथवा बैल (वृषाभासुर) को मार ही डाला तो क्या हुआ?''

''वे कोई युद्ध के उस्ताद तो नहीं थे। यदि इसने चेतनाहीन डकड़े (शकटासुर) को पैर मारकर उलट दिया तो क्या चमत्कार हुआ? यदि इसने गोवर्धन पर्वत को सात दिन तक उठा रखा तो कौन-सा अलौकिक घटना घट गई। अरे वह तो दीमकों की बांबी मात्र है। अवश्य ही, यह सुनकर हमें आश्चर्य हुआ कि पेटू कृष्ण ने गोवर्धन पर बहुत-सा अन्न खा लिया। जिस महाबली कंस

का नमक खाकर यह पला था, उसी को इसने मार डाला है। है न कृतघ्नता की हद?''

''धर्मज्ञानी जी! धर्म के अनुसार स्त्री, गौ, ब्राह्मण और जिसका अन्न खाए, जिसके आश्रय में रहे, उसे नहीं मारना चाहिए। जिसने जन्मते ही स्त्री (पूतना) को मार डाला, उसे ही तुम जगत्पति बतलाते हो। बुद्धि की बलिहारी है। अजी, तुम्हारे कहने से यह कृष्ण भी अपने को वैसा ही मानने लगेगा। अजी, धर्मध्वजी! तुमने अपने स्वभाव की नीचता के कारण ही पांडवों को ऐसा बना दिया है। तुमने धर्म की आड़ में जो-जो दुष्कर्म किए हैं, वे क्या कभी किसी ज्ञानी के द्वारा किए जा सकते हैं? काशी नरेश की कन्या अम्बा शाल्व को अपना पति बनाना चाहती थी, परन्तु तुम उसे बलपूर्वक हर लाए। यह कौन-सा धर्म है जी? तुम्हारा ब्रह्मचर्य व्यर्थ है। तुमने नपुंसकता अथवा मूर्खता के कारण यह हठ पकड़ रखा है। अब तक तुमने कौन-सी उन्नति संपादन की है? हां, धर्म की बातें तो बढ़-बढ़कर अवश्य करते हो। सभी लोग जरासंध का आदर करते थे। उन्होंने कृष्ण को दास समझकर ही इसका वध नहीं किया। उनकी हत्या करने में इस कृष्ण ने भीमसेन और अर्जुन के साथ मिलकर जो करतूत की, उसे कौन ठीक समझता है?

''आश्चर्य तो यह है कि तुम्हारी बातों में आकर पांडव भी कर्तव्यच्युत हो रहे हैं। क्यों न हों, तुम्हारे जैसे नपुंसक, पुरुषार्थहीन और बूढ़े जब सम्मति देने वाले हों, तब ऐसा होना ही चाहिए।''

शिशुपाल की रूखी और कठोर बातें सुनकर प्रतापी भीमसेन क्रोध से तिलमिला उठे। सबने देखा कि भीमसेन प्रलयकालीन काल के समान दांत पीस रहे हैं। वे क्रोध में आकर शिशुपाल पर टूटना ही चाहते थे कि महाबाहु भीष्म ने उन्हें रोक लिया। इतना सब होने पर भी शिशुपाल टस से मस नहीं हुआ। वह डटा ही रहा। उसने हंसकर कहा–

''भीष्म! छोड़ दो, छोड़ दो इसे। अभी-अभी सब लोग देखेंगे कि यह मेरे क्रोध की आग में पतंगे की भांति भस्म हो रहा है।'' भीष्म पितामह ने शिशुपाल की बात की ओर कोई ध्यान नहीं दिया। वे भीमसेन को समझाने लगे।

भीम तो समझ गए किंतु जिसकी मृत्यु आने वाली हो ऐसा शिशुपाल नहीं समझ पाया। युधिष्ठिर ने फिर से उसे समझाया और शांत करने का प्रयास किया, पर वह अपने मुख से अपशब्दों की बौछार करता ही रहा।

शिशुपाल के इस रूप पर सभी क्षुब्ध थे। भगवान कृष्ण उठे और राजाओं को संबोधित करते हुए कहने लगे–

''यह शिशुपाल कहने का हमारा संबंधी है। पर हमेशा हमारे विरोध में बोलता है। इसने बिना ठीक तरह से जाने हमारी द्वारकापुरी जलाने की चेष्टा की। जब मैं प्राग्ज्योतिषपुर गया था तब इसने यह दुष्कर्म करना चाहा।''

श्रीकृष्ण आगे बोले–''इसने भोजराज को बंदी बनाकर उनके साथियों को मार डाला। इसने अनेक अमानुषिक कार्य किए हैं।

''जब मेरे पिता अश्वमेध यज्ञ कर रहे थे तब इसने उसमें विघ्न डालने के लिए यज्ञ का घोड़ा पकड़ लिया और उन्हें तंग किया।

''इसने यदुवंशी तपस्वी ब्रभू को बलपूर्वक हरकर अपने यहां रुकने पर विवश किया और अब यहां भरी सभा में इसने जो मेरे लिए तथा आप सबके लिए अपशब्द कहे वह तो सबने सुने। अब इसका काल आ गया है। मैंने अब तक इसकी माता के कारण इसको क्षमादान दिया था, अब इसके अपराध उस सीमा को पार कर गए हैं। अत: अब इसका बचना कठिन ही नहीं असंभव है।''

श्रीकृष्ण ने इतना कहकर अपने हाथ में चक्र लिया और शिशुपाल का सिर काट डाला। उसके बाद सारे राजाओं के सामने उसके पुत्र को उसका राज्य देकर अपना यज्ञ संपन्न किया।

❑❑❑

13

द्वैतवन और पांडवों के साथ कृष्ण

द्वैतवन में सरस्वती का किनारा। कार्तिक की पूर्णिमा का पर्व। पांडवों ने यह पर्व अत्यंत हर्ष के साथ मनाया और काम्यक वन की ओर चल दिए।

वन में घूमते-घूमते पांडव जब कभी थकते या उन्हें वन में असुविधा होती, उन्हें श्रीकृष्ण की याद आ जाती।

''श्रीकृष्ण को देखे बहुत समय हो गया।'' युधिष्ठिर ने कहा।

''मन तो बहुत करता है। पर क्या किया जाए।'' आकाश की ओर देखकर द्रौपद्दी बोली।

''किस तरह उन्हें संदेशा भेजूं?'' अर्जुन की जिज्ञासा थी।

''यह कौन चला आ रहा है?'' द्रौपदी ने सामने आते एक ब्राह्मण को देखकर कहा।

तब तक ब्राह्मण उनके समीप आ चुका था। उसका मुखमंडल हर्ष से चमक रहा था।

''आइए ब्रह्म देवता बैठिए।'' द्रौपदी ने कहा।

''बैठने के लिए नहीं आया। एक शुभ समाचार है।''

''क्या?'' तीनों हर्ष से बोले।

''आपका सबसे प्रिय कौन है?''

''क्या यही शुभ समाचार है?'' द्रौपदी खीझी।

''हां! पहले बताइए।''

''श्रीकृष्ण!'' तीनों के मुख से एक साथ निकला।

''तो बस, वे ही भगवान कृष्ण पधार रहे हैं।''

हर्ष की जैसे लहरें उमड़-उमड़ पड़ी हों। युधिष्ठिर, द्रौपदी, अर्जुन को भी रोमांच हो आया।

''सच कह रहे हो?'' द्रौपदी ने पूछा।

ब्राह्मण को उत्तर देने की आवश्यकता नहीं पड़ी कि सामने से भगवान कृष्ण आते दिखाई दिए। साथ में सत्यभामा भी। उन दोनों को एक साथ देखकर हर्ष की उमड़ती लहरें और भी ऊंची हो गईं।

कृष्ण और सत्यभामा रथ से उतरे। सामने ही युधिष्ठिर, अर्जुन, भीम आदि दिखाई दिए... प्रणाम हुआ। श्रीकृष्ण ने धौम्य मुनि का पूजन किया। नकुल, सहदेव ने प्रणाम किया और फिर कृष्ण भाव विह्वल होकर अर्जुन से गले मिले।

''कैसे हो मित्र, सखा, प्रभु?'' अर्जुन बोले।

''ठीक हूं। पर यह क्या और कैसे?''

''सब पता चल जाएगा।'' द्रौपदी कुछ रुआंसी होकर बोली।

द्रौपदी और सत्यभामा गले मिलीं।

औपचारिकता समाप्त होने पर श्रीकृष्ण ने पांडवों से कहा, ''चिंता की कोई बात नहीं। कष्ट सभी पर आते हैं। आप पर भी आए। पर आपकी मनोकामनाएं पूर्ण होंगी।''

द्रौपदी के मुख पर व्याकुलता दिखाई दी तो कृष्ण ने कहा-''हे द्रौपदी तुम्हारे सभी पुत्र कुशल हैं। वे धनुर्वेद सीख रहे हैं। तुम्हारे पुत्रों को भी प्रद्युम्न शिक्षा दे रहा है।''

कहते-कहते श्रीकृष्ण जैसे कुछ देर के लिए अतीत में खो गए। बोले-

''मैं जानता हूं यह सब क्यों और कैसे हुआ? पर किया भी क्या जा सकता है। नियति का चक्र पूरा हुए बिना किसी को दंड भी नहीं दिया जा सकता। जैसे ही मुझे वनवास का समाचार मिला मैं यहां चला आया।''

''क्या वह सब उचित था, धर्मसंगत था?'' द्रौपदी बोली।

''अन्यायी के सामने क्या उचित क्या धर्मसंगत।'' श्रीकृष्ण ने यह कहकर आगे द्रौपदी को सांत्वना दी।

''अब तो केवल सांत्वना ही है। पर क्या पूछ सकती हूं कि मेरी इतनी दुर्गति क्यों हुई?''

''इसका उत्तर है, पर सामान्य रूप से जब तक सत्य पर चोट नहीं लगती असत्य का मुंह काला नहीं होता।''

''तुम क्यों नहीं?''

''आ पाया। यही न। द्वारिका में तो था नहीं और जो कुछ कर सकता था किया।''

''और भी पांचाली। यह समझ लो कि द्यूतक्रीड़ा केवल इस वनवास की भूमिका नहीं थी। उससे यह सिद्ध हो गया कि पांडवों से कौरव कितनी दुष्टता कर सकते हैं। अब जब कभी कुछ निर्णय होगा तो उसमें प्रजा दुर्योधन के साथ नहीं होगी। मेरे मान-सम्मान की कसौटी पर किसी न किसी का मान खंडित होता है। तभी चटखता है यह आकाश तभी निकलती है नक्षत्रों से आग।''

''कैसी आग की बात है मधुसूदन?'' भीम बोले।

''युद्ध की आग! नाश की आग।''

''तो युद्ध अभी से शुरू क्यों न हो जाए?'' भीम ने कहा।

कृष्ण ने कहा, ''अभी नहीं! अभी अवसर नहीं है। यह समझ लो भीम कि समय से पूर्व मनुष्य का कोई भी कर्म संपादित नहीं होता। यद्यपि कर्म से बढ़कर कुछ नहीं। कर्म ही नियति को चलाने की क्षमता रखता है।''

''कुछ भी हो। हमरा वन में भटकना...।'' ये भीम थे।

''बाहर से यह भटकना लगता है। पर वस्तुतः यह संसार का और संसार से परे का ज्ञान प्राप्त करने की स्थली है। यह वनवास आपको तेजस्वी बनाएगा। यह वनवास आपको निष्कंटक राज्य देगा।''

''पता नहीं कब।'' द्रौपदी ने लंबा सांस लिया।

कृष्ण द्रौपदी की पीड़ा को समझते थे। किंतु उसे इस समय आदर्श की बात करके धैर्य बंधाना ही अच्छा था। वरना कृष्ण जानते थे कि यह दुःख कम नहीं है। पर उन्हें यह भी पता था कि दुःख सहन करके ही, तपस्वी होकर ही—संसार में बड़ी वस्तु पाई जा सकती है।

धर्म-अधर्म के संघर्ष में पहले अधर्म विजयी और फलता-फूलता दृष्टिगोचर होता है। लगता है जो असत्य है, वही ठीक है। दुष्टता पनपती है, किन्तु इन सबका अंत होता है और सत्य जीतता है।

अब युधिष्ठिर भगवान की ओर होकर कहने लगे—''मैं ये सारी तत्त्व की बातें जानता हूं। किन्तु इन लोगों का दुःख नहीं सहन कर सकता। मैं सोचता हूं कि मैंने द्यूत जैसा कर्म किया क्यों?''

''अब पछताने से क्या लाभ?'' भीम बोले।

''यह विवाद की बात अब मत करो!'' श्रीकृष्ण ने कहा।

कुछ सोचकर केशव आगे बोले–''हे बंधु! हम सब कर्म करने के अधिकारी हैं। हमसे बड़ी शक्ति कब किस तरह हमें प्रेरित करती है यह किसी को ज्ञात नहीं।''

''और फिर हे धर्मराज। जाने कब विश्वनियंता के संकेत पर मनुष्य क्या कर बैठे, कौन जान सकता है। तुम्हारे जुआ खेलने के परिणामस्वरूप यह वनवास मिला। यदि इसे जोड़कर देखो तो नए अर्थ निकलेंगे। अत: इस बात का विचार करके न तो स्वयं दुखी हो और न इन भाइयों को दु:खी बनाओ।''

कृष्ण ने एक क्षण के मौन में न जाने भविष्य का क्या रूप देखा और बोले–

''तुम्हारा वनवास! तुम्हारे कष्ट–कौरवों के पुण्यों के क्षय के प्रतिरूप हैं, यह विश्वासपूर्वक समझ लो। धृतराष्ट्र और शेष कौरवों का अंधापन अभी तक इसलिए बना है कि पिछले पुण्य शेष हैं। इसके साथ अभी तक भीष्म, द्रोण जैसे धर्मात्मा भी उन्हीं का पक्ष ले रहे हैं। इसलिए वे अभी सुरक्षित हैं।''

अर्जुन और द्रौपदी की ओर देखकर कृष्ण ने कहा, ''जैसे-जैसे तुम पर दु:ख आएंगे उनके पुण्य नष्ट हो जाएंगे। कौरव कुल एक ऐसा लकड़ी का भवन मात्र रह जाएगा जिसे दीमकों ने खा लिया है।''

''आप भविष्य दृष्टा हैं यह मैं जानता हूं'' सहदेव ने कहा।

''और यह भी जान लो कि दुर्योधन भविष्य के विषय में कुछ नहीं जानता। धृतराष्ट्र अंधे होने के कारण कुछ कह नहीं सकते जो उनके पुत्र के विपरीत पड़ता हो।'' श्रीकृष्ण ने कहा।

''पर भीष्म तो भविष्य देख सकते हैं।'' यह अर्जुन थे।

''हां देख सकते हैं पर दिखा नहीं सकते।''

''पर आप तो हमें भविष्य दिखा रहे हैं।'' द्रौपदी ने कहा।

''क्योंकि आप देख सकते हैं इसलिए दिखा रहा हूं। जो व्यक्ति जितना समर्थ हो सकता है, उसको उतनी ही शिक्षा दी जा सकती है। एक बात ध्यानपूर्वक समझ लो। आप लोगों में परस्पर सहयोग है। आप स्वयं विश्वासी हो, औरों का विश्वास करते हो। इस हेतु भविष्य भी देख सकते हो।''

''पर हर एक का विश्वास करना?'' भीम बोले।

''कभी-कभी ऐसा भी करना पड़ता है और ऐसा करने के बाद ही वह बिंदु आता है जहां विश्वास करने वाले और विश्वसनीय में एक संबंध बनता है और शेष लोग पीछे छूट जाते हैं।''

कृष्ण और सत्यभामा ने अनुभव किया कि पांडव कष्टों के कारण उतने दु:खी नहीं हैं जितना दैव के असंतुलन के कारण। किन्तु दैव कभी असंतुलित नहीं होता। कृष्ण ने अनेक प्रकार से पांडवों को समझाया और उन्हें शांत किया।

भगवान कृष्ण सहदेव आदि को समझाने लगे और कहने लगे–''विकर्ण ने उस अन्तर ध्वनि को सुना किन्तु दुर्योधन ने नहीं सुना और आश्चर्य की बात तो यह है कि सभी लोग सहमे से रहे और कोई कुछ नहीं बोला।''

''सबकी चुप्पी का कारण समझ में नहीं आया।'' भीम ने पूछा।

''बहुत साधारण। निरन्तर द्वन्द्व में और दोहरी मानसिक स्थिति में रहने वाला व्यक्ति सही समय पर सही निर्णय नहीं लेता।''

''भीष्म का द्वन्द्व क्या है वासुदेव?'' अर्जुन ने पूछा।

''तुम।''

''मैं'' आश्चर्यचकित रह गए अर्जुन।

''हां तुम। भीष्म तुम्हें छोड़कर किसी पर स्नेह नहीं करते। किन्तु भावावेश में दुर्योधन के अधिकार की रक्षा का प्रण कर बैठे और फिर उसका विरोध करने की स्थिति में नहीं रहे।''

''चलो सब ठीक है। पर हमारा वनवास क्यों?''

सत्ता से दूर रखने का यही उपाय क्योंकि शक्ति से जीत नहीं सकते थे। फिर और क्या करते?

यह कहकर कृष्ण ने प्रसंग परिवर्तित किया और वे अर्जुन से बोले, ''हे अर्जुन! अब तुम तैयार हो जाओ। तुम्हारा वनवास इसलिए नहीं हुआ कि कंदमूल फल खाकर जीवन व्यतीत करो। तुमसे सज्जनों, ऋषि-मुनियों को अनेक आशाएं हैं।''

कृष्ण ने अर्जुन के कंधे पर हाथ रखकर कहा–''देखो इस बढ़ते हुए अन्याय को रोकने के लिए... युद्ध करना पड़ता है और यह भी कि शांति को प्राप्त करने के लिए बलिदान भी देना पड़ता है।''

''कैसा बलिदान?''

''सबसे प्रथम विश्राम की बलि। आराम का समय नहीं। दिग्दिगंत में जाओ, अस्त्र-शस्त्र तथा अन्य विधाएं सीखो और जब जैसा समय हो वैसा करना सीख लो।''

''और मैं क्या सीखूं?'' द्रौपदी ने पूछा।

''तुम भी कुछ अधिक सहना सीख लो। आगे काम आएगा।''

''जाओ। यह तो मुझे पहले ही आता है।''

''जानता हूं। फिर भी और अभ्यास करना। राजरानी का पद अभी देर में मिलेगा, उससे पहले तुम केवल सामान्य स्त्री के रूप में कष्टों को सहना सीख लो।''

कृष्ण ने सब कुछ कहा। सबने सुना। अब विदा का समय था।

❑❑❑

14

संधि का प्रयास और श्रीकृष्ण

विराट नगर आज विशेष रूप से सजाया गया था। एक ओर राजा विराट को पांडवों से मित्रता की प्रसन्नता थी। दूसरी ओर उनका उत्तरा के विवाह का प्रस्ताव भी अर्जुन ने अपने पुत्र के लिए मान लिया था।

बाजे बजने लगे।

गणना की गई और पाया गया कि तेरह वर्ष पूरे हो चुके हैं। अब अज्ञातवास की कोई आवश्यकता नहीं।

पांडवों के लिए उपलव्य नामक स्थान निश्चित कर दिया गया। अभिमन्यु को बुलाने के लिए और विशेष रूप से कृष्ण को बुलाने के लिए दूत भेजे गए।

श्रीकृष्ण और अभिमन्यु तथा सुभद्रा सभी पहुंच गए। हर्ष का पारावार नहीं रहा। खुशी नगर की सड़कों पर बिखरी पड़ी थी और दीवारों से टकरा-टकरा कर ध्वनि कर रही थी। विवाह संपन्न हो गया।

सुभद्रा, अभिमन्यु आदि ने एक वर्ष तक द्वारिका में निवास किया था, अतः वे सभी साथ आए। विवाह के बाद युधिष्ठिर और श्रीकृष्ण अत्यंत भावावेग से मिले।

विराट की सभा का आयोजन विशेष रूप से कराया गया था। उत्तरा के विवाह की प्रसन्नता और श्रीकृष्ण की उपस्थिति प्रत्येक के लिए आश्चर्यजनक और सुखद थी। अब भविष्य की चर्चा करनी थी कि क्या किया जाए जिससे अपना अधिकार वापस मिले। बात का प्रारंभ करते हुए श्रीकृष्ण ने कहा–

"हे उपस्थित सज्जनो! शकुनि ने जिस तरह छल-कपट से महाराजा युधिष्ठिर को हराकर राज्य हड़प लिया था। वह अनुचित था। यदि पांडव चाहते

तो तभी शक्ति प्रयोग से अपना अधिकार वापस ले सकते थे। किंतु नियम में बंधे होने के कारण उन्होंने ऐसा न करके तेरह वर्ष का वनवास स्वीकार किया।''

''अब ऐसा उपाय सोचना चाहिए जो सबके अनुकूल हो। क्योंकि अधर्म से युधिष्ठिर स्वर्ग का राज्य भी नहीं लेना चाहेंगे।''

अब कौरवों से बात कैसे की जाए?

इस प्रश्न के उत्तर में बलराम ने कई सुझाव दिए। बलराम बोले–

''कौरवों के पास दूत भेजा जाए और अपना आधा राज्य मांगा जाए।''

''मांगा क्यों जाए?'' सात्यकि ने कहा!

''कौरव षड्यंत्रकारी हैं आप जानते हैं।'' कृष्ण बोले।

''पांडवों की अनुपस्थिति में वे ही राजा थे। अत: उनके पास एक दूत भेजना ही ठीक होगा।'' बलराम जी ने कहा।

''मैं सहमत नहीं हूं।'' सात्यकि गरजे।

''तो फिर क्या किया जाए?'' द्रुपद जी से पूछा।

''आप ही बताइए।'' बलराम जी ने कहा।

''मेरे विचार में दुर्योधन शांति से राज्य नहीं देगा। कारण यह है कि यदि उसका मन साफ होता तो वह इतने षड्यंत्र पहले ही क्यों करता। अब तो उसका हाथ ऊपर है।''

द्रुपद की बात सुनकर श्रीकृष्ण बोले–''महाराज द्रुपद ने ठीक कहा है। इनकी बात ही युधिष्ठिर के अनुकूल पड़ेगी। हमें यह देखना चाहिए कि वह व्यक्ति जिसके साथ हम आचरण कर रहे हैं कैसा है?''

''बिलकुल ठीक'' द्रुपद ने कहा।

''आपका क्या तात्पर्य है?'' बलराम जी ने पूछा।

''मेरा अर्थ है।'' द्रुपद बोले–''दुष्ट पुरुष दूसरे व्यक्ति की सहनशीलता को उसकी दुर्बलता मान लेता है। अत: हमें चाहिए कि एक ओर हम संधि की बात सोचें। अर्थात दूत भेजकर प्रेम से अधिकार वापस लेने के विषय में काम करें। दूसरी ओर और तैयारियां भी करना प्रारम्भ कर दें।''

''कैसी तैयारी?'' बलराम बोले।

''युद्ध की।'' श्रीकृष्ण ने हंसते हुए कहा।

"तो तुम्हारे मन में पहले ही युद्ध का भाव है?"

"पहले नहीं... पिछली बातों को देखकर यह परिणाम निकाला है दाऊ।"–फिर श्रीकृष्ण द्रुपद की ओर होकर बोले–"आप ऐसा करें बड़े होने के नाते धृतराष्ट्र के पास दूत भेजिए। आप जिस तरह का संदेश चाहेंगे उन्हें भेजिए। वह हमें मान्य होगा। और यह घोषणा मैं अभी से कर देता हूं... आप सब सुनिए–यदि कुरुराज धृतराष्ट्र ने पांडवों के अनुकूल न्यायपूर्वक निर्णय नहीं लिया तो दोनों पक्षों में भीषण संग्राम होगा।"

श्रीकृष्ण ने अपनी उपस्थिति से पांडवों और अन्य लोगों का उत्साहवर्धन किया। श्रीकृष्ण की उपस्थिति से स्वयं द्रौपदी ने यह अनुभव किया कि अब कष्ट के दिनों का अंत समय आ गया है और पांडवों का मन इसलिए अधिक हर्षित था कि कृष्ण स्वयं यह कह रहे हैं कि न्याय न होने पर संग्राम होगा। युद्ध होगा।

भीम का हाथ बार-बार गदा पर जा रहा था।

अर्जुन अपने गांडीव को बार-बार देख रहे थे।

युधिष्ठिर कभी मौन कभी व्याकुल दिखते थे।

द्रौपदी के अधरों पर मृदुल मुस्कान खेल रही थी।

☆☆☆

विराट नगर से विदा लेकर श्रीकृष्ण द्वारिका आ गए थे। उन्होंने यह सोचा भी नहीं था कि उनका कथन अपनी पूर्ति के लिए इतनी जल्दी भूमिका बना लेगा।

श्रीकृष्ण विश्राम कर रहे थे। कुछ देर विश्राम करने के बाद उन्होंने आँखें खोलीं तो देखा उनके सिरहाने दुर्योधन बैठा है और पांवों की ओर अर्जुन। उन्हें आश्चर्य हो रहा था। पर आश्चर्य भी कुछ नहीं। वे जानते थे कि भविष्य का निर्णय होने से पूर्व उनके सामने कुछ न कुछ चुनने की घड़ी आएगी पर अब यहां संकट उनका नहीं दुर्योधन का हो गया। कृष्ण मन ही मन प्रसन्न हुए।

"कहो। कैसे आना हुआ?" श्रीकृष्ण ने पूछा।

"पहले मैं आया हूं कृष्ण।" पीछे से दुर्योधन बोला।

कृष्ण ने पीछे सिरहाने की ओर देखा और हंसने लगे।

"फिर भी। कहिए कैसे आना हुआ?"

"हमारा और पांडवों का युद्ध होने जा रहा है। मैं आपसे सहयोग मांगने आया हूं और पहले मैं आया हूं इसलिए आपके पास जो कुछ है उसे मांगने का पहले मेरा अधिकार है।"

कृष्ण सब कुछ समझ गए। बोले–

''हे दुर्योधन आप पहले आए हैं, संदेह नहीं। पर मैंने पहले यहां अर्जुन को देखा है। किंतु मैं दोनों की सहायता करूंगा। मेरे पास लगभग एक अरब की संघर्षशील, युद्ध में निपुण गोपसेना है। एक ओर वे दुर्जय सैनिक और दूसरी ओर मैं स्वयं... और साथ में यह भी कि मैं युद्ध नहीं करूंगा। न शस्त्र धारण करूंगा।''

दुर्योधन ने श्रीकृष्ण की बात सुनी और घबरा गया। वह पहले मांगने ही बाला था कि कृष्ण ने कहा–

''अर्जुन को मैंने पहले देखा। यह छोटा भी है। अत: इन दोनों में से कोई भी एक अर्जुन पहले चुनेगा।''

दुर्योधन के पैरों तले जमीन खिसक गई। यदि अर्जुन ने सेना चुन ली तो मैं निहत्थे कृष्ण को लेकर क्या करूंगा। पर वह कृष्ण के निर्णय को चुनौती भी नहीं दे सकता था। वह फिर बोला–''किंतु अधिकार बड़ों का होता है और मैं पहले आया हूं।''

''मैंने कहा न कि अर्जुन पहले मांगेंगे।''

दुर्योधन चुप हो गया, वह कर भी क्या सकता था।

''हां, अर्जुन बोलो तुम्हें क्या चाहिए?'' हंसते हुए कृष्ण ने कहा, ''निशस्त्र मैं... या मेरी विशाल सेना?''

''केवल आप अच्युत।'' अर्जुन ने सिर झुका दिया।

दुर्योधन की जान में जान आई। वह अर्जुन की मूर्खता पर हंसने लगा पर प्रकट में उसने कुछ नहीं कहा और खुशी-खुशी कृष्ण की सेना पर अधिकार करके वापस आ गया।

दुर्योधन चला गया और श्रीकृष्ण ने अर्जुन के कंधे पर हाथ रखकर पूछा। ''इतनी बड़ी सेना छोड़ दी।''

''हां, इतनी बड़ी सेना छोड़ दी।''

''क्यों? क्या युद्ध नहीं जीतना।'' श्रीकृष्ण ने पूछा।

''युद्ध जीतना है इसीलिए।''

''मैं तो शस्त्र भी नहीं उठाऊंगा?'' श्रीकृष्ण हंसे।

''इस बात के अतिरिक्त और कोई बात नहीं करने के लिए?''

''है तो। फिर भी। अच्छा बताओ। मेरा क्या उपयोग करोगे?'' श्रीकृष्ण ने रहस्य भरी मुस्कान के साथ कहा।

''आपका उपयोग। अनन्य मित्र और गुरु, मार्गदर्शक का सहयोग होता है उपयोग नहीं।''

''फिर भी मुझे कुछ तो करना होगा?''

''युद्ध में हमेशा मेरे आगे रहना।''

श्रीकृष्ण हंसे। ''अच्छा तो यह बात है। तुम चाहते हो कि मैं तुम्हारा सारथी बनूं।''

''नहीं, यह मैं नहीं चाहता। पर आपको रहना आगे ही होगा और आप कैसे मेरे सारथी। आप सब कुछ हैं। रथ, सारथी योद्धा, युद्ध, कर्म और फल। मुझे अज्ञानी समझ रखा है क्या?''

''हां, समझा तो था, पर हो नहीं।''

''वह कैसे?''

''वह ऐसे कि युद्ध में योद्धा के आगे केवल उसका सारथी होता है और कोई नहीं।''

''तो जब आप सब जानते हैं तो पूछते क्यों हैं? मैं यही चाहता हूं कि आप मेरे लिए सारथी का कार्य करें। ...हे अच्युत जिसके सारथी आप होंगे उसका अहित हो सकता है क्या?''

''बहुत दूरदर्शी हो।'' श्रीकृष्ण हंसे।

''यह दृष्टि आपसे ही प्राप्त की है।''

''तो फिर निश्चिंत रहो। मैं तुम्हारा सारथी बनूंगा और यह भी सुन लो अर्जुन! कि मेरे सारथी रहते तुम पराजित तो कभी नहीं होओगे, किंतु यह जानकर अहंकार कभी मत करना। क्योंकि अहंकारी के पास मेरा निवास नहीं होता।''

''मैं जानता हूं भगवन। जिसके साथ आप होते हैं, वहां अहंकार की सत्ता का प्रश्न ही नंहीं उठता।''

''अच्छा अब चलें। जरा महाराजा युधिष्ठिर के पास चलें।''

''जो आज्ञा।'' अर्जुन ने सिर झुका दिया।

उपप्लव्य में धर्मराज युधिष्ठिर भाइयों और सहयोगी राजाओं के साथ अर्जुन की प्रतीक्षा कर रहे थे। श्रीकृष्ण और अर्जुन के आने के बाद उनकी अगली चर्चा प्रारंभ हो गई।

किंतु यह क्या सामने से संजय चले आ रहे हैं।

सबने संजय का आदर सत्कार किया। उन्हें उचित आसन देकर बैठने के लिए कहा। संजय ने सत्कार स्वीकार करके सबके सामने धर्मराज युधिष्ठिर को महाराजा धृतराष्ट्र का संदेश सुनाना शुरू किया। संजय ने युद्ध के दोष गिनाए तो श्रीकृष्ण ने कहा–

''हे संजय, यदि दुर्योधन इन्द्रप्रस्थ वाला राज्य पांडवों को लौटा दे तो युद्ध की बात ही नहीं रहती। ...मैं पांडवों का हितैषी हूं किंतु कौरवों का शत्रु नहीं हूं। शत्रुभाव तो वे स्वयं रखते हैं। इस बात का पूरा प्रभाव है कि पांडवों की शांति और मित्रता सिद्ध की जा सकती है और दुर्योधन की दुष्टता।

श्रीकृष्ण ने कुछ रुक कर कहा–''मैं जानता हूं कि धर्मराज युधिष्ठिर शांतिप्रिय हैं। किंतु एक ओर के प्रयास से शांति नहीं होती। यदि धृतराष्ट्र पुत्र के मोह में अपने पुत्र को ही सब कुछ देना चाहते हैं तो संघर्ष होगा ही। कलह बढ़कर युद्ध का रूप धारण कर लेगा। अब मैं तुमसे अपने मन की बात पूरी तरह से करना चाहता हूं जिससे तुम युधिष्ठिर के पक्ष को धृतराष्ट्र के सामने रख सको। तुम उन्हें समझाओ कि मैं या युधिष्ठिर धर्म का लोप नहीं करना चाहते। किंतु अपने अधिकार को पाने के लिए जो कुछ भी उचित कर्म होता है, उसे करना धर्म का लोप नहीं होता।''

''हे संजय! पांडव पहले से ही शास्त्र सम्मत जीवन व्यतीत करते रहे हैं। वे यदि अब फिर वनवासी हो जाएं तो अनुचित होगा। वनवासी तो ब्राह्मण ही होते हैं। क्षत्रिय को बिना विवशता के वनवास शोभा नहीं देता।

''हे संजय! हमारा सारा जीवन कर्ममय है। कुछ लोग कर्म त्यागकर ज्ञान के द्वारा ही सिद्धि पाना चाहते हैं किंतु खाने-पीने की इच्छा के साथ कर्म जुड़ा हुआ है।''

संजय ने आकाश की ओर देखा। उन्हें स्वयं लग रहा था कि उनकी सारी बातें उनके पक्ष को ताकतवर बनाती हैं। अन्यथा युधिष्ठिर को यह उपदेश देने का कारण ही कोई नहीं था कि वैमनस्य के दोष क्या होते हैं? वे कृष्ण की बात का महत्त्व समझ गए कि कृष्ण के एक-एक शब्द में कौरवों का अन्याय और उस अन्याय के प्रति पांडवों का दृष्टिकोण साफ झलकता है।

संजय ने कहा, ''हे प्रभु, धृतराष्ट्र ने बार-बार यह कहलाया है कि मैं पांडवों को बिल्कुल कष्ट नहीं देना चाहता हूं लेकिन दुर्योधन के सामने मेरी एक नहीं चलती। राजा तो मैं हूं लेकिन यहां हस्तिनापुर में असली राज्य दुर्योधन करता है।''

संजय ने लंबी सांस लेकर श्रीकृष्ण से कहा–''मैं स्वयं अनुभव करता हूं कि दुर्योधन कभी-कभी ठीक लगते हुए भी अधिकांश रूप में अनुचित लगता है लेकिन मैं तो सारथी हूं मैं क्या कह सकता हूं।''

श्रीकृष्ण ने संजय के मनोभावों को बहुत गहराई से अनुभव किया लेकिन उन्हें यह बात सोचकर बहुत दुख हुआ कि अपने संदेश में धृतराष्ट्र ने जो बातें युधिष्ठिर के लिए कही हैं उनमें एक भी वे दुर्योधन को नहीं कह सकते।

वे आधा राज्य बांटते हुए दुर्योधन को खांडवप्रस्थ क्यों नहीं दे पाए।

असली राज्य पांडु का था और धृतराष्ट्र उसके प्रतिनिधि थे तो उन्होंने असली राजा के अधिकारी युवराज को हस्तिनापुर का राज्य क्यों नहीं दिया और क्यों उन्हें केवल इसलिए कष्ट दिया गया कि पांडुपुत्र सहनशील हैं और वे बात मान जाएंगे।

श्रीकृष्ण ने जरा उत्तेजित किन्तु संयत स्वर में संजय से कहा–''जो व्यक्ति अपने पुत्र को नहीं मना सकता उसे दूसरे के पुत्र को इस प्रकार का आदेश देने का कोई अधिकार नहीं है।''

संजय ने श्रीकृष्ण की बात सुनते हुए यह गहराई से अनुभव किया कि वे जितनी शक्ति से महाराजा धृतराष्ट्र का पक्ष प्रस्तुत करेंगे, कृष्ण उसे उतनी ही शक्ति से काट देंगे और यह तो मैं भी जानता हूं, संजय ने सोचा कि महाराजा धृतराष्ट्र का पक्ष बहुत तर्कपूर्ण नहीं है। वास्तव में यह सोचने की बात है कि हस्तिनापुर का राज्य किस कारण और क्यों बड़े युवराज युधिष्ठिर को नहीं दिया गया।

मेरे पास इसका कोई समाधान नहीं है।

अब प्रकट में संजय ने कहा–''हे श्रीकृष्ण, आपने जो कुछ भी कहा है वह उचित है किन्तु आप ही इस बात का निर्णय कर सकते हैं कि युद्ध हो या संधि और यह कलह कैसे दूर हो?''

''मैं आपके सामने जो भी प्रस्ताव रखूंगा आप उसे ही उनके सामने दोहरा दीजिए। निर्णय उनके पास है, निर्णय की शक्ति उनके पास है और अब तक उन्होंने जो भी निर्णय लिए हैं उन्हें पांडुपुत्रों के पक्ष में नहीं कहा जा सकता।''

कृष्ण बहुत शांत मुद्रा में युधिष्ठिर आदि के सामने अपनी बात संजय से कह रहे थे। संजय सुन रहे थे। युधिष्ठिर बीच-बीच में कभी-कभी कोई अपना प्रश्न उनके सामने प्रस्तुत कर देते थे और जिज्ञासा शांत होने पर फिर श्रीकृष्ण और संजय का संवाद सुनने लगते थे। अब उन्हें लगने लगा था कि अब यह

संवाद चाहे जितनी देर चले परिणाम कुछ नहीं होगा। इसके पहले भी सहनशीलता और त्याग से कुछ नहीं हुआ।

श्रीकृष्ण ने गंभीर होते हुए युधिष्ठिर के मुख की ओर देखा और संजय की ओर हाथ जोड़कर खड़े हो गए। सबने उनका आशय समझ लिया कि अब श्रीकृष्ण इस विषय में अधिक बात नहीं करना चाहते।

संजय उठे और उन्होंने भी श्रीकृष्ण तथा अन्य लोगों को प्रणाम किया। बाहर से घरघराते हुए रथ की ध्वनि स्पष्ट होने लगी थी और संजय ने अपना उत्तरीय ठीक किया। फिर से भगवान श्रीकृष्ण के सामने झुके और बोले–''हे मधुसूदन! अब इन दोनों वंशों की रक्षा का भार आप पर है।

संजय चले गए और उनके जाने से सबसे बड़ी बात यह निश्चित हुई कि युद्ध को सम्भवत: अब अधिक देर तक टाला नहीं जा सकता। क्योंकि संजय ने भी जितनी धर्म कर्म की बातें कहीं वे सब कौरवों के पक्ष में जाती थीं। वे भी दो टूक होकर यह नहीं कह पाए कि पांडवों को उनका आधा राज्य दे देना चाहिए। अत: जब संजय चले गए तो युधिष्ठिर ने श्री कृष्ण से कहा–''अब इस आपत्ति से आप ही बचाइए। हम आपके आश्रय में ही दुर्योधन से आधा भाग मांगना चाहते हैं।''

''मैं तो आपकी सेवा में उपस्थित हूं।'' कृष्ण ने कहा।

''यह तो मैं जानता हूं। पर आपने संजय की सारी बातें सुनी, वे सब महाराज धृतराष्ट्र का ही मत व्यक्त करती थीं। अब आप स्वयं विचार करें कि मैं न तो अपनी माँ की सेवा कर पा रहा हूं और अपने संबंधियों का भरण पोषण। हमारा अधिकार अभी मिला नहीं।''

युधिष्ठिर आगे बोले–''हमारे सहायक बहुत हैं किंतु मैं युद्ध करना नहीं चाहता। अत: यदि दुर्योधन हमें पाँच ग्राम ही दे दे तो बहुत होगा। हम उसी से अपना कार्य चला लेंगे।''

''किंतु वह देगा?'' कृष्ण ने कहा।

''पाँच ग्रामों में उसे क्या आपत्ति?''

''हो सकती है।'' बीच ही में अर्जुन ने कहा।

''क्यों?'' युधिष्ठिर ने कहा।

''इसलिए कि इससे हमारा अधिकार सिद्ध हो जाता है और वह मूलत: हमारे अधिकार को ही अस्वीकार कर रहा है।''

अर्जुन ने बल देकर कहा।

''अर्जुन का कहना ठीक है।'' कृष्ण बोले।

''अर्जुन का कहना उचित है। यह मैं भी समझता हूं किंतु एक बार और प्रयास कर लिया जाए। क्योंकि मैं चाहता हूं कि कौरव और हम शांतिपूर्वक राज्य करें। यदि ऐसा नहीं हुआ तो अंत में हमें उन सबका वध करना पड़ेगा और फिर संहार होगा। मैं यही नहीं चाहता। युद्ध में हमेशा विनाश होता है। मैं नीति का आश्रय नहीं छोड़ना चाहता।''

''युद्ध की नीति अलग होती है।'' कृष्ण ने कहा।

''यह ठीक हो सकता है। मैं जानता भी हूं किंतु न तो मैं राज्य छोड़ सकता हूं और न यह चाहता हूं कि कुल का नाश हो।''

''तो उपाय क्या है।'' अर्जुन ने पूछा।

''उपाय की ही बात तो कर रहे हैं कि कोई अच्छा उपाय निकल आए और संघर्ष टल जाए।'' कृष्ण ने कहा।

''मेरे विचार में शांति की बातें बहुत हो गईं। यदि दुर्योधन इस पक्ष का होता तो हम से जुआ क्यों खेलता और हमें वनवास क्यों देता?'' भीम ने कहा।

''इसीलिए मैंने कहा कि मैं राज्य नहीं छोड़ सकता।'' युधिष्ठिर ने फिर अपनी बात दोहराई। और आगे कहा–''हे श्रीकृष्ण अब आप ही अपना मत व्यक्त कीजिए।''

''मैं तो दोनों पक्षों का हित चाहता हूं और यह भी जानता हूं कि जो कुछ कौरवों ने अब तक किया उससे मेरी यह भावना पूरी नहीं होती। फिर भी यदि आप लोगों का मत है तो मैं कौरव सभा में जाकर संधि की चेष्ठा करता हूं।''

''यह उचित रहेगा।'' अर्जुन बोले।

''किंतु यदि आपके हित में बाधा पहुंची तो मैं संधि का प्रस्ताव तुरंत वापस ले लूंगा। क्योंकि मेरा मत है कि अपने अधिकार को नष्ट करने वाली संधि नहीं करनी चाहिए।''

''और भी'' श्रीकृष्ण ने बल देते हुए कहा–''मैं जानता हूं दुर्योधन कैसा दुष्टात्मा है। पर यदि हम एक बार अपनी ओर से कुछ और प्रयास कर देखें तो विश्व में हमारा दोष फिर कोई नहीं मानेगा कि हमने युद्ध किया।''

''तो केवल लोक भय?'' ये अर्जुन थे।

''नहीं केवल नहीं, किंतु लोक भय भी–मैं चाहूं तो अपने आप ही सारी बातों का समाधान कर सकता हूं। पर ऐसा नहीं करूंगा। मैं उन्हें पूरा अवसर दूंगा कि वे चेत जाएं। अब यह उन पर निर्भर करता है कि वे मेरी बात मानते हैं या नहीं...''

''मानेंगे तो लाभ में रहेंगे...'' भीम ने कहा।

''नहीं मानेंगे तो अपना अहित करेंगे।'' अर्जुन कहते हुए उठ गए।

''कहां चले?'' श्रीकृष्ण ने पूछा।

''आप बात कीजिए मैं अभी आता हूं।'' अर्जुन चले गए।

''मैं चाहता हूं श्रीकृष्ण कि आप कौरवों से संधि की बात करके शीघ्र ही वापस आकर हमारा प्रिय कार्य करें।'' युधिष्ठिर ने कहा।

''मैं भी यही चाहता हूं कि आपका प्रिय कार्य हो किंतु उसमें मुझे अभी भी संदेह दिखाई देता है।...कुछ लोग आपके इस तरह मुझे भेजने को भी आपकी दुर्बलता मानेंगे। पर मेरी बात ध्यान से सुनो।''

''कहिए अच्युत! विस्तार से अपना मत प्रकट कीजिए।'' भीम बोले।

कृष्ण जानते थे कि भीम युधिष्ठिर या उनकी बात माने या न माने लेकिन प्रकट रूप से विरोध नहीं करते। जो बात उन्हें अच्छी नहीं लगती वे पूरी शक्ति से उसके विषय में अपना मत प्रकट कर देते हैं किन्तु करते वही हैं जो उन्हें युधिष्ठिर के द्वारा कह दिया जाता है। यही एक बात ऐसी है जिसका कोई उत्तर नहीं और जब भीम ने कहा कि वे विस्तार से अपनी बात कहें तो फिर कृष्ण को कहनी ही पड़ी।

श्रीकृष्ण ने अपना उत्तरीय संभाला और भीम से बोले–''मैं मूल रूप से संधि के प्रयास के विरुद्ध हूं। संधि का प्रयास दुर्बलता माना जाएगा। फिर भी मैं क्यों जा रहा हूं संधि के लिए?''

''इसीलिए तो मैंने कहा माधव कि आप विस्तार से अपनी बात कहिए। क्योंकि मेरा मन यह कहता है कि मैं अभी अपनी गदा उठाऊं और कम से कम दुर्योधन को द्वंद्व युद्ध के लिए चुनौती दूं।''

श्रीकृष्ण ने भीम के कंधे पर हाथ रखा और बोले–''एक पक्ष यह भी हो सकता है कि सेनाओं का युद्ध न हो और क्योंकि यह गृहयुद्ध है इसलिए इसमें किन्हीं दो व्यक्तियों की प्रतिस्पर्धा को निर्णायक मान लिया जाए कि जो जीतेगा राज्य उसी का होगा। किन्तु ऐसा नहीं हो सकता।''

''क्यों नहीं हो सकता?'' भीम ने फिर तुनक कर प्रश्न किया।

''मैं बताता हूं।'' श्रीकृष्ण बोले।

''क्या इसमें भी कोई रहस्य है?'' उत्सुकतावश अर्जुन ने पूछ लिया।

''हां, इसमें भी रहस्य है।'' श्रीकृष्ण और अधिक शांत मुद्रा में कहने लगे–''कि राज्यप्रणाली में राजा का महत्त्व होता है और वंशानुक्रम से राज्य प्राप्त करने की परंपरा अभी कुछ समय पहले ही डली है किन्तु केवल राजा ही पूरे पाप-पुण्य का उत्तरदायी नहीं होता।''

''मैं मानता हूं कि इस अनिवार्य युद्ध के पीछे दुर्योधन की हठ है किंतु दुर्योधन केवल एक नहीं है। इस युद्ध के पीछे धृतराष्ट्र भी है, भीष्म भी है, दुर्योधन के भाई, कर्ण भी है।''

''यह आप क्या कह रहे हैं केशव?'' बीच में तुरन्त युधिष्ठिर बोले।

''आप उन्हें पूरी बात कहने दीजिए।''–भीम ने कहा।

''हां, हां, मैं अपनी बात पूरी करता हूं।'' श्रीकृष्ण आगे कहने लगे–''तुम इसमें भीष्म का नाम सुनकर चौंक गए होंगे कि भीष्म युद्ध के कारण क्यों हैं? और मेरा मत यह है कि ये सभी लोग अपने-अपने प्रारब्ध से बंधे हुए हैं। किसी को इस युद्ध से मोक्ष प्राप्ति की आशा है और किसी को भौतिक रूप से राज्य प्राप्ति की।''

श्रीकृष्ण एक क्षण के लिए रुके–उन्हें लग रहा था कि उनकी यह बात सुनकर सामने सभी उपस्थित लोग आश्चर्यचकित होंगे और इसीलिए उन्होंने अपनी बात को बहुत सरलता से आगे बढ़ाते हुए कहा–''यह सब लोग एक-एक व्यक्ति नहीं हैं अपितु उनके पीछे समुदाय का समुदाय है। हमारी भोली प्रजा राजा की इच्छा को अंगीकार करती है और उसकी इच्छा में अपनी इच्छा मिला देती है।''

''तुम पिछले 13 वर्षों से अपने राज्य की सीमा से बाहर हो और इस बीच दुर्योधन ने युद्ध करने वाले अनेक समूह तैयार कर लिए हैं। इसलिए मेरा संधि के लिए जाना केवल एक राजकीय औपचारिकता होगी।''

''तो क्या दुर्योधन राज्य देने पर सहमत हो सकता है?'' कहते हुए युधिष्ठिर के मुखमंडल पर हलकी-सी मुस्कान दौड़ गई।

''नहीं-नहीं, मेरा तात्पर्य यह नहीं था''–कृष्ण बोले। फिर उन्होंने कहा कि मैंने तो अनिश्चित और कभी प्रत्यक्ष न होने वाली कल्पना जैसी बात कही है

क्योंकि मान लीजिए यदि दुर्योधन आधा राज्य दे देगा तो उन संसप्तकों तथा अन्य राजाओं का क्या होगा जो अर्जुन से शत्रुता किए बैठे हैं और जरा बताओ तो अर्जुन।''

''आज्ञा हो अच्युत।''

''यदि युद्ध हुआ तो द्रोण किसी ओर से लड़ेंगे?''

सारी सभा में सन्नाटा छा गया।

युधिष्ठिर ने मन ही मन अनुभव किया कि यह कैसा प्रश्न है। ऐसे प्रश्न तो अनेक हो सकते हैं और तुरंत उन्होंने कृष्ण से प्रश्न किया–''इस विषय में आपका विचार क्या है?''

''पहले प्रश्न मैंने किया है आप बताओ।''

''हम नहीं बता पाएंगे।'' लगभग सभी पांडव एक साथ बोले।

''तो मैं बताता हूं–

''द्रोण ने अर्जुन से गुरु दक्षिणा में द्रुपद को पराजित करके उससे आधा राज्य ले लिया था।'' कृष्ण ने कहना शुरू किया और श्रोताओं के मन में अनेक अतीत के चित्र उभरते चले गए–''अर्जुन ने अपने गुरु द्रोण की भावना पूरी की। मैंने भी अपने गुरु को गुरु दक्षिणा दी थी किन्तु उसमें किसी को अपमानित करने का भाव नहीं था। केवल अपने पुत्र की प्राप्ति का हर्ष था। एक स्पष्ट संकेत अच्छे और बुरे का था। किन्तु यहां–द्रुपद पराजित हुए और द्रोण का अहंकार तुष्ट हुआ और अहंकार भी वह जो निर्धनता के दिन देखने के बाद वैभव पाने तक उभरता है।

''द्रुपद की पुत्री है द्रौपदी।

''द्रुपद का पुत्र है धृष्टद्युम्न जो उनकी उस आकांक्षा का प्रतीक है कि उन्हें द्रोण को मारने वाला कोई चाहिए। अब तुम्हीं बताओ अर्जुन कि यदि द्रुपद तुम्हारे पक्ष में हैं जैसा कि स्वाभाविक है तो क्या द्रोण तुम्हारे पक्ष में आएंगे? जबकि उनकी सबसे बड़ी इच्छा की पूर्ति तुमने ही की है और तुम उनके सर्वोत्तम शिष्य हो।''

''आप रहस्य के अनेक बिन्दु उद्‌घाटित कर रहे हैं कृष्ण।'' युधिष्ठिर ने कहा और कृष्ण की ओर देखने लगे।

''रहस्य के बिन्दु नहीं वास्तविकता के बिन्दु जो रणभूमि पर इस तरह से फैल जाएंगे जैसे जल पर तेल का बिन्दु फैलता है। द्रोण क्या उन लोगों में नहीं गिने जा सकते जो यह युद्ध चाहते हैं?''

उपस्थित लोगों की हलचल रुक गई जैसे चलते-चलते आवाज सुनने पर कोई यात्री रुक जाता है। हलचल फिर शुरू हो गई लेकिन अब की बार द्रौपदी की बारी थी। द्रौपदी पहले की अपेक्षा कुछ डरी हुई सी लग रही थी और इसी भय की मुद्रा में उन्होंने पूछा–

''मेरे पिता ने आचार्य द्रोण का वध करने वाला पुत्र मांगा था और यदि उनका प्राप्त फल आचार्य का वध करता है तो क्या कभी उनका पुत्र भी इसी तरह से बदला लेगा?''

''ये सब भविष्य की बातें हैं। अभी से इन पर किसी भी प्रकार का विचार उचित नहीं है। मेरे कहने का अर्थ केवल यही है कि मैं संधि के लिए अवश्य जाना चाहता हूं किन्तु मेरा दृढ़ विश्वास है कि संधि नहीं होगी।''

युधिष्ठिर के अतिरिक्त सभी के मुखमंडल पर आभा दौड़ गई। युधिष्ठिर विनाश की आशंका से चिंतित हो उठे।

श्रीकृष्ण ने सोचा अब इस विषय पर विवाद बंद कर देना चाहिए। मुझे संधि के लिए जाना है–जाना होगा। युद्ध होना है युद्ध होगा। फिर भी सबकी बात एक-एक करके सुनना बहुत अच्छा हैं इससे सबके मन धुल जाएंगे और मुझे भी एक-एक का मंतव्य पता चल जाएगा।

सब लोग अपनी-अपनी बात सुनाकर चुप हो गए। श्रीकृष्ण ने सबकी बात सुनी और उनके अनुकूल ही उत्तर दिया। उन्होंने न युधिष्ठिर के विरोध में कुछ कहा न भीम और अर्जुन के विरोध की बात भी कही थी। कृष्ण सारी बातें सुनकर चिंता में डूबे कुछ सोच रहे थे कि द्रौपदी आकर उनके सामने खड़ी हो गई।

''तुम्हें भी कुछ कहना है?'' कृष्ण ने कहा।

''नहीं। मुझे कुछ नहीं कहना।''

''कहो। तुम कुछ न कुछ अवश्य कहो।''

''क्या कहूं। सब कुछ महाराज युधिष्ठिर और उनके अनुजों ने कह दिया। अब शेष क्या है?''

'फिर भी, कुछ तो तुम्हारे मनमें भी होगा?'

''मन में हो या न हो। किंतु यह हाथ में अवश्य है।'' द्रौपदी ने अपने खुले बाल बाएं हाथ में लेकर श्रीकृष्ण को दिखाए।

मेरे पास तो इस समय ये ही खुले बाल हैं। संधि की बात करते हुए आप इनका ध्यान रखना।

"हे कृष्ण! आपको सब कुछ ज्ञात है कि किस प्रकार हमें हमारे राज्य से वंचित किया गया और आप संधि का प्रयत्न करने जा रहे हैं।"

"हां! युद्ध न हो इसलिए।"

"किन्तु बिना युद्ध के संभवत: राज्य मिल जाए... पर मेरे अपमान का बदला कैसे लिया जाएगा?"

द्रौपदी ने अपने बालों को छिटकाते हुए कहा–"हे श्रीकृष्ण यदि आपने कौरवों से बात करते हुए जरा भी संकोच दिखाया या ढील की तो वे फिर अहंकारी हो जाएंगे। मैं तो चाहती हूं कि आप संधि के लिए जाएं ही नहीं।"

श्रीकृष्ण ने बड़े ध्यान से द्रौपदी की बात सुनी और कहा, "मुझे सब ज्ञात है कि तुम्हारा अपमान हुआ और यह भी कि यदि पांडव नहीं लड़ेंगे तो तुम इतनी क्षमता रखती हो कि अपने पुत्रों सहित कौरवों से युद्ध कर सको। तुम्हें भीमसेन का कथन भला नहीं लगा। मैं यह भी जानता हूं कि मैं भी तुम्हारे अपमान का बदला लेने के पक्ष में ही रहा हूं। पर जैसा मैंने युधिष्ठिर से कहा–"संसार के लोग फिर हमारे ऊपर उंगली न उठा सकें इसलिए एक प्रयत्न करना चाहिए। मैं सब ठीक तरह से कार्य करके सबको संतुष्ट करूंगा। तुम चिंता मत करो।"

"आपके होते हुए मुझे चिंता करने की आवश्यकता क्या है? मैं तो सब प्रकार से सुखी हूं। बस ये केश।" द्रौपदी ने कहा–"आप जा रहे हैं और संधि की इच्छा से जा रहे हैं। किंतु संधि करते समय मुझे कौरवों के द्वारा कहे गए अपशब्द मत भुला देना और यह भी कि मेरे वस्त्र खींचे गए। हे मधुसूदन! मैं तेरह वर्षों से उस क्षण की प्रतीक्षा में हूं कि मेरे पति मेरे अपमान का बदला लेंगे।"

श्रीकृष्ण ने धैर्य बंधाते हुए द्रौपदी से कहा–"जिस तरह से तुम अपने अपमान पर रो रही हो, इसी तरह कौरवों की स्त्रियां रोएंगी। तुम यह मत समझो कि मैं युद्ध करना नहीं चाहता। किंतु बस एक अवसर लोकमत के लिए।"

श्रीकृष्ण ने यह कहकर चलने का निश्चय किया तो अर्जुन कहने लगे–"हे कृष्ण यदि आप चाहे और उचित समझें तो संधि की बात करें। कौरवों के मन में हमारी ओर से हमेशा निश्चिंत भाव रहता है अत: वे हर तरह की चालाकी करते हैं।" अर्जुन चलते-चलते रुक गए और कहने लगे–"यह मत भूलना कि पापी दु:शासन ने द्रौपदी को किस रूप में घसीटकर सभा में उपस्थित किया था।"

''मैं जानता हूं।'' कृष्ण बोले।

''और यह भी कि यह तय है कि वह अब भी ठीक तरह से व्यवहार नहीं करेगा।'' अर्जुन बोले।

''हां, यह भी जानता हूं। एक बात है अर्जुन।''

''कहिए केशव।''

''प्रारब्ध को कोई नहीं बदल सकता। दुर्योधन तो धर्म को छोड़कर स्वच्छाचारी हो गया है पर उसके साथ और दुराचारी शकुनि जैसे भी हैं। किन्तु जो तपस्वी और निष्ठावान हैं वे भी उसकी इस स्थिति में निर्णय नहीं ले पाते।''

''और मुझे तो यह लगता है कि दुर्योधन सहित इन सभी क्षत्रियों का अन्त समय आ गया है। अतः चाहे कुछ भी हो यह युद्ध होगा, संधि के लक्षण नहीं हैं।''

इसके पूर्व भी अर्जुन अपना मत व्यक्त कर चुके थे। उन्होंने सोचा, अब सब कुछ श्रीकृष्ण पर छोड़ देना चाहिए।

श्रीकृष्ण की यात्रा प्रारंभ हो चुकी थी। श्रीकृष्ण का रथ राजमार्ग पर आ चुका था। उनको बिदा देने सभी पांडु पुत्र और द्रौपदी तथा वहां के ऋषि-मुनि एकत्रित हो गए थे।

सबने श्रीकृष्ण को हाथ जोड़े। उन्होंने कहा–रथ चलाओ। रथ चलने लगा। पीछे सब लोग तब तक खड़े रहे जब तक श्रीकृष्ण ओझल नहीं हो गए।

''मैं क्यों जा रहा हूं?'' रथ में बैठे-बैठे श्रीकृष्ण ने विचार किया।

''मैं सब कुछ जानता हूं। फिर भी...यह सोचते-सोचते ही श्रीकृष्ण ने महामुनि परशुराम को देखा।

श्रीकृष्ण रथ से उतर गए और परशुराम जी को नमस्कार किया।

''आप कहां जा रहे हैं भगवन्?''

''मैं हस्तिनापुर जा रहा हूं। पर आप बताइए सब कुछ कुशल तो है? आपकी तमस्या और साधना में विघ्न तो नहीं पड़ता?''

''नहीं, सब आपकी कृपा है।'' परशुराम ने पुनः कहा–''हे यदुपते! आप त्रिकाल हो जानते हैं–आप हस्तिनापुर जा रहे हैं। वहां आपका जो समारोह होगा। अच्छा होगा। आप वहां भीष्म, द्रोण की उपस्थिति में अपना भाषण करेंगे। वहां विदुर जैसे ज्ञानी भी हैं। फिर भी हम चाहेंगे कि आपका भाषण सुनें।''

''जैसे आपकी इच्छा। आपको कौन कहीं आने से रोक सकता है।''

श्रीकृष्ण ने कहा और मुनियों को प्रणाम करके आगे बढ़ गए।

श्रीकृष्ण के साथ अनेक रथी, पैदल सवार भी साथ में थे। उन सबको स्थान-स्थान पर विश्राम कराते हुए देवकीनंदन बढ़ते जा रहे थे।

''ये अपशकुन कैसे हो रहे हैं भगवन?'' एक ने पूछा।

''चिंता मत करो इससे हमारा अहित नहीं होगा।''

''तो किसका अहित होगा?''

''अहित किसी का नहीं होगा, हां माया में लिप्त व्यक्ति अहित-हित की बात करते हैं।''

''कुछ शगुन भी तो हो रहे हैं।'' दूसरे ने कहा।

''यही जीवन है और अनुकूलता– प्रतिकूलता में हमें समान रहना सीखना चाहिए, इससे सुख होता है।'' कृष्ण ने कहा।

''तो अब पड़ाव डाल दिया जाए?'' एक सहयोगी ने पूछा।

''हां, यदि पास में कुछ भोजन की व्यवस्था हो तो।''

''पर भोजन तो हमारे पास पर्याप्त है। आप चाहें तो थोड़ी दूर जाकर फिर रुकें।'' सहयोगी ने कहा।

''नहीं, यहीं रुक जाइए।''

और श्रीकृष्ण के साथ चलने वाले लोग विश्राम करने लगे।

एक ब्राह्मण बोला, ''यह शालिय वन है भगवन्।''

''आपका यहां स्वागत है।'' दूसरा ब्राह्मण आगे आ गया।

''स्वस्ति, भद्रजनों मैं आपका आतिथ्य स्वीकार करूंगा।''

अब सूर्य अस्त होते हुए अपनी किरणें चारों ओर फैला रहे थे। अस्त होते हुए रक्तिम सूर्य को देखकर श्रीकृष्ण ने कहा, ''हे देव! बस यही तो मनुष्य नहीं कर पाता। पराभव में शांत नहीं रहता और मलिन हो जाता है।''

''सभी सूर्य नहीं होते केशव।'' पीछे से ब्राह्मण ने कहा।

''हां विप्रवर! आप उचित कहते हैं। किन्तु उनके गुण स्वीकार करने का प्रयास करना चाहिए।''

श्रीकृष्ण के साथियों ने अपने अश्वादि रथों से खोल दिए थे और हाथ-मुंह धोकर विश्राम करने लगे थे। आश्रमवासियों ने बहुत तत्परता से उन सबके ठहरने का प्रबंध किया और भोजन आदि की व्यवस्था करवाई।

भोजन से पूर्व ग्राम आसपास के ब्राह्मण भी वहां आ गए थे उन्होंने श्रीकृष्ण की सेवा में अपने मंगल वचनों को अर्घ्य दिया, फिर श्रीकृष्ण ने अपने साथ के लाए भोजन से ब्राह्मणों को भोजन कराया और पुन: ग्रामवासियों द्वारा लाए भोजन को स्वयं ग्रहण करके अपने साथियों को भी खिलाया।

''कितनी विचित्र बात है कि भगवान स्वयं दूत बनकर हस्तिनापुर जा रहे हैं।'' एक ब्राह्मण बोला।

''विचित्र क्या है? भगवान भक्त के होते हैं।''

''क्या अर्थ है इससे?''

''तुम्हें ज्ञात नहीं कि भगवान कृष्ण अर्जुन का कार्य सम्पादन करने जा रहे हैं। एक ओर अर्जुन सखा दूसरी ओर भक्त! तो फिर भगवान को तो सबका कार्य साधना है।''

''हमारा भी जन्म सफल हो गया।''

''अब पता नहीं भगवान के कब दर्शन होंगे।''

प्रात:काल हुआ और यात्रा फिर प्रारंभ हो गई।

❑❑❑

15

संधि का प्रयास

श्रीकृष्ण महाराज धृतराष्ट्र की सभा में संधि का प्रस्ताव लेकर सहर्ष उपस्थित हुए। कौरवों की सभा की शांति को भंग करते हुए श्रीकृष्ण ने गुरुकुल के महाराजा धृतराष्ट्र से कहा--

''मेरी आपसे विनम्र प्रार्थना है कि आप संधि का प्रस्ताव स्वीकार कर लीजिए, इसी में कौरवों और पांडवों दोनों का हित है। आप गुरुकुल में आदरणीय हैं और मानव-हित के पोषक माने जाते हैं, इसलिए यदि आप संधि स्वीकार कर लेंगे तो आपका यह निर्णय सर्वमान्य होगा।''

फिर श्रीकृष्ण ने अतीत-प्रसंग का भी स्मरण दिलाया, ''महाराज पांडु की मृत्यु के पश्चात आपने ही हस्तिनापुर के सिंहासन का कार्यभार संभाला था। तब भी आपने पांडवों के हित में ही राज्य-भार अपनाया था। फिर आज कौरवों-पांडवों के बीच मैत्री-संधि में विलंब क्यों?'' श्रीकृष्ण ने यह भी कहा-''आप अच्छे प्रकार से जानते हैं कि महाराज शांतनु के इस सिंहासन पर पांडवों का अधिकार है। जब तक इस सभा में आचार्य द्रोण और पितामह हैं, तब तक महाराज शांतनु के पुण्य कर्मों को भुलाया नहीं जा सकता। आप इस प्रश्न पर गंभीरता से विचार कीजिए कि इस सिंहासन पर पांडवों के राज्य-अधिकार को स्वीकार कर लीजिए। जिससे केवल कुरुकुल का ही नहीं, समस्त मानव-समाज का कल्याण होगा। साथ ही कौरव और पांडव-पुत्रों का गौरव पृथ्वी पर विद्यमान रहेगा।''

भीष्म पितामह भी अब कुछ कहने से रुक नहीं पाए और सिंहासन से उठ खड़े हुए-

''महाराज धृतराष्ट्र, आज श्रीकृष्ण संसार के अद्वितीय, अलौकिक और युग-पुरुष हैं। वे जो कह रहे हैं वह यथार्थ है। दुर्योधन यदि पांडवों से संधि करेगा

तो जो पांडवों की कीर्ति और यश संसार में फैला है, वह सब दुर्योधन को भी प्राप्त होगा।''

पितामह दुर्योधन से भी कहने लगे–''हे दुर्योधन! तू संधि करेगा तो भीम और अर्जुन तेरी कीर्ति को सारे जगत में फैलाएंगे। सारा संसार तुम्हारे चरणों में झुकेगा।''

भीष्म पितामह ने इसी भांति और भी बहुत कुछ कह कर दुर्योधन को समझाया। श्रीकृष्ण अपने आसन पर प्रसन्न मुद्रा में पितामह की बातों को सुन रहे थे। भीष्म ने बहुत प्रेमपूर्वक भी संधि के लिए समझाया। किंतु दुर्भाग्यपूर्ण व्यक्ति अच्छी बातों को नहीं अपनाता। उसके लिए सच्ची बातें काटें के समान चुभती है। यही कारण था कि भीष्म की बात आचार्य द्रोण और धृतराष्ट्र को भली लगी किंतु दुर्योधन को नहीं।

दुर्योधन को देखकर और उसकी हठधर्मिता को समझ कर कृष्ण को लगा कि शायद भीम की बात ही सत्य होगी। जब संधि के लिए चलने लगे थे तो भीम ने कहा था–''मेरी गदा दु:शासन और दुर्योधन के रक्त की प्यासी है। इसे मत भूलना केशव।''

इस पर उन्हें कुंती का संशय भी स्मरण हो आया जो अनुचित था कि, ''मैं कौरवों के फुसलाने में आ जाऊंगा।'' श्रीकृष्ण साथ ही यह भी सोच रहे थे कि दुर्योधन एक बहुत अच्छा अवसर अपने हाथ से जाने दे रहा है।

धृतराष्ट्र ने अपने पुत्र से कहा–''दुर्योधन! कृष्ण और पितामह की बात का उत्तर दो।''

''मेरे पास कोई उत्तर नहीं है।''

''उत्तर तो देना चाहिए वत्स।''

किंतु जिनका मन मलिन होता है वे क्या उत्तर दे सकते हैं! प्रश्न करना सरल है और उत्तर देना उतना ही कठिन। किंतु जो हठ पर ही टिके हों, उनके लिए तो ठीक-ठीक उत्तर देना बहुत ही कठिन होता है।

दुर्योधन उठ खड़ा हुआ–''मैं उत्तर दे चुका हूं। मैं बार-बार अपना मत नहीं बदलता। मैं कोई अस्थिर नहीं हूं। मैंने भली-भांति विचार कर के ही कहा है। मैं हस्तिनापुर का युवक हूं और भविष्य में राजा बनूंगा। मैं जानता हूं कि कृष्ण हर बात को पांडवों के पक्ष में मोड़ देते हैं।''

इसके पश्चात दुर्योधन चुप-सा हो गया, इधर-उधर देखने लगा, कुछ चहल-कदमी की और एक ही क्षण में जोर से बोल उठा–

''श्रीकृष्ण शांति के लिए नहीं आए, युद्ध के लिए हैं। वे पांडवों के संबंधी हैं। होंगे युग-पुरुष। मैं भी मान सकता हूं। इसीलिए उनके और उनके सहयोगियों के साथ युद्ध करूंगा। पितामह! मेरा नाम श्रीकृष्ण के साथ हमेशा अमर रहेगा।''

इसके चलते परिहास करते हुए दुर्योधन ने कहा-''श्रीकृष्ण! तुमने तो महाराज धृतराष्ट्र को अच्छा पाठ पढ़ाया है। पर मुझमें अभी बुद्धि और विवेक दोनों ही है-मैं तर्क और बल दोनों की क्षमता रखता हूं। आप कहते हैं कि हस्तिनापुर के राज्य सिंहासन पर पांडवों का अधिकार है, उसे सिद्ध करने के लिए तो पांडवों को कुरुक्षेत्र के मैदान में उपस्थित होकर रक्त के लेख लिखने पड़ेंगे।''

दुर्योधन से इस प्रकार की बातें सुनकर कर्ण और शकुनि अपने स्थान से खड़े हो गए और हर्षध्वनि की। सारी सभा दुर्योधन के साहस को देख चकित रह गई। तुरंत ही श्रीकृष्ण अपने स्थान से उठ खड़े हुए और सभा की ओर दृष्टि डाल कर बोले-

''दुर्योधन! तुमने अपने हृदय की बात और विचारों को इतने स्पष्ट रूप में व्यक्त किया है कि मैं भी तुम्हारी सराहना करता हूं। इससे मुझे बहुत प्रसन्नता हुई कि तुमने प्रत्येक बात को खोल कर मुझे बता दिया परंतु मुझे बड़ा खेद हो रहा है कि तुमने मेरे संधि-प्रस्ताव को ठुकरा दिया।''

श्रीकृष्ण ने कहा- ''यह तुम्हारा भ्रम है कि मैं कोई विशेष मानव हूं। तुम सबकी तरह ही मैं भी एक साधारण मनुष्य हूं। पर मुझे ऐसा दिखाई देता है कि पांडवों के द्वारा रखे गए संधि-प्रस्ताव को अस्वीकार करके तुम बड़ी भारी भूल कर रहे हो। क्योंकि यह तो पांडवों को युद्ध के लिए आमंत्रण देना है। सोच लो दुर्योधन, इस संधि का तिरस्कार करके कोई अहित न हो जाए। यदि तुम पांडवों के साथ संधि कर लोगे तो तुम्हें बड़ा मीठा फल मिलेगा। आज तक जो तुमने पांडवों को दुख पहुंचाए हैं, पांडव उन्हें भूल जाएंगे। सारे संसार में तुम्हारे यश व कीर्ति का प्रसारण करते हुए तुम्हें अपना पूरा सहयोग भी देंगे। मेरी तो हार्दिक अभिलाषा है कि संधि-प्रस्ताव स्वीकार कर लिया जाए।''

श्रीकृष्ण ने और दूसरे ढंग से भी समझाना चाहा-''दुर्योधन, आज तक तुमने अकेले राज्य किया है, इसीलिए उसका अधिकार छोड़ते हुए तुम्हारा मन विचलित हो रहा है, तुम्हारे मन में दुख होना स्वाभाविक है। किंतु पांडवों ने उसी राज्य में अब तक अनेक कष्टों को सहा है, तब भी सदा नम्रतापूर्ण व्यवहार किया है। आज भी वे नम्रतापूर्वक ही अपना अधिकार मांग रहे हैं। दुर्योधन, यह समझ

लो कि दूसरों के उचित अधिकार को छीन कर कभी कोई सुखी-समृद्ध नहीं हुआ है।

''प्रिय दुर्योधन! तुम्हें अपना अनुज मानकर पांडवों ने आज तक तुम्हारा अधर्म और अनाचार सहा है। यदि तुम उन्हें शक्ति हीन समझते हो तो यह तुम्हारी भारी भूल होगी। पांडवों को कम न समझना–वे धर्म और शक्ति का भंडार है। ...यदि पांडव ज्येष्ठ भ्राता युधिष्ठिर की आज्ञा न मानते होते तो तुम अपना राज्य पांडव पुत्रों के सम्मुख अब तक गंवा चुके होते। आज यदि तुम भारत के समस्त सैन्य बल को अपने साथ कर लो तो भी उसे क्षण भर में समाप्त करने को भीम व अर्जुन जैसे बलशाली योद्धा समर्थ हैं।''

''प्रिय दुर्योधन! श्रीकृष्ण ने कहा–''यदि एक पल को यह मान भी लिया जाए कि पांडव निर्बल हैं और तुम उन पर विजय प्राप्त कर लोगे कि कुरुक्षेत्र के युद्ध में पांडव हार गए और दुर्योधन की जीत का डंका बज गया, तब भी धृतराष्ट्र पुत्र! तुम उस जीत को सत्य न समझना।''

श्रीकृष्ण ने दुर्योधन से कहा, ''दुर्योधन, संसार की शक्तियां तुम्हारा अधर्म सहन न करेंगी जिसे पांडव-पुत्रों ने सहा है। पांडव-पुत्र स्वयं सामने न भी आए तब भी जगत की अन्य शक्तियां किसी भी कोने में आकर तुम्हारे अधर्म से संघर्ष करेंगी और तुम्हारे हाथों से यह साम्राज्य अवश्य एक दिन छीन लेंगी। संसार का यह सनातन और सार्वभौम नियम है।''

श्रीकृष्ण ने महाराज धृतराष्ट्र से कहा, ''आपका पुत्र दुर्योधन सारे कुरुवंश को व्यर्थ में ही मृत्यु की ओर खींचे लिए जा रहा है। कृपया उसे रोकने का प्रयास कीजिए और यदि वह आपकी बात न माने तो उसे बंधन में रखिए। यह कार्य आपकी सामर्थ्य में है महाराज। आज दुर्योधन की बुद्धि भ्रष्ट हो रही है। इसे सार-असार का ज्ञान ही नहीं रहा।''

श्रीकृष्ण ने सभा को संबोधित करते हुए कहा–''आज समस्त भारत के ब्राह्मण, ऋषि-मुनि और विद्वान एक भीषण नर-संहार के चिह्न कुरु व पांडव युद्ध के पीछे देख रहे हैं। इस संसार का हित अभी तक आपके हाथ में है, आप इस संहार को रोकिए। ईश्वर आपको इस भयंकर नर-संहार को रोकने की सद्बुद्धि दें।''

श्रीकृष्ण इतना कह कर अपने स्थान पर जाकर बैठ गए। सारी सभा में शोर-सा हो गया। विद्वानों के मन में भी यही प्रश्न उठने लगे कि दो पक्षों के निजी विवाद में साधारण मानव का अहित हो जाएगा।

तभी समय की गहनता और गंभीरता को पहचानते हुए सात्यकि श्रीकृष्ण के पास आया और उनके कान में कुछ कहने लगा। सारी सभा का ध्यान उन दोनों की ओर आकर्षित हो गया। –श्रीकृष्ण मुस्कराते हुए अपने स्थान से उठ खड़े हुए और मधुर वचनों में बोले, ''महाराज धृतराष्ट्र! सात्यकि मुझे कुछ शुभ समाचार दे रहे हैं।''

धृतराष्ट्र और अन्य सभासद बड़ी उत्सुकता से श्रीकृष्ण की ओर देखने लगे–''महाराज! आपका पुत्र और साला मुझे बंदी बनाने का विचार कर रहे हैं। इसी कारण सात्यकि चिंतित हो उठे हैं। किंतु सात्यकि यह नहीं समझते कि मुझे बंदी बनाना उतना सरल कार्य नहीं है। जितना कि दुर्योधन और शकुनि समझ रहे हैं।''

श्रीकृष्ण दुर्योधन से बोले, ''तुम किस-किस को बंदी बनाओगे? मुझे, भीम ओर अर्जुन को बंदी बना सकते हो–यहां तक कि पांडवों की सेना और लाख, दो लाख मित्रों को भी बंदी कर सकते हो किंतु सारे जनमानस का जो असंतोष तुम्हारे सामने खड़ा हुआ है, उसे तुम बंदी नहीं कर सकते। तुम्हारी नीतियों के द्वारा अधर्म और अनाचार का व्यवहार जगत में फैला है, उससे तो पहले ही जनता असंतोष और आक्रोश से भरी बैठी है।''

कृष्ण पुनः बोले–''ऐसी परिस्थिति में दुर्योधन तुम मुझे बंदी बना कर भी क्या करोगे! हां, तुम चाहो तो मेरा और पांडव-पुत्रों की हत्या भी, करना सकते हो। किन्तु मेरे और पांडव-पुत्रों के वध से क्या हस्तिनापुर का राज्य बचा पाओगे! यह राज्य तुम्हारे हाथों में नहीं रहेगा, इसका कारण यह है दुर्योधन! तुम्हारे राज्य के पाए अंदर से खोखले हो गए हैं।''

श्रीकृष्ण बोले, ''दुर्योधन! तुम सोचते हो कि तुम्हारा राज्य इस सभा में बैठे क्षत्रिय राजाओं की तलवारों की नोक पर निर्भर है, पर तुम्हारा ऐसा सोचना भी महामूर्खता होगी, क्योंकि जनता के हृदय से अब तुम्हारा शासन उठ गया है। और जो राजा अपनी जनता के हृदय पर शासन नहीं कर सकता, निश्चय ही समझो कि वह राज्य अधिक नहीं टिक सकता, क्योंकि जनता की शक्ति ही राज्य व सत्ता की शक्ति होती है। शस्त्र-अस्त्र का प्रयोग तो नियमों के अधीन होता है, उनके सहारे राज्य नहीं टिका करते। जो राज्य जनता के हृदय पर शासन नहीं करते, उन्हें तोड़ने के लिए तो एक जरा-सा धक्का ही पर्याप्त होता है।''

श्रीकृष्ण ने दुर्योधन को समझाते हुए कहा–''आज सारे भारतवर्ष में अंदर ही अंदर मूक विद्रोह सुलग रहा है। अधर्म के कारण जनमानस में विक्षोभ भरा पड़ा है। इसी अंतरवेदना के कारण जनता में राज्य के प्रति विश्वास कम होता जा रहा है।''

''दुर्योधन, आज में वसुदेव-पुत्र के रूप में यहां उपस्थित नहीं हुआ हूं, अपितु साधारण नागरिक की भांति उस विद्रोह को व्यक्त करने आया हूं। यदि तुम मुझे बंदी कर भी लोगे तो उस विशाल जन-समूह के विद्रोह के विराट स्वरूप का क्या बिगाड़ लोगे?''

श्रीकृष्ण ने धृतराष्ट्र को संबोधित करते हुए कहा-''महाराज! बेचारा दुर्योधन समझता ही नहीं कि जो-जो उपाय वह अपने राज्य को बनाए रखने के लिए कर रहा है-वे सारे उपाय उल्टे ही राज्य के पांव में चोटें मार रहे हैं। इसी कारण जन-विद्रोह और अधिक फैलता दीख रहा है। और पांडवों के प्रति पक्षपात का भाव जनता में उत्पन्न होता दिखाई दे रहा है। ''सारी सभा में नीरवता छा गई और इतना कुछ कहकर श्रीकृष्ण ने अपना आसन ग्रहण कर लिया। इतने में भीष्म पितामह अपने स्थान से उठे और बोले,'' पुत्र दुर्योधन! श्रीकृष्ण जो कह रहे हैं, ठीक कह रहे हैं। उन्हें बंदी बनाने का विचार ही तुम्हारे मस्तिष्क में कैसे आया! मान जा पुत्र, यदि तुमने पाँच ग्राम दे भी दिए तो तुझे क्या कमी हो जाएगी। मान जा और सबका आशीर्वाद प्राप्त कर।''

किंतु दुर्योधन के स्वर वही थे, ''पितामह! अब मैं छोटा नहीं हूं, मैं सब कुछ समझता हूं। मैं केवल मामा शकुनि की इच्छा के अनुसार चलता हूं, ऐसा आप न समझें। पाँच ग्राम क्या, मैं तो पांडवों को सुई की नोक के बराबर भूमि देने को भी तैयार नहीं हूं।''

सबको आँखें दिखाते हुए क्रुद्ध दुर्योधन बोला-''बार-बार की यह बक-झक मुझे पसंद नहीं है। निरंतर आप लोगों ने यह क्या रट लगा रखी है? पांडव चाहे पाँच ग्राम लेलें या पूरा हस्तिनापुर का राज्य, चाहे त्रिलोकी का राज्य भी लेलें, परंतु वह सब अब कुरुक्षेत्र के मैदान में ही लेंगे। हस्तिनापुर की राज्य सभा में नहीं।'' दुर्योधन ने श्रीकृष्ण से कहा, ''श्रीकृष्ण! तुम्हें अब अपना उत्तर मिल गया है न।'' इतना कहकर दुर्योधन गर्वपूर्वक मूंछों को ताव देता हुआ अपने स्थान पर जाकर बैठ गया।

श्रीकृष्ण पुन: बोलने के लिए उठ खड़े हुए। उन्होंने कहा, ''महाराज धृतराष्ट्र पितामह, आचार्य, कुरुवंश के पुत्रों और सभाजनो! मैं आपके सम्मुख पांडवों का संधि-संदेश लेकर आया था और अब आपकी ओर से युद्ध का संदेश लेकर लौट जाऊंगा। जब मैं आपके पास आया था तभी पांडवों ने मुझसे कहा था कि आप व्यर्थ में ही पानी को मथ रहे हैं माधव, इससे कोई हल नहीं निकलने वाला!''

''परंतु सभाजनो! मेरे जैसे को इस प्रकार का पानी मथने में ही शांति मिलती है। संधि हो जाए इसके लिए मैंने समस्त और भरसक प्रयत्न कर लिए। अंतिम से अंतिम प्रयत्न मैंने किए, इससे मेरे मन का बोझ तो हलका हुआ। अब इसके पश्चात क्या होगा, सब ईश्वर के हाथ में है।''

श्रीकृष्ण ने कहा, ''अब तो ऐसा ही लग रहा है कि तुम सब शीघ्र ही विनाश की ओर जा रहे हो, वेगपूर्वक अनर्थ की ओर दौड़े जा रहे हो, इसीलिए मेरी बातें समझ ही नहीं पा रहे। पितामह के अतिरिक्त और कोई भी दुर्योधन को उचित कर्म के लिए नहीं कह रहा! यदि काल की यही इच्छा है तो शिरोधार्य! दुर्योधन, अब मैं जा रहा हूं, तुम्हें यह बात ज्ञात है कि मैं इस युद्ध में अपने हाथ में शस्त्र तक नहीं लूंगा। मेरे वचनों की सत्यता से तुम युद्धभूमि में साक्षात्कार करोगे और जो बातें आज समझ के बाहर हैं, वे केवल युद्धस्थल में ही समझ में आ सकेंगी! ईश्वर इस जगत का कल्याण करें!'' ऐसे अशीर्वादपूर्ण वचन कह कर श्रीकृष्ण चलने को तैयार हुए।

श्रीकृष्ण ने महाराज धृतराष्ट्र से भी विदा ली। धीरे-धीरे सभा से बाहर आए और अपने रथ पर बैठ गए। तुरंत ही सारथी दारुक ने रथ हांक दिया।

☆☆☆

आकाश में धूप और बादल की आँखमिचौली चल रही थी। धरती पर कुछ लोग प्रतीक्षा कर रहे थे कि धूप तेजी से निकले और कुछ लोग यह चाहते थे कि बरसात की झड़ी लग जाए और सारी प्रकृति उस पानी में धुलकर सुंदर हो जाए।

दारुक ने रथ हांक दिया था किंतु आज वह श्रीकृष्ण के मन की बात उनके सुख से पढ़ लेने में स्वयं को असमर्थ पा रहा था। भगवन दुखी होकर चल रहे, हैं या प्रसन्न होकर? फिर उसने अपने मन को कहा, अरे! कैसी बात सोंचता है! भगवान को कैसा दुख और कैसी प्रसन्नता?

दारुक ने ध्यान से उनकी ओर देखा, लग तो प्रसन्न ही रहे हैं।' वस्तुतः उनके मुखमंडल पर तर्क-वितर्क का जो थोड़ा-सा भाव विशेष रूप से हस्तिनापुर में दुर्योधन से संधि की बातचीत करते हुए आया था, वह विलुप्त हो गया। अब ऐसा लग रहा था जैसे वह मन ही मन कुछ निश्चय कर रहे हों। कृष्ण ने अपने सारथी के मन की द्वंद्वमयी स्थिति को भांप लिया था–

''क्या सोच रहे हो दारुक?''

''मैं आपकी लीला के विषय में कुछ सोचूंगा भी तो क्या उचित उत्तर पा लूंगा। आप कभी किसी को समझ में आते हैं?''

''क्यों क्या बात है?'' श्रीकृष्ण ने मुस्कराते हुए पूछा।

''बात बिल्कुल स्पष्ट है। जब आप आए थे संधि का प्रयास करने तब भी आपके मुख पर यही भाव था और अब भी वही है, क्यों दोनों स्थितियों में कोई अंतर नहीं हुआ?''

कृष्ण हंसे और बोले, ''अंतर इतनी शीघ्रता से पता नहीं चलता और वास्तव में कुछ अंतर नहीं हुआ। क्योंकि मुझे पता था कि संधि नहीं होगी और मुझे बहुत अधिक उसकी कामना भी नहीं थी।''

क्यों? इसमें क्या रहस्य है?'' दारुक नहीं समझ पा रहा था, चकित था।

''रहस्य कोई बहुत गंभीर नहीं। केवल इतना कि जो कुछ भी समाज में अधर्म और दुष्टता का समावेश हुआ है वह संधियों की औपचारिकताओं से नहीं जाएगा। तुम्हें ज्ञात है दारुक!''

''क्या भगवन?''

''कब से कोई युद्ध नहीं हुआ।''

''जहां तब मुझे स्मरण है शताब्दियों से नहीं हुआ और बड़ा युद्ध तो हुआ ही नहीं। यह जो आपने छोटे-छोटे प्रदेशों में जाकर कभी कंस तो कभी जरासंध, शिशुपाल आदि दुष्टों को उनकी गति दिलाई है, उसे बड़ा युद्ध तो नहीं कह सकते।''

...दारुक ने अनुभव किया कि इस समय उसके अश्वों की टापों में तरंगाचित्त गति है और जो उनके स्वामी भगवान कृष्ण अनुभव कर रहे हैं, संभवत: अश्व इससे परिचित हो गए हैं। दारुक ने अनुभव किया कि अब कुछ समय के लिए उसे भगवान की सेवा से विमुख होना पड़ेगा। क्योंकि भगवान स्वयं अग्नि के लिए हुए रथ पर अर्जुन का सारथित्व करेंगे।

जिस मार्ग से कृष्ण जा रहे थे, उस पर धीरे-धीरे छाया होने लगी थी। किंतु समझ नहीं आ रहा था कि यह छाया शांतिदायिनी है या धीरे-धीरे काली रात में बदलने वाली है।

इस छाया की सूचना दूर-दूर तक चली गई। द्रुपद, धृष्टद्युम्न तथा अन्य पांडव पक्षीय राजाओं को बहुत शीघ्रता से यह सूचना मिल गई थी कि कृष्ण लौट आए हैं और संधि का प्रयास विफल हुआ है।

सभी राजाओं के राज्यों की राजधानियां में-प्रजाओं में युद्ध के लिए तैयार होने की मानसिकता को अनुभव किया जाने लगा था।

एक ओर अस्त्रों-शस्त्रों को चमकाया जाना प्रारंभ हो गया और दूसरी ओर किस-किस प्रकार से कब कैसे युद्ध किया जाएगा, यह विचार होने लगा।

युद्ध के लिए कुरुक्षेत्र का मैदान चुना गया और पांडव पक्ष की ओर से भीमसेन के निर्देशन में रहने वाली सेना का सेनापति धृष्टद्युम्न को बनाया गया।

अर्जुन ने विचार किया और कृष्ण से कहा–''जब आप हमारे साथ हैं केशव तो हमें किस बात की चिंता। हमारा सब कुछ आपको समर्पित है। आपके द्वारा संचालित है।''

''कृष्ण के बिना पांडव कुछ नहीं हैं।'' अर्जुन ने विनम्र शब्दों में कहा और कृष्ण के आगे झुक गए।

''कृष्ण के अतिरिक्त मेरे लिए संसार में कोई धर्म नहीं है।'' द्रौपदी कृष्ण के पास आई और कृष्ण के आगे झुक गई। कृष्ण ने बहन के सिर पर हाथ रखा और ऐसा लगा जैसे किसी तपते हुए खंड पर एक बहुत बड़ी छांव फैल गई हो।

❑❑❑

16

अर्जुन का बोध : गीता प्रसंग

भगवान द्वारा सन्धि का प्रयास विफल हो गया, वे मुस्कराए और वापस लौट आए। कुरुक्षेत्र ही शेष रह गया निर्णय के लिए और युद्ध ही एकमात्र आश्रय रह गया था। युद्ध के लिए कुरुक्षेत्र का विशाल मैदान निश्चित किया गया और दोनों पक्षों की सेनाएं कुरुक्षेत्र की युद्धभूमि में आमने-सामने आकर खड़ी हो गईं। उधर दूसरी ओर अंधे राजा धृतराष्ट्र ने संजय से युद्ध के समाचार जानने के लिए कहा–"हे संजय! धर्मक्षेत्र कुरुक्षेत्र में युद्ध करने के लिए एकत्रित मेरे और पांडु पुत्रों ने क्या किया?"

संयज ने कहा–"हे राजन्, पांडवों की सेना देखकर दुर्योधन गुरुवर द्रोण के पास गए। राजा दुर्योधन ने आचार्य द्रोण को अपनी और पांडव सेना के प्रमुख वीरों, महारथियों का परिचय कराया।

"आचार्य हमारी सेना बलशाली भीष्म और आप सरीखे सेनानायकों द्वारा संरक्षित और पांडवों की सेना के नायक भीमसेन हैं।"

"इस परिचय के थोड़े समय बाद ही दोनों ओर के अनेक महारथियों ने शंखवादन किया। अर्जुन, कृष्ण आदि वीरों ने अपने-अपने शंख बजाकर युद्ध प्रारम्भ करने की सूचना दी।"

"अपने रथ में बैठे अर्जुन ने भगवान कृष्ण से कहा–हे अच्युत! आप मेरा रथ दोनों सेनाओं के बीच में ले चलिए जिससे मैं युद्ध करने की इच्छा वाले सैनिकों को देख सकूं कि मुझे किन से युद्ध करना है।"

"भगवान कृष्ण ने रथ को दोनों सेनाओं के बीच स्थापित कर दिया और कहा–हे अर्जुन! यहां एकत्रित इन कौरवों को देखो।

"अर्जुन ने चारों तरफ दृष्टि डाली और घबरा गए और बोले–हे कृष्ण! कौरवों में अपने गुरु, बंधु-बांधवों को देखकर इन्हें मारने की भावना मात्र से मुझे

पसीना आ रहा है। मैं गुरु द्रोण, पितामह भीष्म तथा अन्य बंधुओं के विरुद्ध कैसे शस्त्र उठाऊंगा? इन्हें मारकर मैं पाप का भागी नहीं बनना चाहता। यदि मैंने इन्हें मारा तो सारा कुल नष्ट हो जाएगा। कुल के नष्ट होने पर चारों तरफ अधर्म फैल जाएगा।

''अधर्म फैलाने पर परिवार समाज बिखर जाएगा। हे कृष्ण! मैं अपने इन बंधुओं को नहीं मार सकता। यह कहकर अर्जुन ने अपना धनुष-बाण कंधे से उतार दिया और शोकमग्न होकर रथ में बैठ गया।''

तब श्रीकृष्ण ने कहा–हे अर्जुन युद्ध के प्रारम्भ होने की स्थिति में तुम्हें यह अज्ञान कैसे हुआ? इससे तुम्हारा अपयश होगा। तुम दुर्बलता छोड़कर युद्ध करो।

अर्जुन बोले–हे कृष्ण मुझे कुछ नहीं सूझ रहा है। क्या करना चाहिए क्या नहीं? मुझे इस समय इस बात का भी ज्ञान नहीं है। आप ही मुझे कोई मार्ग दिखाइए। मुझे अत्यंत शोक हो रहा है। निष्कंटक राज्य भी इस शोक को दूर नहीं कर सकता। हे कृष्ण मैं युद्ध नहीं करूंगा। यह कहकर अर्जुन पुनः उदास हो गया। तब श्रीकृष्ण ने हंसकर अर्जुन से कहा–

हे अर्जुन तू शोक न करने वाली बात पर शोक कर रहा है। तू समझता है कि तू इन्हें मारेगा–नहीं! यह सत्य नहीं है। इस जन्म के पूर्व भी मैं था, तुम थे और ये सारे प्राणी थे। इसके अगले जन्म में भी हम सब होंगे।

सत्य तो यह है कि किसी व्यक्ति की मृत्यु उसके शरीर का अंत होती है, आत्मा का अन्त नहीं। जैसे मानव जीवन में क्रम से बचपन, यौवन और बुढ़ापा आता है, उसी तरह मृत्यु होने पर आत्मा को दूसरी देह (शरीर) मिलती है। शरीर असत् है आत्मा सत्। नाश शरीर का होता है आत्मा का नहीं। यह आत्मा न कभी जन्मती है, न मरती है, यह नित्य, अजन्मी और शाश्वत हमेशा रहने वाली है।

इसलिए हे पार्थ! कोई किसी को नहीं मारता और तू अविनाशी आत्मा को जान यही संपूर्ण शरीर में व्याप्त है। तेरे युद्ध करने से मनुष्यों के शरीर नष्ट होंगे, आत्मा नहीं।

आत्मा न पैदा होती है न मरती है। यह एक बार अपने रूप में आकर फिर नष्ट नहीं होती, देह के नष्ट होने पर भी आत्मा नहीं मारी जाती और जो प्राणी यह जान लेता है, वह न तो किसी को मारता है न किसी के द्वारा मारा जाता है।

जिस तरह मनुष्य पुराने कपड़ों को त्याग कर नए कपड़े पहनता है, उसी तरह आत्मा वृद्ध शरीर को त्याग कर नया शरीर ग्रहण करती है।

इस आत्मा को शस्त्र नहीं काट सकता, आग जला नहीं सकती, पानी गीला नहीं कर सकता और हवा सुखा नहीं सकती। या आत्मा हमेशा रहने वाली सनातन है। हे अर्जुन! आत्मा में विकार या परिवर्तन नहीं होता, इसलिए तुच्छ शरीर के लिए शोक नहीं करना चाहिए। जो प्राणी पैदा हुआ है, उसकी मृत्यु अवश्य होगी और फिर मरे हुए का पुनर्जन्म भी निश्चित है। इसलिए जो निश्चित है, उसके विषय में शोक नहीं करना चाहिए।

सभी प्राणी जन्म से पहले शरीर रूप दिखाई नहीं देते और न मरने के बाद दिखाई देते हैं। वे केवल जन्म और मृत्यु के बीच ही शरीर रूप में होते हैं। तो ऐसे शरीर के नष्ट होने पर शोक नहीं करना चाहिए।

हे अर्जुन! तू क्षत्रिय है। क्षत्रिय का धर्म, धर्म-युद्ध होता है। इसलिए तू युद्ध करने के अपने धर्म का पालन करने में संकोच मत कर। बड़े पुण्य से क्षत्रिय के लिए युद्ध का अवसर आता है और जो इसके आने पर अपने धर्म का पालन नहीं करता वह अपयश का भागी बनता है।

हे अर्जुन! उठ, यदि तू युद्ध में मारा गया तो तुझे स्वर्ग मिलेगा यदि विजयी हुआ तो पृथ्वी का राज्य। अतः युद्ध कर। यही तेरा धर्म है। तू सुख-दुःख, लाभ-हानि, जय-पराजय, को समान मानकर धर्मयुद्ध कर। ऐसा करने से तुझे पाप नहीं लगेगा।

प्रत्येक जीव माया के वशीभूत होकर अपने को कर्ता और भोक्ता समझता है। जबकि सब कुछ ईश्वर द्वारा ही किया जाता है। जब मनुष्य आत्मा और शरीर का वास्तविक सम्बन्ध जान लेता है तो वह परम सत्य पाकर मुक्त हो जाता है।

हे अर्जुन! यदि तू बुद्धि योग से युक्त होकर कर्म करेगा तो तू कर्म के बंधन से मुक्त हो जाएगा।

इसलिए अपने सारे कर्म ईश्वर को समर्पित करके कर, ऐसा कर्म न तो नष्ट होता है, न उसका ह्रास होता है।

हे अर्जुन! तू शरीर मन और अध्यात्म के तीनों गुणों (प्रकृति) से मुक्त होकर आत्मरूप को पहचान तथा युद्ध कर और कर्म करने में ही तेरा अधिकार है, फल में नहीं। तुझे फल की आशा नहीं करनी चाहिए।

मनुष्य के जीवन में योग का महत्त्व है। पाने और न पाने में समान भावना रखना ही योग कहलाता है। हे अर्जुन, कर्म के फल की इच्छा छोटे प्राणी करते हैं। तू भक्ति योग द्वारा कर्म फल की भावना से मुक्त हो जा। भगवान की भक्ति

भावना से तू पाप और पुण्य दोनों से मुक्ति प्राप्त कर ले–क्योंकि जो मनुष्य भक्ति योग में तल्लीन होकर भगवान की शरण में जाते हैं उनको कर्म फल के बंधन का चक्र दु:खी नहीं करता। वे सब दु:खों से पार हो जाते हैं।

यह सुनकर अर्जुन ने पूछा–हे कृष्ण! स्थिर बुद्धि वाले पुरुष की पहचान और लक्षण क्या है? यह कैसे बोलता है, और कैसे चलता, उठता बैठता है?

हे अर्जुन, जिस समय में जीव मन के विषयों–वासनाओं–इच्छाओं को त्यागकर आत्मा में संतुष्ट रहता है–उस समय उसे स्थिर बुद्धि कहते हैं। जो पुरुष शुभ-अशुभ की भावना से न तो प्रसन्न होता है और न दु:खी–वह ज्ञानी स्थिर बुद्धि होता है। इन्द्रियों को वश में करना सबसे बड़ा योग है।

मनुष्य को चाहिए कि जैसे कछुआ अपने सारे अंग समेट लेता है, वैसे ही मनुष्य अपने सारे भाव इन्द्रियों से समेट कर आत्मज्ञान में लगा दे। हे अर्जुन! कामना की पूर्ति करने के बाद भी मनुष्य की इच्छा भोगों में लगी रहती है। किन्तु जब भक्ति-रस प्राप्त होता है तभी उसकी आत्मा शांत होती है।

इन्द्रियां बहुत बलवान होती हैं। वे ज्ञानवान पुरुष को भी वश में कर लेती हैं। पर जो पुरुष इन्द्रियों के वश में नहीं होता वही स्थिर बुद्धि होता है। इन्द्रियों के वश में होकर मनुष्य के मन में कामना पैदा होती है उससे क्रोध उत्पन्न होता है।

क्रोध से मोह (भ्रम) पैदा होता है। मोह से स्मरण शक्ति होती है। फिर बुद्धि का नाश होता है और बुद्धि नाश से व्यक्ति पतित हो जाता है। जो व्यक्ति संयम से इन्द्रियों को वश करके भगवान की भक्ति प्राप्त कर लेता है–वह रागद्वेष से मुक्त हो जाता है और उसकी बुद्धि स्थिर हो जाती है।

हे अर्जुन! जिस तरह नदियों के पानी भरने पर भी समुद्र स्थिर रहता है उसी तरह कामनाओं के प्रवाह के होते हुए भी जो पुरुष शांत चित्त रहता है, कामनाओं के पीछे नहीं दौड़ता वह स्थिर बुद्धि पुरुष होता है।

कोई भी व्यक्ति कर्म करने में स्वतंत्र होता है किन्तु उसमें आसक्ति नहीं होनी चाहिए। आसक्ति न होने से कर्म महान हो जाता है।

राजा जनक तथा उन जैसे अन्य योगी कर्म से ही अपने धर्म का पालन कर पाते हैं। साधारण मनुष्य को भी कर्म का महत्त्व समझना चाहिए। तुम मुझे देखो। मुझे संसार से कुछ नहीं चाहिए। फिर भी शरीर धारण करके कर्म कर रहा हूं। तुम्हारा सारथी रथ चालक बन गया हूं।

यदि मैं सावधान होकर कर्म न करूं तो कोई भी मनुष्य कर्म नहीं करेगा। कर्म न करने से, लोक नष्ट होता है इसीलिए ज्ञानी-भक्ति, निष्काम भाव से कर्म करते हैं। हे अर्जुन–भक्ति भाव से भरे कर्म और किसी इच्छा को पूरा करने वाले कर्म में अन्तर होता है। इस अंतर से ही साधारण मनुष्य और ज्ञानी का पता चलता है और जो व्यक्ति अपने धर्म का आचरण नहीं करता वह नष्ट हो जाता है। कर्म करना तो स्वाभाविक बात है इसलिए उसमें बलपूर्वक कुछ भी नहीं करना चाहिए।

हे अर्जुन! यदि अपने धर्म में कुछ दोष भी हो तब भी अपने ही धर्म का आचरण या पालन करना चाहिए।

अर्जुन ने कहा–हे भगवन! मनुष्य इच्छा न होते हुए भी पाप क्यों करता है? भगवान कृष्ण ने कहा कि...मनुष्य के मन में पाप में प्रवृत्ति काम भाव से पैदा होती है। यह काम अतृप्त होता है तो क्रोध पैदा होता है। क्रोध मनुष्य का सबसे बड़ा शत्रु है।

हे अर्जुन! जैसे धुएं से आग और धूल से शीशा ढका रहता है–वैसे ही आत्मा काम से ढका रहता है। मनुष्य की चेतना काम से ढकी होने के कारण अतृप्त रहती है और मनुष्य को उचित मार्ग पर नहीं जाने देती। इसलिए मनुष्य को चाहिए कि वह पाप की प्रेरणा देने वाले काम को समाप्त करे।

भगवान ने अर्जुन से कहा कि–जड़ प्रकृति विशाल है–इनसे अधिक अच्छी कर्मेन्द्रियां हैं। इन्द्रियों से अधिक अच्छा मन है। मन से श्रेष्ठ बुद्धि है और आत्मा बुद्धि से भी अधिक सूक्ष्म, विराट और समझ के परे है। हे अर्जुन! तू इन्द्रियों के वश में करके आत्मरूप को पहचानने की कोशिश कर।

भगवान कृष्ण ने कहा कि मैंने सृष्टि के आदिकाल में इसे कभी नष्ट न होने वाले योग कर्म करके भी उसमें लीन न होने के उपदेश–विवस्वान सूर्य को दिया था। सूर्य विवस्वान ने इसका उपदेश मानव जाति के प्रथम (जन्मदाता) पुरुष मनु को दिया। मनु ने इस योग के ज्ञान को अपने शिष्य इक्ष्वाकु को दिया।

अब हे अर्जुन! मैं तुझे यह योग और कर्म का वास्तविक ज्ञान देता हूं। इसे जान कर ही तेरा मन और मोह दूर हो सकेगा। यह सुनकर अर्जुन ने कहा कि सूर्य देव विवस्वान का जन्म आपके पूर्व हुआ था। तो आपने यह ज्ञान सूर्य देव को पहले कैसे दिया। भगवान ने उत्तर दिया–

हे अर्जुन! मेरे और तेरे इसके पहले अनेक जन्म हो चुके हैं–तू उन्हें नहीं जानता, मैं उन सब को जानता हूं। भगवान (मैं) अजन्मा, अविशानी–संत्–चित् और आनंद से युक्त कई युगों में जन्म (अवतार) लेता हूं। हे अर्जुन! जब-जब

धरती पर धर्म की हानि (पाप) होता है और अधर्म बढ़ता है तब उसे नष्ट करने और धर्म की स्थापना के लिए मैं जन्म लेता हूं।

मैं सज्जन, साधुओं की रक्षा करने के लिए दुष्टों का नाश करने के लिए बार-बार नए रूपों में जन्म लेता हूं।

मेरा जन्म लेना और धरती पर कार्य करना साधारण बात नहीं। जो यह जान लेता है वह मुक्त हो जाता है। कुछ ज्ञानी, भक्त, मेरी भक्ति में तन्मय होकर मुझे जान चुके हैं इसलिए वे मेरे दिव्य प्रेम के अधिकारी हुए। हे अर्जुन! जो जैसे मेरा भजन करता है मैं उसे वैसे मिलता हूं। यशोदा के बाल रूप में, गोपियों को पति रूप में।

इस संसार में मनुष्य कर्म फल की कामना से यह करके देवताओं की पूजा करते हैं। कुछ योगी यज्ञों के द्वार देवताओं की उपासना करते हैं—ये यज्ञ कई प्रकार के हैं और कुछ पर ब्रह्मरूपी अग्नि में भक्ति की आहुति देते हैं और कुछ इंद्रियों को संयम करके आत्मरूप का साक्षात्कार करते हैं।

कुछ लोग सम्पत्ति के त्याग में धर्मशाला, विद्यापीठ, अतिथिशाला बनवाकर योग साधना करते हैं। यह भी यज्ञ ही है। कुछ लोग ज्ञान प्राप्ति के लिए वेदों का अध्ययन करते हैं।

कुछ योगी समाधि के लिए प्राणायाम करते हैं और पूर्ण काम हो जाते हैं। अर्जुन से भगवान कृष्ण ने कहा जो ऐसे यज्ञ नहीं करता उसके लिए लोक-परलोक किसी से भी सुख नहीं होता।

वेद के सभी यज्ञ कर्म का ही रूप है। इसलिए यज्ञ की महत्ता को जान कर ही मनुष्य को संसार में रहकर भी संसार से मुक्त हो जाता है। यज्ञ करके मनुष्य को पूर्ण ज्ञान प्राप्त हो जाता है—वह सद्‌गुरु की शरण में जाकर उनकी सेवा करके निष्कपट हो जाता है। इसलिए तू ज्ञान के सही रूप को पहचान, इससे तुझे मोह नहीं होगा क्योंकि सभी जीव मेरे भिन्न अंश हैं और सब मुझ में ही स्थित हैं।

हे अर्जुन! आत्मा और शरीर क्या है? इस ज्ञान को प्राप्त कर तेरे सारे संशय ऐसे नष्ट हो जाएंगे जैसे आग में लकड़ी। आत्मज्ञान से बड़ी प्राप्ति कुछ नहीं और यह ज्ञान संपूर्ण योग से मिलता है, आत्मा को जानने वाला कर्म बंधन में नहीं बंधता। इसलिए तू युद्ध के लिए तैयार हो जा।

यह सुनकर अर्जुन ने भगवान कृष्ण से पूछा—एक तरफ आप सकाम कर्म न करने की बात कहते हैं—दूसरी तरफ भक्ति भाव युक्त कर्म करने के लिए कहते हैं... बताइए दोनों में कौन-सा मार्ग उचित है।

भगवान कृष्ण ने कहा–कर्म करके फल की इच्छा और फल की अनिच्छा दोनों में समान रहने वाला ही कर्म संन्यासी होता है। भक्ति भाव और तत्त्व को जानने से मनुष्य एक ही फल को प्राप्त करता है–वह है आत्मज्ञान।

संन्यासी और कर्मयोगी जीवन के एक ही सत्य को जान लेते हैं किंतु भक्ति भावना से युक्त कर्मयोगी प्रभु को जल्दी पा लेता है। जिसका मन शुद्ध होता है, जो भक्ति भाव से भरा होता है, वह कर्म करते भी कर्म के बंधन में नहीं बंधता।

हे अर्जुन, सारा कार्य करते हुए–बोलते हुए, खाते हुए, चलते हुए जो मनुष्य यह जानता है कि सारी इन्द्रिय क्या कार्य कर रही हैं–आत्मा इनसे अलग इनमें लिप्त नहीं हैं–वही सच्चे रूप को प्राप्त कर लेता है। सच्चे योगी आत्म शुद्धि के लिए कर्म करते हैं। उनके मन में फल की आसक्ति नहीं होती।

इस शरीर मैं नौ द्वार हैं–नाक, मुंह, कान आदि। तो जो मनुष्य इनकी वास्तविकता जानकर कर्म करते हुए भी कर्म से अलग रहता है, वह ज्ञानी होता है। जीवात्मा देह (शरीर) का स्वामी है। पर वह कर्म या कर्म फल की रचना नहीं करता। कर्म तो मनुष्य प्रकृति के गुण के रूप में ही करता है। संसार में जीवों का ज्ञान, अज्ञान से ढका हुआ है इसलिए वे मोह में पड़े हैं–पर जब ज्ञान प्राप्त हो जाता है तो मोह नष्ट हो जाता है। जो मनुष्य मन, बुद्धि, चित्त को भगवान के प्रति समर्पित कर देता है वह पाप, संशयों से मुक्त हो जाता है। वास्तविक ज्ञानी, कुत्ते, हाथी, चांडाल गाय में एक ही समान भाव को रखने वाले होते हैं।

जो मनुष्य प्रिय वस्तु की प्राप्ति में अधिक खुश नहीं होता और अप्रिय घटना होने पर दुखी नहीं होता, वह स्थिर बुद्धि होता है। हे अर्जुन! इंद्रियों के विषय जन्म लेते हैं और नष्ट होते हैं इसलिए सुख-दुख देते हैं।

भगवान ने अर्जुन से योग के विषय में बताते हुए कहा–हे अर्जुन! कर्म को त्यागना नहीं चाहिए। कर्म करने वाला ही सच्चा योगी होता है। परम तत्त्व से युक्त होना, जुड़ना ही योग है, यही संन्यास है। पर इस योग साधना के लिए इंद्रियों की तृप्ति की इच्छा छोड़नी होती है। मन मित्र भी है और शत्रु भी–जिसने मन को अपने वश में कर लिया है मन उसका मित्र हो जाता है। मन को वश में करने वाले के लिए सर्दी, गर्मी, मान-अपमान, सुख-दुःख सब समान हो जाते हैं।

जो मनुष्य, मित्र, शत्रु, पुण्यात्मा, पापी के साथ समबुद्धि से व्यवहार करता है, वह पुरुषोत्तम हो जाता है। योगी को चाहिए कि वह परमात्मा विष्णु के प्रति समर्पित भन से पूजा करें और कामनाओं का त्याग कर दे। योगी को एकांत

में–खास के आसन पर या कोमल वस्त्र बिछाकर इंद्रियों को वश में करने का अभ्यास करना चाहिए।

पवित्र स्थल, तीर्थ स्थल, योगाभ्यास से लिए अधिक उपयुक्त है–जैसे हरिद्वार, वृंदावन आदि। योगाभ्यास के समय शरीर, गले और सिर को सीधा रखें। नाक की सीध में ध्यान लगा। ऐसा करने से मनुष्य सीधा परमधाम प्राप्त करता है।

मन चंचल है। वह विषयों में भटकता है। किंतु मनुष्य का कर्तव्य है कि वह मन को वश में करके उसे विषयों से दूर रखें–तभी वह आत्मा का साक्षात्कार कर सकता है। सच्चा सभी प्राणियों में मुझे परमात्मा को देखता है और प्राणीमात्र को मुझ में देखता है।

जो योगी मुझ में सबको, सब में मुझको देखता है मैं सदा उसके पास रहता हूं। वह योगी सबको समान भाव से ही देखता है। संजय ने धृतराष्ट्र से कहा योग साधना के विषय में जानकर अर्जुन ने भगवान से प्रश्न किया–

हे प्रभु! मन बड़ा चंचल है। इसे वश में करना हवा को वश में करने के समान कठिन है। इसलिए मुझे आपका कथन व्यावहारिक नहीं लगता। भगवान कृष्ण ने अर्जुन से कहा–चंचल मन को वश में करना कठिन है। किंतु निरंतर अभ्यास करने से मन भी वश में हो जाता है।

जिस मनुष्य का मन वश में नहीं होता उसे तो कुछ भी नहीं मिलता। अर्जुन ने कहा–हे माधव! उस योगी की अवस्था क्या होती है जो शुरू में मन को वश में करके आत्म साक्षात्कार करता है पर फिर विषयों में फंस जाता है। हे भगवन्! भगवान की प्राप्ति के मार्ग से भटका हुआ ऐसा व्यक्ति क्या समाप्त नहीं हो जाता। हे अर्जुन! इस लोक में और परलोक में सदाचारी व्यक्ति का नाश नहीं होता। जो व्यक्ति योगी होने के बाद भी पथभ्रष्ट होता है वह भी योग के पुण्य से ज्ञानियों के कुल में जन्म लेता है और बाद में फिर से पूरी सिद्ध के लिए कोशिश करता है। कई बार यह प्रयास अनेक जन्मों तक चलता है और फिर वह योगी परमगति को प्राप्त होता है।

हे अर्जुन अब सुन कि किस तरह तू भक्तिभाव से युक्त होकर, मुझको प्राप्त कर सकता है। इस विश्व में हजारों मनुष्यों में कोई एक ही सिद्धि पाने का प्रयत्न करता है और वही मुझे पा सकता है। मेरी अचल प्रकृति–पृथ्वी, जल, अग्नि, वायु आकाश, मन, बुद्धि, अहंकार–आठ रूपों में विभाजित है।

इस जड़ प्रकृति के अतिरिक्त मेरी एक पराचेतन प्रकृति भी है और जो कुछ भी इस संसार में दिखाई देता है, वह इन्हीं दोनों प्रकृतियों से उत्पन्न हुआ

है। परमात्मा ही इस जगत का उत्पत्ति और प्रलय का कारण रूप है। परमात्मा के अतिरिक्त·और कोई श्रेष्ठ तत्त्व नहीं है सब कुछ उसमें मणियों की तरह गुंथा हुआ है।

मैं अर्थात भगवान पृथ्वी में सौरभ, आग में तेज, प्राणियों में जीवन, तपस्वियों में तप हूं। संसार के सारे तत्त्व, रज, तम से उत्पन्न होने वाले भाव मेरी ही शक्ति की अभिव्यक्ति है। पर मैं इनमें बंधा हुआ न होने के कारण स्वतंत्र हूं।

यह संसार माया में लिप्त होने के कारण मुझे नहीं जान पाता कि मैं ही एकमात्र अविनाशी हूं। माया मनुष्य को भ्रमित करती है किंतु जो भगवान की शरण में आ जाते हैं... उनको सांसारिक माया तंग नहीं कर सकती।

मनुष्य माया के बंधन में पड़कर अनेक पापकर्म करता है और मेरी भक्ति से अलग रहता है। किंतु है अर्जुन! विपत्ति में फंसा हुआ, धन की इच्छा न रखने वाला, जीवन के विषय में जानने वाला और ज्ञानी मनुष्य परमात्मा की भक्ति करता है। ज्ञानी और भक्त अत्यंत श्रेष्ठ है। ऐसा मनुष्य मुझे बहुत प्रिय होता है।

कुछ लोग भाववश अन्य देवी-देवताओं की शरण लेकर उनकी उपासना करते हैं वे भी उचित–क्योंकि मैं उनकी श्रद्धा को देखते हुए स्वयं को उसी देवता में स्थापित कर देता हूं। जो व्यक्ति देवपूजा में मुझ परमात्मा को न देखकर केवल देवता की पूजा करता है उसे परमधाम नहीं मिलता।

हे अर्जुन! परमात्मा भिन्न रूपों में व्यक्त होता है, किंतु वह कभी भी कम बुद्धि वाले व्यक्ति के लिए प्राप्त नहीं होता। मैं अपनी योग माया में छिपा रहता हूं और केवल भक्त ही मुझे पा सकता है। मैं वर्तमान, भूत और भविष्य के घटनाचक्रों को जानता हूं, किंतु मुझे कोई नहीं जानता।

यह जानकर अर्जुन ने कहा–हे देव! आप मुझे बताएं कि, ब्रह्म क्या हैं? अध्यात्म क्या है? कर्म का स्वरूप क्या है? भौतिक सृष्टि क्या है? और आदि देव क्या हैं?

हे अर्जुन! श्रीकृष्ण ने बताना शुरू किया कि अविनाशी जीवात्मा जिसका नाश नहीं होता उसको ब्रह्म कहते हैं। उसका नित्य स्वभाव अध्यात्म है और देह धारण कर जो कार्य किया जाता है, वह कर्म कहलाता है। प्रकृति हर क्षण परिवर्तनशील है। वही अधिभूत है और विराट पुरुष अधिदेव! और मैं जीव मात्र के हृदय में रहने वाला अधियज्ञ हूं। जब जीव देह का त्याग करता है तो वह जिस भाव का स्मरण करता है, उसी को प्राप्त होता है।

इसीलिए हे अर्जुन! तू निरंतर कृष्ण भाव की उपासना करता हुआ अपना कर्म कर। युद्ध तेरा कर्म है क्योंकि तू क्षत्रिय है। तू सब कुछ मुझको अर्पित करके मन को शांत कर।

भगवान कृष्ण ने मुक्ति पथ का वर्णन करते हुए अर्जुन से कहा—अर्जुन! जो मनुष्य इंद्रियों को विषयों से हटाकर ध्यान करता है, वह मुक्ति के मार्ग की ओर जाता है। ऐसा भक्ति भावना युक्त मनुष्य मुझे अपने स्वरूप में प्राप्त कर लेता है। हे अर्जुन! इस संसार में बार-बार जन्म और मृत्यु होती है। पर जो मुझे प्राप्त कर लेता है उसका फिर से जन्म नहीं होता। वह मोक्ष पा लेता है।

हे अर्जुन! ब्रह्मा का एक दिन एक हजार चतुर्युग (सतयुग, त्रेतायुग, द्वापर युग, कलियुग) का होता है और इतनी ही बड़ी रात होती है। ब्रह्मा के दिन जीव प्रकट होता है और रात में उसी में लय हो जाता है। यह सब कुछ जीव के कर्म के अनुसार होता है। जो कभी नष्ट नहीं होता उसे अक्षय कहते हैं। वही परम है। वही मेरा धाम है। वहां जाकर मनुष्य इस धरती पर फिर नहीं आता।

हे अर्जुन! दो प्रकार के काल होते हैं। एक में विचरण करने से संसार में जन्म होता है किन्तु दूसरे में जाने पर पुनर्जन्म नहीं होता है। शुक्ल पक्ष उत्तरायण काल में जो मनुष्य देह त्याग करता है, उसे फिर से जन्म नहीं लेना पड़ता और कृष्ण देह त्याग करता है, उसे फिर से जन्म नहीं लेना पड़ता और जो कृष्ण पक्ष में दक्षिणायन में शरीर छोड़ता है वह फिर से जन्म लेता है। जो मनुष्य भक्ति भाव से युक्त होता है, वह कभी असत्य के पथ पर नहीं चलता।

महात्मा लोग मेरे सभी रूपों को जानते हैं और मुझमें भक्ति लीन रहते हैं। वे निरंतर कई रूपों से मेरी आराधना करते हैं। वे मेरा कीर्तन करते हैं। ज्ञानी लोग मुझे अद्वैत के रूप में जानते हैं। वैसे तू यह जान कि मैं यज्ञ हूं। मैं ही पितरों का तर्पण हूं। मैं ही मंत्र हूं और अग्नि तथा घी हूं। हे अर्जुन! मैं ही संसार का पिता-माता और रक्षा करने वाला हूं। मेरे में ही सारे वेद विद्यमान हैं।

हे अर्जुन! तू ध्यान से मुझे देख मैं सूर्य के रूप में संसार को तपता हूं। मैं वर्षों के रूप में आकर्षित करता हुआ उसे बरसाता हूं। मैं ही सब पाप और पुण्य, सत्य-असत्य का मूर्तिमान रूप हूं और यज्ञों के द्वारा लोग मेरी ही पूजा करते हैं लेकिन वैदिक कर्मकांड से थोड़े-से समय का सुख मिलता है और जो मनुष्य भक्ति भाव से मेरा चिंतन करते रहते हैं उन्हें स्थायी सुख प्राप्त होता है। कुछ लोगों का ज्ञान यथार्थ नहीं होता इसलिए वे विधिपूर्वक पूजा नहीं कर पाते और इसलिए उनका फिर से जन्म होता है।

जो जिसको जैसा पूजता है मैं उसको उसी रूप में मिलता हूं। जो भी भक्त मुझे जो कुछ पत्र, पुष्प, फल अर्पित करता है मैं उसे प्रेमपूर्वक स्वीकार करता हूं। इसलिए हे अर्जुन! तू अपने सारे कर्मों को मुझे समर्पित कर दे। यह मत सोच कि युद्ध करते हुए तू इन बन्धु बांधवों को मारेगा और इसका गुण दोष तुझे प्राप्त होगा। यदि तू मुझे सब कुछ समर्पित करता है तो सारे शुभ और अशुभ कर्म फल से मुक्त हो जाएगा।

तू यह भी जान ले कि मैं जिन्हें मारने के लिए यह कह रहा हूं मेरा उनसे कोई द्वेष नहीं हैं। मैं न किसी से द्वेष करता और न किसी का पक्षपात करता हूं। जीव मात्र को मैं समान रूप से देखता हूं।

देवता और महर्षि भी मेरे आविर्भाव के विषय में नहीं जानते क्योंकि मैं उनका आदि कारण हूं। भक्त और ज्ञानी मुझे अजन्मा और अनादि समझते हैं और वे ही सत्य को जानते हैं। मेरे द्वारा ही बुद्धि, ज्ञान, क्षमाभाव, सत्य, सुखद-दुख, जन्म-मृत्यु, तप, दान, यश जन्म लेते हैं और अलग-अलग रूप से मनुष्य को आत्म तत्त्व से ज्ञान कराते हैं। सात महर्षि और उनके पूर्व होने वाले सनकादि तथा 14 मनु ये सब मेरे मन से उत्पन्न हुए हैं। मैं यह दिखाई देने वाला जगत और स्वर्ग दोनों का कारण हूं। मुझे जानना सृष्टि के स्वरूप को जानने से भी अधिक कठिन है। लेकिन जो शुद्ध भक्त हैं वे निरंतर मुझमें तन्मय रहते हैं और मुझे जान पाते हैं। मुझे जानकर उन्हें आनन्द की प्राप्ति होती है।

मैं स्वयं अपने भक्तों पर कृपा करता हूं जो भक्त आशीर्वाद की मुद्रा में प्रभु के चित्र का पूजन करते हैं, उन भक्तों के हृदय में मेरी कृपा से ज्ञान का प्रकाश पैदा होता है। मेरे द्वारा दिए गए प्रकाश से उनका अज्ञान का अंधकार दूर हो जाता है। अर्जुन ने भगवान कृष्ण से पूछा कि हे प्रभु आप परम ब्रह्म हैं सर्वव्यापी हैं और सभी ऋषि-मुनि आपका यह गुणगान करते हैं। लेकिन अब आप स्वयं मुझे इसका वर्णन कर रहे हैं और मैं भी आपके इस स्वरूप को जानता हूं और मुझे यह भी मालूम है कि आपके रूप को देवता और दानव नहीं जान पाते। हे प्रभु, आप स्वयं को अपनी शक्ति से जानते हैं और आपकी अनेक विभूतियां हैं कृपा करके आप मुझे अपनी विभूतियों को ज्ञान कराइए। हे प्रभु, आप मुझे यह भी बताइए कि मैं किस तरह आपका चिंतन मनन करूं। अर्जुन की जिज्ञासा सुनकर भगवान मुस्कराए और उन्होंने कहा कि–

हे अर्जुन! मेरे ऐश्वर्य का अन्त नहीं है। किन्तु मैं तुझे उनके विषय में थोड़ा-बहुत बता देता हूं। मैं सम्पूर्ण जीवों के हृदय में स्थित आत्मा हूं और जीव

मात्र का आदि मध्य और अंत मैं ही हूं। मैं अदिति के 12 पुत्रों में विष्णु हूं। मैं ज्योतियों से परिपूर्ण, किरणों से युक्त सूर्य हूं। मैं मरीचि और नक्षत्रों में चंद्रमा हूं।

मैं देवताओं में इन्द्र हूं, इन्द्रियों में मन हूं और जीवों में चेतना हूं। मैं सभी रुद्रों में शिव के रूप में स्थित हूं। मैं यक्षों और राक्षसों में धन का देवता कुबेर हूं और वसुओं में अग्नि हूं। हे अर्जुन! मैं पुरोहितों में मुख्य हूं, भक्ति का स्वामी बृहस्पति हूं और मैं ही देवताओं की विराट सेना का सेनापति कार्तिकेय हूं। हे अर्जुन! मैं ही स्वयं समुद्र हूं। महान महर्षियों में मैं भृगु हूं और यज्ञ भी मैं ही हूं। मैं सभी पर्वतों में पर्वतराज हिमालय हूं।

जैसे-जैसे भगवान अपना रूप वर्णन कर रहे थे वैसे-वैसे उधर अर्जुन और इधर धृतराष्ट्र आश्चर्यचकित होकर मानसिक चक्षुओं से उन विराट रूपों को देख रहे थे। संजय ने धृतराष्ट्र से कहा—कि भगवान कृष्ण ने अपनी विभूतियों का वर्णन करते हुए अर्जुन से कहा कि हे अर्जुन—मैं देवर्षियों में नारद हूं और गंधर्वों में चित्ररथ हूं। मैं सिद्ध पुरुषों में कपिल हूं।

तू आश्चर्य मत कर, मैं ही सागर के अमृत से उत्पन्न उसके साथ उत्पन्न होने वाला अच्चै:श्रवा घोड़ा हूं ऐरावत हाथी हूं और मैं ही वनस्पतियों में वृक्षों में पूजनीय पीपल का पेड़ हूं।

हे अर्जुन, मैं शस्त्रों में वज्र हूं। गायों में कामधेनु हूं। विधिपूर्वक सन्तान उत्पत्ति करने का हेतु कामदेव हूं। मैं सापों में वासुकि सांप हूं और दिव्य नागों में अनंत शेषनाग हूं। जलचरों में वरुण देवता हूं। मृत्यु रूप और मृत्यु का नियमन करने वाला यमराज हूं। हे अर्जुन! तू मुझे ही दैत्यों में प्रहलाद समझ। मैं ही दमन करने वालों में काल हूं। पंक्षियों में पक्षिराज गरुड़ हूं और पशुओं में जंगल का राजा सिंह हूं। मैं ही शस्त्र धारण करने वाला पुरुषोत्तम राम हूं और नदियों में गंगा और जलचरों में मगरमच्छ हूं। मैं सब दिशाओं में मुख धारण करने वाला ब्रह्मा हूं। हे अर्जुन! मैं विद्याओं में अध्यात्म विद्या हूं। अक्षरों में अकार हूं अर्थात सबका प्रारंभ मुझसे है।

मैं ही इंद्र के लिए गाया जाने वाला विराट साम दाम हूं। छंदों में गायत्री मंत्र हूं। ऋतुओं में वसंत हूं और महीनों में मार्गशीर्ष मास हूं। मैं ही वाणी, स्मृति, धैर्य और क्षमा हूं। हे अर्जुन, जिस तरह मैं सत् में हूं उसी तरह असत् में भी हूं। मैं बलवानों में बल हूं। मैं साहस हूं। मैं छल करने वालों में जुआ हूं। मैं ही वृष्णि वंश में वासुदेव हूं। मैं पांडवों में अर्जुन हूं। मैं ही मुनियों में ग्रन्थों का रचयिता

वेद व्यास हूं। मैं कवियों में शुक्राचार्य हूं। हे अर्जुन, मैं मूर्त और अमूर्त दोनों प्रकार में हूं। मैं ही दंड, नीति, मौन भाव और ज्ञान हूं।

मेरे स्वरूप विविध है उनका कोई अंत नहीं है। किन्तु इन थोड़े रूपों से तू यह जान ले कि इस संपूर्ण जगत में एक मात्र मैं हूं जिसमें जगत धारित है और उसमें मैं ही व्याप्त हो रहा हूं।

भगवान श्रीकृष्ण विभिन्न रूपों, ऐश्वर्यपूर्ण विभूतियों के दर्शन करने के बाद अर्जुन ने भगवान से कहा–

हे प्रभु! आपने कृपा करके जिस अध्यात्म विज्ञान का उपदेश दिया है उससे मेरा मोह नष्ट हो गया है। हे प्रभु, मुझे जीवों की उत्पत्ति और प्रलय के विषय में वास्तविक ज्ञान हो गया है। किन्तु मुझे आपका वह रूप देखने की इच्छा है जिससे आप इस रूप में सृष्टि में प्रवेश हुए। आपका रूप अविनाशी है और मैं उसके दर्शन करना चाहता हूं। भगवान कृष्ण ने अर्जुन के चेहरे पर पैनी दृष्टि से देखा ओर कहा तू मेरे वास्तविक स्वरूप को इन दृष्टियों से नहीं देख सकेगा, उसके लिए दिव्य दृष्टि आवश्यक है। मैं तुझे दिव्य दृष्टि देता हूं।

अर्जुन ने देखा कि विभिन्न अलंकारों से युक्त अनेक मुख और नेत्र हैं और अनेक सुन्दर परिधान पहने हुए विराजमान कृष्ण हैं। उनके गले में दिव्य माला है और हाथों में अनेक शस्त्र हैं। यह देखकर अर्जुन ने कहा–हे भगवान कृष्ण, मैं आपके शरीर में सभी देवताओं और प्राणियों को देख रहा हूं। कमल पर बैठे हुए ब्रह्मा, शिवजी तथा अन्य ऋषि, मैं सबको देख रहा हूं। हे प्रभु! विभिन्न मुकुटों से युक्त गदा और कमल से युक्त आपका तेज से परिपूर्ण स्वरूप मेरे सामने स्पष्ट रहा है।

भगवान के विराट रूप के सामने हाथ जोड़कर झुके हुए अर्जुन ने कहा–हे प्रभु! आपकी भुजाओं में अनेक सूर्य और चन्द्रमा विद्यमान हैं। हे प्रभु, आपमें आकाश, लोक तथा अंतरिक्ष सारा व्याप्त हो रहा है। हे प्रभों, सारे देवता आपकी शरण में जा रहे हैं। कुछ देवगण आपके विराट रूप से डरकर कुछ दूर खड़े हुए प्रार्थना कर रहे हैं। अनेक ऋषि-मुनि वैदिक मंत्रों से आपकी स्तुति कर रहे हैं।

11 रुद्र 12 आदित्य 8 वसु और दोनों अश्विनी कुमार आपको आश्चर्य से देख रहे हैं। गंधर्व, यक्ष और असुर आपको आश्चर्य से देख रहे हैं। आपके इस स्वरूप को देखकर मैं बहुत व्याकुल हो रहा हूं और मेरे साथ सारा लोक व्याकुल है। हे सर्वव्यापी विष्णु, आकाश के साथ छूते हुए आपके हाथ, विराट

मुख, विशाल नेत्र देखकर मैं बहुत मुग्ध हो रहा हूं। हे देवताओं के देव आपके सुन्दर स्वरूप में विकराल दांत भी दिखाई दे रहे हैं। हे प्रभु, आपके मुख से प्रलय के समय निकलने वाली प्रज्वलित अग्नि दिखाई दे रही है।

हे भगवान! मैं मोहित हो रहा हूं। कृपा करके आप प्रसन्न हों। मैं देख रहा हूं कि धृतराष्ट्र के सभी पुत्र तथा हमारे पक्ष के राजा भीष्म, द्रोण, कर्ण आदि आपके विकराल दांतों वाले मुख में प्रवेश कर रहे हैं।

इनमें से कुछ चूरा होकर आपके जबड़ों से लगे हुए हैं। जिस तरह पतंगें दीपक कीलों पर मंडराते हुए जल जाते हैं उस तरह के सभी प्राणी आपके काल रूप पर भस्म हो रहे हैं। हे भगवन्! मैं देख रहा हूं कि आपके प्रज्वलित मुख में सम्पूर्ण लोक समा रहे हैं। आपका तेज प्रकाश ब्रह्मांड को तृप्त कर रहा है। हे प्रभु! आपका यह उग्र रूप क्यों है? मैं आपको प्रणाम करता हूं। आप मुझ पर प्रसन्न होइए। मैं अज्ञानी हूं आपकी प्रकृति को नहीं जानता।

अर्जुन की स्तुति से प्रसन्न होकर भगवान श्रीकृष्ण ने कहा कि हे अर्जुन–धृतराष्ट्र पक्ष के लोग मेरे काल रूप द्वारा पहले ही मारे जा चुके हैं। इसलिए तू इनकी मृत्यु का कारण नहीं है। निडर होकर युद्ध कर। अर्जुन कांपता हुआ खड़ा हुआ और बोला–हे प्रभु! मैंने देखा है कि सभी राक्षस भयभीत होकर दूसरी दिशाओं में भाग रहे हैं और सिद्ध पुरुष आपको प्रणाम कर रहे हैं। हे प्रभु! यह संपूर्ण सृष्टि आप में व्याप्त हैं आप सभी प्राकृतिक शक्तियों के जनक हैं। आपके सामने मेरा बार-बार प्रणाम।

मैंने भ्रम के वश में आपको कृष्ण नाम से पुकारा व आपको मित्र कहकर सम्बोधित किया लेकिन आप तो साक्षात् ब्रह्म हैं। कई बार मैंने आप पर क्रोध भी किया आप मेरा अपराध क्षमा करें। श्रीकृष्ण के पैरों पर गिरता हुआ अर्जुन बोला–आप मेरे ऊपर प्रसन्न होइए और मुझे क्षमा कीजिए। मैंने पहले आपका यह रूप देखा नहीं था। आप अपने इस विराट रूप को समेट कर फिर उसी कृष्ण रूप में आ जाइए जिसमें मैंने पहले आपको देखा है।

अर्जुन को ऊपर उठाते हुए भगवान कृष्ण ने कहा कि हे अर्जुन, मैंने तेरे ऊपर प्रसन्न होकर ही अपना रूप दिखाया है। तेरे से पहले किसी ने यह रूप नहीं देखा। मेरे इस भयंकर रूप को देखकर डर मत, व्याकुल मत हो और ले तू मेरे जिस रूप को देखने के लिए इच्छुक है मैं तुझे वही रूप दिखाता हूं।

यह कहकर भगवान ने अपना सौन्दर्य से परिपूर्ण चतुर्भुज नारायण वाला रूप दिखाया और फिर सामान्य दो भुजाओं वाले तेज से परिपूर्ण रूप में आ गए।

अर्जुन ने कहा—हे प्रभु! अब मेरा चित्त शांत हुआ है और अब मुझे अपना स्वभाव प्राप्त हो गया है। भगवान ने कहा—मेरा यह रूप भी किसी-किसी को देखने को मिलता है। यह रूप केवल भक्ति योग से प्रवेश किया जा सकता है। अर्जुन ने हाथ जोड़कर भगवान कृष्ण से कहा कि हे प्रभु! आपकी भक्ति और निराकार ब्रह्म की उपासना करने वालों में श्रेष्ठ कौन है?

हे अर्जुन, जो पुरुष अपने मन को एकाग्र करके मेरी भक्ति करता है वह परम योगी और सिद्ध होता है। दूसरे अन्य लोग इन्द्रियों को वश में करके अतीत सर्वव्यापी अचल ब्रह्म की उपासना करते हैं वे भी अंत में मुझे ही प्राप्त करते हैं। भगवान ने कहा कि हे अर्जुन! देह धारण करने वाले मनुष्यों को अव्यक्त (ईश्वर) के स्वरूप का ज्ञान कठिनाई से होता है और जो सभी कर्मों को मुझे समर्पित करके भक्तिभाव से युक्त होते हैं उनका उद्धार बहुत जल्दी हो जाता है।

यदि तू मन को एकाग्र करके मेरा ही चिंतन करेगा तो मुझमें ही निवास करेगा। और यदि मन को एकाग्र नहीं कर सकता तो भक्ति के विधान से मुझे पाने का प्रयास कर। यदि भक्ति भी विधिपूर्वक नहीं हो सकती तो जो भी तू कर्म करता है उसे मुझे समर्पित कर दे। यदि तू कर्म भी नहीं कर सकता तो आत्म रूप में आकर सब बातों के फल का त्याग करके काम कर क्योंकि त्याग प्रभु को पाने का बहुत बड़ा साधन है।

हे अर्जुन! सुख-दुख में समान होकर दूसरों को क्षमा करते हुए मेरी भक्ति कर। इस रूप में तू मुझे ही प्राप्त होगा। सांसारिक दृष्टि से यदि किसी मनुष्य को कर्म करते हुए किसी फल की इच्छा नहीं रहती और वह राग-द्वेष से मुक्त हो जाता है तो वह असली भक्त होता है और ऐसा भक्त ही मुझे प्रिय है।

भगवान कृष्ण ने अपना विराट रूप दिखाने के बाद अर्जुन को आशीर्वाद दिया। अर्जुन ने भगवान कृष्ण से कहा कि मैं यह जानना चाहता हूं कि प्रकृति पुरुष आत्मा और शरीर का प्रयोजन क्या है? भगवान श्रीकृष्ण ने कहा कि हे अर्जुन! प्रभु सभी देवों को जानने वाला होता है। यह शरीर क्षेत्र है और जो इसको जानता है उसे क्षेत्रज्ञ कहते हैं। इस शरीर में आत्मा के साथ परमात्मा भी निवास करता है। ऋषि मुनियों ने कई तरह से वैदिक मंत्रों में आत्मा और शरीर के स्वरूप का निर्णय किया। पंच महाभूत—अर्थात अग्नि, आकाश, पृथ्वी, जल और वायु और दस इन्द्रियां तथा इन्द्रियों से जाने गए विषय इन सबके विषय में ऋषियों ने बहुत कुछ बताया है।

सरलता, किसी को दुख न देना, क्षमा भाव और भोगों में आसक्ति का न होना, अहंकार का न होना, सुख-दु:ख में समान भाव रखना और सामान्य वस्तुओं

में बहुत अधिक मोह न रखना, यह सब ज्ञानी व्यक्ति की निशानी है और जो कुछ भी इसके विपरीत है वह अज्ञान है। ईश्वर का स्वरूप चारों ओर व्याप्त है। वह इंद्रियों का मूल होते हुए भी उनके गुणों से रहित है और वह माया से परे है। संसार के स्वरूप में हमें जो माया दिखाई देती है ईश्वर उससे परे हैं क्योंकि वह सूक्ष्म है इसलिए दिखाई नहीं देता।

ज्ञानियों के लिए वह बहुत निकट है और अज्ञानियों के लिए बहुत दूर ज्योति से परिपूर्ण परमात्मा सबके हृदय में बैठा हुआ है। इस तरह यह प्रकृति और जीव दोनों ही शाश्वत है। लेकिन उनमें प्रकृति से विकार भी पैदा होते हैं। प्रकृति सारे कार्य और कारण की आधार है। उसी कारण पुरुष (जीवात्मा) सुख-दुःख भोगता है। प्रकृति में स्थित जीवात्मा गुण भोग के कारण अच्छी और बुरी योनियों में जन्म लेता है। अर्थात अच्छे कर्म से अच्छा जन्म और बुरे कर्म से निकृष्ट योनि में जन्म मिलता है। शरीर में जीव के साथ एक दूसरा परम ईश्वर रूप भोगता है। उसे भी जानना चाहिए।

भगवान कृष्ण ने अर्जुन को बताया कि जीवात्मा और प्रकृति के वास्तविक रूप को जानने वाला दोबारा जन्म नहीं लेता। परमात्मा को जानने के दो ही आधार हैं—

1. विशुद्ध चित्त से ध्यान करते हुए हृदय में अनुभव करना।
2. ज्ञान से निष्काम कर्म करते हुए उसे जानना।

हे अर्जुन! कुछ लोग ज्ञानी न होते हुए भी दूसरों के कहने से भी भक्ति में लीन होते हैं। उनका भी कल्याण हो जाता है। जो कुछ भी यह चलने वाला और स्थिर दिखाई देता है वह प्रकृति और पुरुष के सहयोग से उत्पन्न होता है। तो इसका बाहरी रूप ही नष्ट होता है जीवात्मा और परमात्मा का नाश नहीं होता। इसलिए अर्जुन तू कार्य करते हुए भी अकराता है क्योंकि तू केवल देह नहीं है आत्मा भी है।

हे अर्जुन! जिस तरह ब्रह्मांड में अकेला सूर्य उसे प्रकाशित करता है उसी तरह शरीर में आत्मा सारी चेतना को अलौकित करता है। यह देह और आत्मा का भेद जानकर ही पुरुष मुक्ति को प्राप्त करता है। जो लोग मुझे जानने के बाद ज्ञानी हो जाते हैं वे जन्म और मृत्यु से नहीं डरते। सारे प्राणियों की उत्पति जड़ और चेतन के योग से होती है और यह संयोग तीन गुणवाली माया के द्वारा होता है। सब प्रकार की योनियों से उत्पन्न सारे शरीर की प्रकृति रूपी माता और परमात्मा रूपी पिता से उत्पन्न होते हैं। प्रकृति के तीनों गुणों में सत्वगुण निर्मल और ज्ञान का आधार है।

रजोगुण में भूख और आसक्ति उत्पन्न होती है और आदमी (जीवात्मा) सकाम कर्म करता है। तमोगुण अज्ञान से उत्पन्न होता है। मनुष्य के जीवन में बारी-बारी से ये तीनों गुण मुख्य और गौण होते रहते हैं। सत्वगुण के बढ़ने से मनुष्य आत्म प्रकाशमान हो जाता है। रजोगुण से मनुष्य चंचल और लोभी हो जाता है। वह सांसारिक हो जाता है। तमोगुण से ज्ञान का अभाव होता है और मनुष्य मोह तथा कर्म न करने जैसी स्थिति में आ जाता है। सत्वगुण के कारण मनुष्य को उच्च लोक प्राप्त होते हैं। रजोगुण के कारण सामान्य लोक मिलते हैं। तमागुण में लिप्त मनुष्य को निम्न योनियां प्राप्त होती हैं। हे अर्जुन! तमोगुणी व्यक्ति विभिन्न प्रकार के नरक भोगते हैं। सत्वगुण वाले स्वर्ग आदि को प्राप्त होते हैं और रजोगुणी को पृथ्वी लोक मिलता है।

प्रभु की प्रकृति तब समझ में आती है जब मनुष्य जान लेता है कि प्रकृति के ये तीनों गुण ही कर्ता हैं। यह ज्ञान प्राप्त करने पर मनुष्य इसी जन्म में अमृत तत्त्व को प्राप्त हो जाता है। अर्जुन ने भगवान कृष्ण से पूछा कि इन तीनों गुणों से अतीत पुरुष के लक्षण क्या हैं?

भगवान ने अर्जुन से कहा कि जो पुरुष प्रकाश अथवा मोह की प्राप्ति होने पर राग-द्वेष नहीं करता। किसी वस्तु के न मिलने पर उसकी इच्छा नहीं करता। जो समझता है कि सारी प्रकृति गुणों का ही कार्य हैं। जो पुरुष स्थिर रहता है और सुख-दुख को समान समझता है। जो पुरुष सोना मिट्टी पत्थर से समान भाव रखता है। जो निन्दा स्तुति नहीं करता वह पुरुष गुणों से अतीत माना जाता है। ऐसा पूर्ण पुरुष मेरी भक्ति करता है और मुझे ही समर्पित होता है।

श्री भगवान ने अर्जुन से कहा कि माया के जाल से बढ़ी हुई संसार रूपी वृक्ष की शाखाएं ऊपर-नीचे फैली हुई हैं। इन्द्रियों के विषय अर्थात भूख-प्यास आदि इसके पत्ते हैं और मनुष्य जो कर्म करता है वही इसकी जड़ है। इस वृक्ष का आदि और अंत कोई नहीं जानता। फिर भी वैराग्य में इसके विषय में कुछ ज्ञान हो जाता है।

हे अर्जुन! मेरा धाम ऐसा है जो सामान्य प्रकृति के प्रकाश से प्रकाशित नहीं होता। वह उससे परे उसे चाहे वैकुंठ कहो या परम धाम, यह जीव मेरा ही अंश है। बंधन में होने के कारण यह अपनी पाँच इन्द्रियों और मन में संघर्ष कर रहा है। जीवात्मा एक शरीर को छोड़कर अपनी सारी स्थूल और सूक्ष्म स्थिति को लेकर दूसरे शरीर में प्रवेश कर लेता है। ज्ञानी लोग माया के अधीन सुख-दुख के विषय में अच्छी तरह से जान लेते हैं।

हे अर्जुन! सूर्य, चन्द्रमा और अग्नि में मेरा ही तेज विद्यमान हैं। मैं सारे लोक को सारे जीवों सहित धारण करता हूं और उनमें प्रवेश भी करता हूं। मैं प्राणियों के शरीर में अग्नि रूप होकर अन्न को पचाता हूं। मैं ही प्राणियों में ज्ञान, स्मृति और विस्मृति के रूप में रहता हूं। संसार में सब प्राणी नाशवान हैं जो शरीर छोड़ देते हैं वही अक्षय या अनाशवान होते हैं।

अविनाशी परमेश्वर सब पुरुषों में उत्तम हैं और इसीलिए पुरुषोत्तम नाम से जाने जाते हैं। जो व्यक्ति इस सत्य को जानता हैं वह परम भक्त हो जाता है।

हे अर्जुन! मनुष्य में देवी और आसुरी स्वभाव होता है। दैवी पुरुषों के लक्षण–आत्म संयम, तप, सरलता, अहिंसा, सत्य, क्रोध न करना, त्याग, शांति होते हैं। जिस पुरुष में यह लक्षण होते हैं वह महान होते हैं। अज्ञान, क्रोध, घमंड, कठोरता, स्वभाव वाले आसुरी वृत्ति के होते हैं। हे अर्जुन! तेरे में दैवी गुण हैं इसलिए तू चिंता मत कर और अपना कर्म कर। आसुरी वृत्ति वाले मनुष्य को यह नहीं मालूम होता कि क्या करना चाहिए और क्या नहीं।

कम बुद्धि वाले मनुष्य कठोर हो जाते हैं और दूसरे को नुकसान पहुंचाते हैं। ऐसे लोग घमंडी होते हैं और दूसरे लोगों से द्वेष करते हैं। उनकी दृष्टि में इन्द्रियों की इच्छाओं की तृप्ति करना मनुष्य का सबसे बड़ा लक्ष्य है। वे अन्यायपूर्वक धन एकत्रित करते हैं। आसुरी वृत्ति वाला पुरुष यह समझता है कि वह किसी को भी मार देगा। वह अपने आपको बलवान समझता है लेकिन असलियत में होता नहीं है।

हे अर्जुन! जो व्यक्ति कई जन्मों में क्रोध, लोभ से भरा रहता हैं वह मुझे प्रिय नहीं हैं। क्रोध ओर लोभ नरक के द्वार हैं। इनमें काम सबसे बड़ा द्वार है। मनुष्य को चाहिए कि वह कर्तव्य और अकर्तव्य के संघर्ष में शास्त्र की बात माने क्योंकि शास्त्र की बात मानकर वह सही निर्णय पर पहुंचता है।

भगवान से दैवी और आसुरी वृत्ति के विषय में जानकर अर्जुन ने उनसे पूछा–

हे भगवान! कुछ लोग शास्त्र को नहीं जानते लेकिन उनके मन में श्रद्धा है। ऐसे कम पढ़े-लिखे लोग किस श्रेणी में आते हैं?

श्री भगवान ने अर्जुन से कहा कि श्रद्धा तीन प्रकार की होती हैं। सात्विकी, राजसी और तामसी। मनुष्य के हृदय के अनुसार उसकी श्रद्धा का भाव माना जाता है–

सात्विक श्रद्धा वाले देवताओं की पूजा करते हैं।

राजसी श्रद्धा वाले यक्षों, राक्षसों की पूजा करते हैं।

तामसी स्वभाव वाले भूतों और प्रेतों की पूजा करते हैं।

ऐसे लोग अहंकारी और दुष्ट होते हैं। वे अपने शरीर के साथ आत्मा को भी दुखी करते हैं। प्राकृति अनुसार आहार, यज्ञ, तप और दान तीन प्रकार के होते हैं। कड़वे, खट्टे, नमकीन व तीखे पदार्थ दुख और शोक को पैदा करते हैं। इसलिए राजसी होते हैं। नीरस दुर्गंधमय और मनुष्य के ज्ञान को नष्ट करने वाले आहार (सुरा आदि) तामसी होते हैं।

बिना फल की इच्छा वाला यज्ञ सात्विक होता है। जो यज्ञ किसी लौकिक उद्देश्य से अथवा विजय भावना लेकर किया जाता है वह राजसी होता है। जिस यज्ञ में वैदिक मंत्रों और शास्त्र विधि का पालन न किया जाए और श्रद्धा से शून्य होकर किया जाए वह तामसी होता है। गुरु और वेदों को जानने वाले पुरुषों का पूजन पवित्रता, सरलता और अहिंसा का पालन शारीरिक तप है।

सत्य, प्रिय और हितकारक बोलना तथा निरन्तर अच्छे ग्रन्थों का पठन-पाठन वाणी का तप कहा जाता है। सरलता, मौन और आत्मसंयम तथा अंत:करण में द्वेष न रखना मानसिक तप है। भगवान को प्रसन्न करने के लिए ये तीनों प्रकार के तप सात्विक होते हैं। दिखावे की भावना से जो मान और सत्कार किया जाता हैं वह राक्षस तप कहलाता है।

जो दूसरे की आत्मा को पीड़ित करता है और जिद्द से किया जाता है वह तामस तप कहलाता है। कई राक्षसों का तप इसी श्रेणी में आता है। केवल कर्तव्य समझकर अच्छे पात्र को दान देना सात्विक दान होता है।

जिस दान को देकर उससे किसी उत्तर और फल की प्राप्ति की जाए वह राजसी दान होता है।

जिस दान को देते समय लेने वाले के लिए मान न हो और जिसे देकर फिर दुख हो वह तामस दान कहलाता है।

हे अर्जुन! सभी योगीजन अपने जीवन को निर्मल बनाते हैं और ओंकार का उच्चारण करके तप, यज्ञ, दान आदि क्रियाएं करते हैं। इस सब क्रियाओं से मनुष्य सामान्य कर्म फल बंधन से मुक्त हो जाता है।

भगवान की वाणी सुनकर धीरे-धीरे अर्जुन के मन में विशेष प्रकाश का अनुभव होता गया। फिर भगवान ने उसकी ओर बहुत स्नेहपूर्वक देखा।

अर्जुन ने भगवान से कहा कि आप मुझे त्याग और संन्यास के विषय में अलग-अलग बताइए।

श्रीकृष्ण भगवान ने कहा कि सब कर्मों के फल के त्याग का ज्ञानी लोग त्याग कहते हैं और यही त्याग संन्यास कहा जाता है।

जो कर्म दोषों से युक्त हैं वे ही त्यागने योग्य हैं।

यज्ञ, तप और दान जैसे कर्म नहीं त्यागने चाहिए।

हे अर्जुन! शास्त्रों में तीन प्रकार का त्याग बताया गया है। मनुष्य के नियत कर्म त्यागने योग्य नहीं होते। यज्ञ, तप और दान रूप कर्म त्याज्य नहीं हैं। ये मनुष्य के कर्तव्य हैं। कर्म में आसक्ति को त्याग देना चाहिए। इसी कर्म को करते हुए उसके प्रति मोह नहीं रखना चाहिए। कष्ट देने वाले कर्म भी यदि आवश्यक हो तो त्याज्य नहीं होते। जो उन्हें नहीं करता वह फल को भी नहीं पाता।

सात्विक त्याग कर्मफल की आसक्ति का होता है। अर्थात कर्म किया जाए और उसके कर्म को पूरी तरह से कभी नहीं त्याग सकता। इसलिए कर्म का त्याग नहीं किया जाता बल्कि कर्म के फल का त्याग किया जाता है।

जो मनुष्य कर्मफल का त्याग करता है वह सुख-दुख नहीं भोगता।

हे अर्जुन! कर्मों की पूर्ति के पाँच कारण हैं–कर्म का स्वरूप–कर्ता–कर्म का कारण–कर्म करने की चेष्टा और–परमात्मा।

इन पाँचों कारणों से अनुकूल स्थिति में सत्कर्म होते हैं और प्रतिकूल स्थिति में अपकर्म होते हैं।

किसी भी मनुष्य को स्वयं को कर्ता नहीं मानना चाहिए।

अपने आपको कर्ता मानने से अहंकार पैदा होता है और उससे वह अपने को मारने वाला या बचाने वाला मानता है। इस संसार में न तो कोई मारने वाला है और न कोई बचाने वाला। ज्ञान और जानने वाला तथा जानने योग्य वस्तु ये कर्म के प्रेरक हैं तथा इन्द्रियां कर्म और कर्ता ये तीनों कर्म के आधार हैं। ज्ञान, कर्म और कर्ता के भी तीन-तीन भेद किए गए हैं।

जहां पर प्राणी सभी प्राणियों में एक पराप्रकृति को देखता है, वह सात्विक ज्ञान है।

जहां मनुष्य अलग-अलग शरीरों में अन्य प्रकार के जीवों को देखता है, वह राजस ज्ञान है।

जिससे मनुष्य बिना और कुछ विचार किए हुए एक ही काम में लगा रहता है वह तामस ज्ञान कहलाता है।

कर्तापन के अभिमान से रहित किया गया कर्म सात्विक होता है। अहंकार से किया गया कर्म राजस होता है और द्वेष, हिंसा, हानि के लिए किया गया कर्म तामस होता है।

सब प्रकार की सांसारिक इच्छाओं को छोड़कर धैर्य और उत्साह से काम करने वाला पुरुष सात्विक कर्ता माना जाता है। वह कर्म के फल की चिंता नहीं करता।

उचित कर्म करते हुए कर्म फल की कामना रखते हुए शोक और हर्ष से संचालित राजस कर्ता कहा गया है। हठी, कपटी और अपमान करने वाला आदमी तामस कर्ता कहा गया है।

हे अर्जुन, अब बुद्धि और वृत्ति (धैर्य) के भेद बताता हूं, तू ध्यान से सुन।

जो बुद्धि प्रवृत्ति और निवृत्ति कर्तव्य और अकर्तव्य, बंध और मोक्ष को जानती है वह सात्विकी बुद्धि होती है। जिसमें धर्म-अधर्म, कर्तव्य-अकर्तव्य में ठीक तरह से भेद नहीं हो पाता वह राजसी बुद्धि होती है। ज़िसमें धर्म-अधर्म को समझते हुए अधर्म की ओर जाने की प्रकृति होती है, वह तामसी बुद्धि होती है।

हे अर्जुन, योग के अभ्यास से जिस अचल धृति (धैर्य धारण शक्ति) को प्राप्त किया जाता है वह सात्विक बुद्धि होती है। जिस धारण शक्ति के द्वारा मनुष्य कर्म में प्रवृत्त होता है और फल में आसक्त होता हैं वह राजसी प्रवृत्ति होती है। जिसके द्वारा मनुष्य भय, शोक, कष्ट और मोह को धारण करता है वह तामसी वृत्ति होती है।

हे अर्जुन! सुख भी तीन प्रकार का होता है–शिष्य के समान कटु लगने वाला लेकिन परिणाम में अमृत जैसा भाव सात्विक सुख का होता है। ऐसे में मनुष्य आत्म साक्षात्कार कर लेता है।

जो सुख इन्द्रियों और विषयों के संयोग से अमृत जैसे लगते हुए विष की तरह होता है वह राजस कहा जाता है। जो सुख निद्रा, आलस और प्रमाद से पैदा होता है वह तामस सुख कहलाता है। इस विश्व में माया के तीनों गुण व्याप्त हैं और इन गुणों के अनुसार ही ब्राह्मण, क्षत्रिय, वैश्य और शूद्र का विभाजन किया गया।

आत्मसंयम, पवित्रता, तप, सत्य, निष्ठा और ज्ञान तथा भक्ति ये ब्राह्मण के गुणकर्म हैं।

तेज पराक्रम धैर्य युद्ध से न भागने वाला नेतृत्व करने की क्षमता वाला प्रजा पालक और दानी क्षत्रिय के गुण कर्म हैं। खेती, गऊ की रक्षा और व्यापार वैश्य के स्वभाविक गुण कर्म हैं। दूसरों की सेवा करना शूद्र का गुण कर्म कहा गया हैं। जो मनुष्य अपने-अपने स्वाभाविक कर्म में लगा हुआ है और मेरी भक्ति करता है वह सुख-दुख से परे हो जाता है।

परमेश्वर से ही सब प्राणियों का जन्म हुआ है इसलिए उसके प्रति पूज्य भाव रखकर मनुष्य सुख को प्राप्त करता है। अपने कर्तव्य कर्म का आचरण करना ही श्रेष्ठ जीवन का सार है। ऐसा व्यक्ति पाप को प्राप्त नहीं होता। दोषमुक्त होने पर भी स्वाभाविक कर्म को नहीं छोड़ना चाहिए। सामान्य वस्तुओं के प्रति अनासक्ति, आत्मसंयम रखने से संन्यास का फल प्राप्त होता है।

जो मनुष्य सत्य पर आचरण करता हुआ विषयों को त्याग कर मन वाणी से संयम करता हुआ भगवान की भक्ति में लीन रहता है वही आत्म साक्षात्कार को प्राप्त होता है। वह ब्रह्म पुरुष परब्रह्म की अनुभूति करता है। वह न शोक करता है और न किसी बात की इच्छा।

भक्ति के द्वारा ही निष्काम कर्म करते हुए पुरुषोत्तम का रूप जाना जा सकता है। भगवान का स्मरण करने वाला मनुष्य सारे कर्म मुझे अर्पित कर देता है। इसलिए तू अहंकार से रहित होकर अपना धर्म पालन कर। तू क्षत्रिय है इसलिए युद्ध तेरा धर्म है। यदि तू मेरी आज्ञा नहीं मानेगा तो अपना धर्म पालन न करने के कारण नष्ट हो जाएगा।

हे अर्जुन! परमेश्वर ही सब देह रूप धारण करने वालों को अपनी माया से घुमाता है। अत: तू उसी की शरण में जा।

भगवान कृष्ण की बात सुनकर अर्जुन का मोह दूर हो गया। उन्होंने कहा कि तू मेरा मित्र है। मेरा भक्त बन और केवल मुझे ही प्रणाम कर। सारे धर्मों को त्यागकर तू मेरी शरण में आ जा। भगवान कृष्ण ने गीता का परम रहस्य अर्जुन को सुनाया और अर्जुन ने कहा–

हे प्रभु! आपकी कृपा से मेरा मोह नष्ट हो गया है और अब मैं शंका रहित होकर आपकी आज्ञा का पालन करूंगा। मैं युद्ध करूंगा।

भगवान श्रीकृष्ण की कृपा से अर्जुन ने अपना गांडीव उठा लिया और उसे पहले की तरह धारण कर लिया तथा युद्ध के लिए तैयार हो गया।

❑❑❑

17

शोकाकुल युधिष्ठिर : कृष्ण और भीष्म

महाभारत युद्ध के अंतिम दिन और रात पांडवों के पक्ष के लिए जितने भारी पड़े उतने सारे महाभारत के दिन मिलाकर भी उन पर कोई दबाव नहीं डाल पाए। दुर्योधन और भीम के गदा युद्ध में सफलता भीम को मिली थी वह रात्रि के युद्ध ने व्यर्थ कर दिया। रात में अश्वस्त्थामा ने द्रोपदी के पाँचों पुत्रों तथा अन्य बचे हुए पांडव पक्ष के लोगों का वध कर दिया था।

वह बहुत भयानक रात थी। द्रौपदी के पुत्र और उनके अन्य साथी शांत नींद में सोए हुए थे कि अकस्मात बाहर के कोलाहल से जाग गए और अनुभव किया कि कई बलशाली हाथ उनके गलों पर अटक रहे हैं। शांति से अश्वस्त्थामा ने द्रौपदी के पुत्रों को मार दिया जिससे महाराजा युधिष्ठिर का दुख और भी बढ़ गया।

जिस व्यक्ति को अपना जीवन पहले ही निस्सार लग रहा हो, उसे अपने पुत्रों के वध के बाद और भी निस्सार क्यों नहीं लगेगा। युधिष्ठिर बहुत चिंतित हो गए। किन्तु भगवान कृष्ण इस सारी स्थितियों में भी शांत थे। वे युधिष्ठिर के पास आए और उन्होंने देखा कि युधिष्ठिर बहुत ध्यानपूर्वक अपने स्थान पर बैठे हैं।

भगवान को देखकर युधिष्ठिर खड़े हो गए और अपने आसन पर उन्हें बिठाकर स्वयं सिर झुकाकर कहने लगे–''हे केशव, आपकी कृपा से युद्ध जीता गया, हम लोग विजयी हुए। लेकिन, मुझे इस स्थिति से शांति नहीं मिलती। तो हे पीताम्बरधारी! आप मुझे रास्ता बताइए।''

''मैं आपसे यह पूछना चाहता हूं कि आप इस समय मेरा प्रश्न सुनकर स्वयं चुप क्यों हो गए? क्या आप किसी का ध्यान कर रहे हैं?''

युधिष्ठिर की यह बात सुनकर श्रीकृष्ण ने कहा–''हे महाराज!, इस समय मुझे भीष्म जी का ध्यान हो आया क्योंकि वे मुझे याद कर रहे हैं और आपके प्रश्न का उत्तर भी इसी में छिपा हुआ है।''

उन्हें इस तरह देखकर अर्जुन ने कृष्ण से कहा–''माधव! धर्मराज युधिष्ठिर बन्धुओं के शोक से अत्यन्त पीड़ित हैं। ये शोक-सागर में डूबे जा रहे हैं। आप उन्हें ढाढ़स बंधाइए।''

अर्जुन के इस प्रकार कहने पर कमलनयन श्रीकृष्ण राजा युधिष्ठिर के पास जाकर बैठ गए। धर्मराज श्रीकृष्ण की बात टाल नहीं सकते थे क्योंकि बचपन से ही श्रीकृष्ण के प्रति उनकी अर्जुन से भी बढ़कर प्रीति थी।

तब श्री श्याम सुंदर ने उनका हाथ पकड़कर उन्हें अपने वचनों से प्रसन्न करते हुए कहा–''राजन अब आप शोक न करें। यह आपके शरीर को सुखाए देता है। जो लोग इस रणांगन में मारे गए हैं उनको मिलना तो सम्भव हैं नहीं, जिस प्रकार जगने पर स्वप्न में प्राप्त होने वाले सब लाभ व्यर्थ हो जाते हैं, उसी प्रकार इस महायुद्ध में जो क्षत्रिय मारे गए हैं उन्हें तो तुम गए हुए ही समझो।

''उन सभी ने बड़े-बड़े वीरों के साथ लोहा लेकर अपने प्राण त्यागे हैं। शस्त्रों से मारे जाने के कारण वे सब स्वर्ग को ही गए हैं। आप उनके, लिए शोक न करें। वे भी बड़े शूरवीर, क्षात्र धर्म में तत्पर रहने वाले और वेद-वेदांतों के पारदर्शी थे। उन्होंने वीरों के योग्य उत्तम गति पाई है, इसलिए आप किसी प्रकार की चिन्ता न करें। इस विषय में आपको एक प्राचीन प्रसंग सुनाता हूं। एक बार राजा संजय के पुत्र-शोक में डुबे हुए थे। उस समय उनसे श्री नारद जी ने कहा-संजय! सुख-दुख से तो मैं, तुम और सारी प्रजा में से कोई भी छूटा हुआ नहीं है, इसलिए क्या शोक किया जाए! तुम अपने शोक को शान्त करो और मैं जो बात कहता हूं उस पर ध्यान दो।

''यह प्राचीन राजाओं का बड़ा मनोहर प्रसंग है। उसे सुनने से क्रूर ग्रहों का शमन होता है और आयु वृद्धि होती है। मन में शांति का राज्य होता है।

''राजन्! हम लोग सुनते ही है कि राजा सुहोत्र मर गया। वह बड़ा ही अतिथि सेवी था। इन्द्र ने एक वर्ष तक उसके राज्य में सुवर्ण की वर्षा की थी उसके राज्य काल में पृथ्वी का वसुमती नाम चरितार्थ हो गया था। नदियों में भी उस समय सुवर्ण ही बहता था।

इन्द्र ने उनके कछुए, कैकड़े, नाग, मगर और शिशुओं को भी सोने का कर दिया था। राजा सुहोत्र ने उस सुवर्ण को कुरु देश में इकट्ठा कराया और एक भारी यज्ञ का आयोजन करके उसे ब्राह्मणों को दे दिया। संजय! वह अर्थ

धर्म, काम, मोक्ष चारों में ही तुम्हारी अपेक्षा श्रेष्ठ था और तुम्हारे पुत्र से भी अधिक पुण्यवान था। किन्तु अन्त में वह मर भी गया। इसलिए तुम्हें अपने पुत्र का शोक नहीं करना चाहिए।

''संजय! उशीनर के पुत्र शिबी के मरने की बात भी हमने सुनी है। प्रजापति ब्रह्मा जी भी राज्य का भार संभालने में उसके समान किसी दूसरे भूत या भावी राजा को नहीं समझते थे। तुम्हारा पुत्र न दक्षिणा देने वाला था और न यज्ञ करने वाला। तुम्हारी तथा तुम्हारे पुत्र की अपेक्षा तो वह अर्थ, धर्म, काम और मोक्ष चारों बातों में बढ़-चढ़कर था। किन्तु वह भी मर ही गया, इसलिए तुम अपने पुत्र के लिए शोक न करो।

''दुष्यन्त के पुत्र भरत ने हजार अश्वमेध और सौ-राजसूय यज्ञ किए थे। वह भी तुमसे और तुम्हारे पुत्र से अर्थादि चारों बातों में बढ़ा-चढ़ा था किन्तु वह भी काल के गाल में चला ही गया, इसलिए तुम अपने लड़के के लिए शोक मत करो।

''हम सुनते हैं, राजा भगीरथ भी नहीं रहा। उसने यज्ञानुष्ठान करते समय सुवर्ण के आभूषणों से लदी हुई दस लाख कन्याएं दक्षिणा में दान कर दी थीं। इतना करने के उपरान्त भी वह नहीं बचा।

''उनमें से प्रत्येक कन्या रथ में बैठी हुई थी। प्रत्येक रथ में चार-चार घोड़े थे और उसके पीछे सुवर्ण तथा कमल की मालाओं से विभूषित सौ-सौ हाथी थे तथा एक-एक हाथी के पीछे हजार-हजार घोड़े चल रहे थे तथा एक-एक हाथी के पीछे हजार-हजार गौएं और प्रत्येक गऊ के पीछे एक-एक हजार भेड़ और बकरियां थीं। तीनों लोकों में प्रवाहित होने वाली गंगा जी उनकी पुत्री होकर प्रकट हुईं थीं। इसी से वह भगीरथी कहलाई किंतु देखो वह भी मर गए। इसलिए अपने पुत्र के लिए तुम शोक मत करो।

''संजय! सुना जाता है, राजा दिलीप भी जीवित नहीं रहे। उनके महान कर्मों का तो ब्राह्मण लोग अब तक वर्णन करते हैं। उन्होंने जब यज्ञानुष्ठान किया था तो इंद्रादि देवताओं ने प्रत्यक्ष होकर उसमें भाग लिया था। उनके यज्ञ पात्र और यूप भी सोने के थे और उनके यज्ञोत्सव में छह हजार देवता और गंधर्वों के सातों स्वरों के अनुसार नृत्य किया था।

''जिन लोगों ने उन सत्यवादी महात्मा दिलीप का दर्शन किया था वे भी स्वर्ग के अधिकारी हो गए थे। उनके महलों में देवध्वनि, धनुष की प्रत्यंचा की टंकार और याचकों का कोलाहल–ये तीन शब्द कभी बंद नहीं होते थे। किन्तु मृत्यु ने उन्हें भी नहीं छोड़ा। इसलिए तुम अपने पुत्र के लिए शोक मत करो।

''युवनाश्व के पुत्र राजा मांधाता भी मर ही गए। उनके पिता ने भूल से यज्ञ का अभिमन्त्रित जल पी लिया था। इसी से उन्होंने पिता के उदर सें ही जन्म लिया। वे बड़े ही वैभवशाली और त्रिलोक विजयी थे। उनका रूप साक्षात देवताओं के समान था। उन्हें राजा युवनाश्व की गोद में लेटे देखकर देवताओं में आपस में चर्चा होने लगी कि यह बालक किसका स्तनपान करेगा। तब इंद्र ने कहा 'माँ धाता' मेरा दूध पीएगा ''ऐसा कह कर उन्होंने उसका नाम 'मांधाता' रख दिया और तुम इस बात को भली प्रकार जान लो कि जब इंद्र ने कहा तो उसी समय इंद्र के हाथ से दूध की धारा निकलने लगी और उसे उन्होंने उस बालक का मुंह में छोड़ा। उसे पीने से वह एक ही दिन में सौ पल बढ़ गया और बारह दिन में ही बारह वर्ष का सा जान पड़ने लगा। यह बालक बड़ा ही धर्मात्मा, शूरवीर और युद्ध में इंद्र के समान पराक्रमी हुआ। इसने राजा अंगार, मरुत, गय, अंग, और बृहद्रथ को भी परास्त कर दिया था। सूर्य के उदर स्थान से लेकर अस्त होने के स्थान तक सारा देश राजा मान्धाता के ही अधिकार में था। उन्होंने सौ अश्वमेध राजसूय यज्ञ किए थे तथा दस योजन ऊंचे सोने के मत्स्य बनवाकर ब्राह्मणों को दान किए थे। किन्तु आज उन परम प्रतापी मांधाता का भी कहीं नामों निशान नहीं हैं। फिर तुम अपने पुत्र के लिए क्यों शोक करते हो।''

श्रीकृष्ण की बात समाप्त होने पर नारद जी ने भी उनके कथन का अनुमोदन किया और राजा युधिष्ठिर को सुवर्णष्ठिवी का सारा चरित्र सुनाकर कहा–''राजन्! जब संजय ने अपने मृत पुत्र को जीवित करने के लिए बहुत आग्रह किया तो मैंने उसे सजीव कर दिया। इससे उसके माता-पिता को बड़ी प्रसन्नता हुई। कालांतर में पिता का स्वर्गवास होने पर सुवर्णष्ठिवी ने ग्यारह सौ वर्ष तक पृथ्वी पर राज्य किया। इसके बाद वह स्वर्ग सिधारा। धर्मराज! अब तुम भी अपने हृदय का संताप दूर कर दो और श्रीकृष्ण एवं व्यास जी के कथनानुसार अपने पैतृक राजसिंहासन पर बैठकर शासन का भार संभालो। यह सब करते हुए यदि तुम बड़े-बड़े यज्ञों का अनुष्ठान करोगे तो अपने अभीष्ट लोक प्राप्त कर लोगे। इसके बाद भगवान श्रीकृष्ण ने भीष्म जी के विषय में और विस्तार से बताया तो युधिष्ठिर का गला भर आया और कहने लगे–

''माधव! आप भीष्म जी के जैसा प्रभाव बतला रहे हैं, वह सब ठीक है, उसमें संदेह के लिए स्थान नहीं है। मैं भी उनका प्रभाव जानता हूं। उनके महान सौभाग्य और प्रभाव के विषय में मैंने कई महात्मा, ब्राह्मणों की बातें सुनी हैं। आप तो सम्पूर्ण जगत के विधाता ही हैं, आप जो भी कर रहे हैं इसमें अन्यथा विचार करने की आवश्यकता नहीं है। भगवान! यदि आप मुझ पर अनुग्रह करना

चाहते हैं तो आपको ही आगे करके हम लोग भीष्म जी के पास चलने का विचार करते हैं। सूर्य के उत्तरायण होते ही वे देवलोक में चले जाएंगे, इसलिए अब उन्हें भी आपका दर्शन मिलना चाहिए।''

धर्मराज की बात सुनकर मधुसूदन ने पास ही बैठे हुए सात्यकि से कहा–''तुम रथ तैयार कराओ।''

आज्ञा पाकर सात्यिक शिविर से बाहर निकले और दारुक से बोले ''भगवान श्रीकृष्ण का रथ जोत कर लाओ।'' सात्यकि के कथनानुसार दारुक ने रथ जोतकर तैयार किया। भगवान के उस रथ में सब ओर सोना जड़ा था, उसका भीतरी भाग नाना प्रकार की मणियों से सजाया गया था। सूर्य की किरणों के पड़ने से उसकी आभा अत्यन्त उद्दीप्त हो रही थी। उसमें सुब्य और सग्रीव आदि घोड़े जड़े हुए थे। इस प्रकार रथ तैयार करके दारुक भगवान् के पास गया और हाथ जोड़कर उसने उनको इस बात की सूचना दी कि रथ तैयार है।

इसके पश्चात बातें करते हुए श्रीकृष्ण और युधिष्ठिर, जहां भीष्म जी बाण-शैय्या पर सोए हुए थे, उस स्थान पर जा पहुंचे। वह पावन प्रदेश ओधवती नदी के तट पर था। दूर से ही भीष्म जी को देखकर श्रीकृष्ण राजा युधिष्ठिर, अन्य चारों पांडवों और कृपाचार्य आदि सब लोग अपने-अपने रथ से उतर पड़े और जहां ऋषियों की मंडली बैठी थी, वहीं आए।

उन सब लोगों ने पहले व्यास आदि महर्षियों को प्रणाम किया। फिर वे भीष्म जी की सेवा में उपस्थित हुए और उन्हें चारों ओर से घेरकर बैठ गए। तदनन्तर, श्रीकृष्ण ने इस प्रकार बातचीत आरम्भ की–''भीष्म जी! आपको बाणों की चोट सहने का जो कष्ट उठाना पड़ा है, इससे आपके शरीर में पीड़ा तो नहीं है? क्योंकि मानसिक दु:ख से शारीरिक दु:ख अधिक प्रबल होता हैं, उसे सहन करना कठिन हो जाता है।

''शरीर में एक छोटा-सा भी कांटा चुभ जाए तो वह बड़ा कष्ट देता है, फिर जो बाणों के समूह पर ही सो रहा है, उस आपके शरीर की पीड़ा के विषय में तो कहना ही क्या है? तो भी आपके संबंध में ऐसी बात नहीं करनी चाहिए। क्योंकि आप जानते हैं–प्राणियों के जन्म और मरण होते ही रहते हैं।

''अत: इस कष्ट को दैव का विधान समझकर आप घबराते न होंगे। आप तो देवताओं को भी उपदेश देने की शक्ति रखते हैं, आपका ज्ञान सबसे बड़ा है। भूत, भविष्य और वर्तमान सब कुछ आपकी आँखों के सामने है।'' श्रीकृष्ण ने कहा–''आप जानते हैं कि जीवन की वास्तविकता क्या है। प्राणियों का संहार कब होता है, धर्म का क्या फल है और कब उसका उदय होता है? ये सारी

बातें आपको ज्ञात हैं। क्योंकि आप धर्म के भंडार हैं। आप एक समृद्धशाली राज्य के अधिकारी थे। आपके शरीर में न तो कोई कमी थी, न किसी तरह का रोग, आप पूर्ण स्वस्थ थे और हजारों स्त्रियों के बीच में रहते थे। तो भी मैं आपको कठोर ब्रह्मचर्य से सम्पन्न ही देखता रहा हूं। आपने अवसर आने पर भी अपने जीवन को संयम में रखा।''

''मैंने तीनों लोकों में सत्यवादी धर्मपरायण शूरवीर तथा महापराक्रमी शांतनु नंदन भीष्म के अतिरिक्त दूसरे किसी को ऐसा नहीं देखा सुना है। जो बाणों की शैय्या पर सोकर अपने तपोबल से शरीर की स्वाभावसिद्ध मृत्यु को रोक देने में सफल हो सका हो। तात! सत्य, तप, दान और यज्ञ के आरण व धनुर्वेद तथा नीतिशास्त्र के ज्ञान में और कोमलता का बर्ताव बाहर भीतर की बुद्धि, मन और सम्पूर्ण इंद्रियों का दमन तथा सम्पूर्ण प्राणियों का हितसाधन होने में मैंने आपके दूसरे किसी महारथी को नहीं देखा।''

''आप सम्पूर्ण देवता गन्धर्व, असुर, यक्ष और राक्षसों को अकेले ही जीत सकते हैं, इसमें तनिक भी संदेह नहीं है। महाबाहो! आप गुणों में बसुओं से तनिक भी कम नहीं हैं, इसलिए ब्राह्मण लोग आपको नवम बसु कहते हैं। आप पुरुषों में श्रेष्ठ हैं और अपनी शक्ति से देवताओं में भी प्रसिद्ध हैं। देवता भी आपका सम्मान करते हैं।''

''इस पृथ्वी पर आपके समान गुणों से युक्त मनुष्य न तो मैंने कहीं देखा है और न सुना ही है। आप अपने सम्पूर्ण गुणों के कारण देवताओं से भी बढ़-चढ़कर हैं और अपनी तपस्या से चराचर लोकों की सृष्टि करने से समर्थ हैं, इसलिए आपसे निवेदन है''–कृष्ण एक पल के लिए रुके फिर बोले, ''हे पांडुनन्दन युधिष्ठिर अपने कुटुम्बियों और सगे-सम्बन्धियों का नाश होने से बहुत दु:खी हो रहे हैं। आप जैसे भी हो, इनका शोक दूर कीजिए। शास्त्रों में चारों वर्णों और चारों आश्रमों के जो-जो धर्म बताए गए हैं, वे सब आपको विदित हैं। चारों विद्याओं में जिन धर्मों का प्रतिपादन किया गया है चार प्रकार के होताओं के कर्तव्य हैं तथा योग और सांख्य में जो सनातन धर्म का वर्णन है वह सब आप व्याख्या सहित जानते हैं।''

''देश, जाति और कुल के धर्म से भी आप परिचित हैं। वेदों में कहा हुआ धर्म और शिष्ट पुरुषों का बताया हुआ सदाचार भी आपसे अज्ञात नहीं है। इतिहास और पुराणों के अर्थ आपको पूर्णरूप से ज्ञात हैं। धर्मशास्त्र तो सदा आपके हृदय में स्थित रहते हैं। संसार में जो संदेह ग्रस्त विषय हैं, उनका समाधान करने वाला आपके अतिरिक्त दूसरा कोई नहीं है। इसलिए राजन! युधिष्ठिर के हृदय में जो

शोक उमड़ उठा है, उसे आप अपनी बुद्धि से शांत कीजिए। आपके प्रति पहले से ही इनकी श्रद्धा रही है। अब आपकी वाणी सुनकर इनका शोक कम होगा।''

श्रीकृष्ण की ये बातें सुनकर भीष्म ने तनिक सिर उठाया और हाथ जोड़कर स्तुति करना आरंभ किया–''सम्पूर्ण लोकों की उत्पत्ति और प्रलय के कारणभूत भगवान श्रीकृष्ण! आपको नमस्कार है।''

''हृषीकेश! आप ही सब उत्पन्न करने वाले और आप ही सबके संहारकर्ता हैं। आप किसी से परास्त नहीं होते। यह विश्व आपकी ही रचना है। आप ही इसके आत्मा और आप ही इसकी उत्पत्ति के स्थान हैं। आप पाँचों भूतों से परे और प्राणियों के लिए मोक्ष स्वरूप हैं। आपको नमस्कार है और तीनों लोकों से परे विराजमान आप प्रभु को प्रणाम है। योगीश्वर! आप ही सबको शरण देने वाले हैं, आपको नमस्कार है।''

''पुरुषोत्तम! आपने मेरे संबंध में जो बातें कहीं हैं, उनके ही प्रभाव से इस समय मैं तीनों लोकों में वर्तमान आपके दिव्य भावों को देख रहा हूं और आपके उस सनातन स्वरूप का भी मुझे साक्षात्कार होने लगा है। आपने ही अमित तेजस्वी वायु के रूप से ऊपर के सातों लोकों को व्याप्त कर रखा है। समस्त दिशाएं आपकी भुजाएं, सूर्य नेत्र तथा शुक्राचार्य वीर्य हैं। आपका शरीर असली के समान फूल के श्याम विग्रह पीतांबर पहने रहने से बिजली सहित मेघ के समान जान पड़ता है। कमल के समान नेत्रों वाले देवश्रेष्ठ श्रीकृष्ण! मैं आपका शरणागत भक्त हूं और अभीष्ट गति पाना चाहता हूं। जिससे मेरा कल्याण हो, वह उपाय आप ही बताइए।''

श्रीकृष्ण ने कहा–''पुरुष श्रेष्ठ मुझमें आपकी पराभक्ति है, इसलिए मैंने आपको अपने दिव्य स्वरूप का दर्शन कराया है। आप मेरे भक्त तो हैं ही। आपका स्वभाव ही बहुत सरल है, साथ ही आप जितेन्द्रिय, तपस्वी, सत्यवादी, दानी तथा परम पवित्र हैं। इसलिए आप अपने तपस्या के बल से मेरा दर्शन पाने के अधिकारी हैं। आपकी सेवा के लिए वे दिव्यलोग प्रस्तुत हैं। जहां जाकर फिर इस लोग में नहीं आना पड़ता।''

''अब आपके जीवन के कुल छप्पन दिन शेष हैं, इसके बाद आप इस शरीर का त्याग करके अपने शुभ कर्मों के फलस्वरूप उत्तम लोकों में जाएंगे। देखिए वे देवता और वसु विमानों में बैठकर आकाश में अदृश्य रूप में रहते हुए उत्तरायण सूर्य होने पर आपके आने की बाट जोहते हैं। ज्ञानी पुरुष जिन लोकों में जाकर फिर इस संसार में नहीं आते, आप भी वहीं जाइएगा।''

''वीरवर! इस लोक से आपके चले जाने पर सारे ज्ञान लुप्त हो जाएंगे। अत: यह सब लोग धर्म का विवेचन कराने के लिए आपके पास आए हैं। इसलिए अब आप युधिष्ठिर को धर्म और योग की यथार्थ बातें सुनाकर शीघ्र ही इनका शोक दूर कीजिए।''

श्रीकृष्ण द्वारा यह धर्म और अर्थ से मुक्त वचन सुनकर शान्तनुनन्दन भीष्म ने दानों हाथ जोड़कर कहा–''जगदीश्वर! कल्याणकारी नारायण। आप अपनी महिमा से कभी च्युत नहीं होते। आज आपकी बात सुनकर मैं आनन्द में मग्न हो रहा हूं।''

''आप मुझे ज्ञान के क्षेत्र में इतना महत्त्व दे रहे हैं जबकि सत्य यह है कि भला मैं आपके समीप क्या कह सकूंगा जबकि वाणी का जो भी विषय है वह सब आपकी वेदरूप वाणी में स्थित है। जो मनुष्य देवराज इन्द्र के निकट देव लोक का वृत्तान्त बताने का साहस कर सके, वही आपके सामने धर्म, अर्थ, काम और मोक्ष की बात कह सकता है। मधुसूदन! इन बाणों के गड़ने से जो कष्ट हो रहा है, उससे मेरे मन में बड़ी वेदना है, सारा शरीर पीड़ा के मारे शिथिल हो गया है। बुद्धि काम नहीं देती। अब मुझ में कुछ भी कहने की प्रतिभा नहीं है विष और आग के समान ये बाण मुझे निरन्तर पीड़ा दे रहे हैं, बल कम होता जा रहा है। प्राण निकलने को उतावले हो रहे हैं। ऐसी दशा में मैं कैसे बोल सकता हूं। भगवान! आप मुझ पर प्रसन्न होइए। क्षमा कीजिए, मैं कुछ बोल नहीं सकता। भीष्म ने अपना सब कुछ स्वयं आकर केशव के सामने रख दिया।''

इस पर श्रीकृष्ण ने कहा–''गंगानन्दन, आपने जो बात की है वह सर्वथा आपके योग्य है, क्योंकि आप सब विषयों के ज्ञाता हैं। इसके सिवाय बाणों के प्रहार से होने वाले कष्ट के विषय में जो कहा है, उसके लिए मैं प्रसन्न होकर आपको वर देता हूं, उसे स्वीकार कीजिए। अब से आपको न ग्लानि होगी न मूर्च्छा न दाह होगा न रोग। भूख और प्यास का कष्ट जाता रहेगा।''

''आपके अन्त:करण में सब प्रकार के ज्ञान भाषित होंगे। आपकी बुद्धि किसी भी विषय में कुंठित न होगी। मन सदा सत्वगुण में स्थित रहेगा। उस पर रजोगुण और तपोगुण का प्रभाव न होगा। आप जिस किसी धर्म या अर्थयुक्त विषय का चिन्तन करेंगे उसमें आपकी बुद्धि सफलतापूर्वक आगे बढ़ती जाएगी। आप दिव्य दृष्टि पाकर स्वेदज, अंडज, उद्भिज और जरायुज–इन चारों प्रकार के प्राणियों का देख सकेंगे और अपनी ज्ञान दृष्टि से संसार बंधन में पड़ने वाले जीवों का भी साक्षात्कार कर सकेंगे।''

फिर दूसरे दिन भगवान श्रीकृष्ण अपने पलंग पर सो रहे थे। जब आधा पहर रात बीतने को बाकी रह गया तो वे जाग उठे और अपने सनातन ब्राह्मण

रूप का ध्यान करने लगे। इतने ही में स्तुति और पुराणों के ज्ञाता मनुष्य वहां आकर उनकी स्तुति करने लगे। शंख और मृदंगों की ध्वनि होने लगी। वीणा और बांसुरी का मनोरम स्वर सुनाई देने लगा। राजा युधिष्ठिर के महल में भी मांगलिक गाने-बजाने होने लगे। उधर भगवान श्रीकृष्ण ने शय्या से उठकर प्रातः स्नान किया, फिर गुहा गायत्री मंत्र जप करके अग्नि के पास बैठकर हवन किया। तत्पश्चात चारों वेदों के जानने वाले एक हजार ब्राह्मणों को बुलाकर प्रत्येक को एक-एक हजार गौएं दान कीं। फिर मांगलिक वस्तुओं का स्पर्श करके सात्यकि को आज्ञा दी-

''युयुधान! राजमहल में जाकर पता तो लगाओ क्या राजा युधिष्ठिर भीष्मजी के दर्शनार्थ चलने को तैयार हो गए हैं? उनको कहो आज मैं नहीं जाऊंगा।'' श्रीकृष्ण की आज्ञा पाकर सात्यकि तुरन्त राजा के पास गए और कहने लगे- ''राजन, भगवान श्रीकृष्ण आज भीष्म जी के निकट नहीं जा पाएंगे। यही संदेशा भेजा है। पर यह भी कहा है कि आप अवश्य जाएं।''

पितामह भीष्म स्वस्थ लग रहे थे और श्रीकृष्ण का आज न आने का कारण पूछने पर उत्तर मिल गया। अनेक बातें कहकर युधिष्ठिर के संदेह दूर करते हुए उनके प्रश्नों का उत्तर दे रहे थे। एक और पीड़ा से भरा हुआ उनका शरीर और दूसरी ओर सब कुछ छोड़कर ज्ञान प्राप्त करने आया हुआ उनका पुत्र और विजयी युधिष्ठिर।

भीष्म ने अपनी आँखें बंद की ओर श्रीकृष्ण को याद किया और फिर युधिष्ठिर से बोले–''श्रीकृष्ण का महत्त्व तुम्हें विजयी बनाने में उतना नहीं है जितना पराजितों के मन को रखने में। मृत्यु तो सभी की होती है युधिष्ठिर।''

''तो फिर मनुष्य मृत्यु पर शोक क्यों करता है?'' युधिष्ठिर ने पूछ लिया, ''और दुखी क्यों होता है?''

''तुम्हारी इसी जिज्ञासा का समाधान श्रीकृष्ण ने अपनी तरह से किया और मैं अपनी तरह से कर रहा हूं।''

''कृष्ण की तो बात ही क्या है। हां, मैं यही कहना चाहता हूं कि कृष्ण एकमात्र ऐसे पुरुष हैं जिनका नारायण रूप उनके पुरुष रूप में भी झलकता है।''

''तुम्हें याद है युधिष्ठिर, युद्ध में मैंने अर्जुन को क्षत-विक्षत करके उसके रथ पर गिरा दिया था और तुम कल्पना करो कि भीष्म युद्ध कर रहे हैं और पांडव सेना की सबसे बड़ी आशा अचेत होकर रथ पर गिर जाए तो कोई कैसे अपने वश में रह सकता है। उस समय श्रीकृष्ण ही थे जिन्होंने अपनी प्रतिज्ञा की चिन्ता न करके सुदर्शन चक्र उठा लिया और मेरी और दौड़े।''

''उनकी प्रतिज्ञा भंग हुई?'' युधिष्ठिर ने कहा।

''किन्तु प्रेम बच गया।''

''इसका क्या अर्थ है पितामह?''

''जानते तो तुम भी होंगे फिर भी मैं बता देता हूं—क्या कृष्ण यह स्वीकार कर सकते थे कि उनके सामने ही अर्जुन का वध हो और प्रेम इसलिए बचा कि उन्होंने प्रेम के कारण ही एक क्षण में होने वाले युद्ध के निर्णय की दिशा बदल दी। यदि अर्जुन रथ से न उठे होते तो क्या दूसरे दिन पांडव युद्ध करने जा सकते थे। ऐसे समय में श्रीकृष्ण ने अपनी प्रतिज्ञा भंग की और अपने प्रिय अर्जुन के लिए चक्र लेकर मेरी ओर दौड़े। मुझे और क्या चाहिए था। अर्जुन के लिए उनके मन में शुद्ध प्रेम देखा और अपने लिए भी। क्योंकि उन्हें मैंने मन ही मन केशव को शस्त्र ग्रहण कराने की प्रतिज्ञा ले ली थी। उन्होंने मेरी प्रतिज्ञा पूरी की।''

''युधिष्ठिर! भगवान कृष्ण का चरित्र ऐसा है जो अनेक विरोधों में अपना अस्तित्व रखता है और अपने अस्तित्व के लिए दूसरे को पूरा मान-सम्मान देता है। श्रीकृष्ण भक्त वत्सल हैं और मुझे अनुभव हुआ था उस समय जब वे शास्त्र लेकर मेरी ओर दौड़े थे कि उनकी इच्छा मुझे मारने की नहीं थी अपितु मुझे प्रसन्न करके मेरे ऊपर कृपा करने की थी।''

''हे युधिष्ठिर! अर्जुन ने श्रीकृष्ण को रोका और फिर युद्ध के लिए तैयार हो गया। कृष्ण ने हाथ से चक्र उतारा और फिर घोड़ों की बागडोर संभाल ली।''

''और तुम यह प्रश्न कर सकते हो कि तुमसे श्रीकृष्ण ने असत्य बोलने के लिए क्यों कहा? और क्यों श्रीकृष्ण ने धर्म युद्ध की चुनौती देते हुए कर्ण को मारने की प्रेरणा दी।''

''हां पितामह, मैं कभी-कभी ऐसा ही सोचता हूं।''

''श्रीकृष्ण ने तुमसे असत्य बुलवाया अपने शत्रु को मारने के लिए और पांडवों के लिए विजय का मार्ग खोला जो कह सकते हैं कि श्रीकृष्ण ने छल से विजय दिलाई। लेकिन युद्ध में यह नीति छल नहीं होती। युद्ध होता है और उसमें या तो विजय होती है और या पराजय।''

तुमने असत्य बोला और आचार्य द्रोण ने शस्त्र त्याग दिए और जब तुमने असत्य बोला अब तुम्हारे व्यक्ति के भीतर जो एक निर्बल व्यक्ति बैठा है उसकी ध्वनि आई थी इसलिए दोष न तुम्हारा है और न ही श्रीकृष्ण का क्योंकि युद्ध की नीति अलग होती है।

पितामह भीष्म पीड़ा से हलके से प्रकम्पित हुए और फिर बोले–''कर्ण! कर्ण ने जीवन भर पांडवों का अपमान किया। वह एक ओर अपनी कुंठा से भरा रहा और तुम्हें कष्ट पहुंचाता रहा। दुर्योधन के द्वारा सन्धि स्वीकार न करने का कारण कर्ण था। तो ऐसे व्यक्ति को क्या अधिकार है कि वह रणभूमि में जाकर युद्ध की दुहाई दे।''

''जब कर्ण ने धर्म युद्ध की दुहाई दी तो क्या कृष्ण ने उसे उसके पापों का स्मरण नहीं कराया। मुझे आज भी बहुत क्षोभ होता है कि आचार्य द्रोण के सेनापतित्प में कितने अनुचित तरीकों से अभिमन्यु का वध किया गया। आचार्य द्रोण को इसका दंड मिलना ही चाहिए और कर्ण को अधर्म से ही मारा जाना चाहिए और यह अधर्म शब्द का प्रयोग भी मैं तुम्हारे सामने कर रहा हूं।''

भीष्म ने अपनी आँखें चारों तरफ घुमाई और युधिष्ठिर से कहा–''तुम्हें एक भेद की बात बताता हूं कि ''कृष्ण ने छल से प्रत्येक उस बड़े व्यक्ति को यमलोक पहुंचाया जिसने अपने जीवन में या तो कोई भयंकर छल किया हो या निर्पेक्ष निष्पक्ष होकर पक्षपात किया हो।''

भीष्म कुछ कहने ही वाले थे कि मुस्कराते हुए पीछे से कृष्ण ने प्रवेश किया। कृष्ण को देखकर युधिष्ठिर और भीष्म दोनों ही आश्चर्यचकित हो गए। श्रीकृष्ण ने कहा–

''मैंने आपके अंतिम शब्द सुन लिए हैं पितामह। यदि आपकी आज्ञा हो तो आपके सामने ही मैं इस रहस्य को स्पष्ट कर दूं।''

''सत्य बोलने के लिए आप मेरी आज्ञा ले रहे हैं केशव।''

''चलिए, ऐसा न सही मैं स्वयं ही बताता हूं।''

''बात बहुत साधारण है और महत्त्वपूर्ण। तुम्हारे पितामह भीष्म शरशैय्या पर लेटे हैं जरा इनसे पूछो जब हस्तिनापुर का राज्य विभाजित हो रहा था तब ये एक बहाना बनाकर कि हस्तिनापुर के सिंहासन से जुड़े हुए हैं वहीं पर रह गए और तुम्हें दे दिया गया जंगल।''

''भीष्म पीतामह को युद्ध में विरक्त करने के लिए अर्जुन ने शिखंडी का सहारा लिया और अपनी विजय का पथ प्रशस्त किया। इन्हें इस प्रकार का व्यवहार इसलिए मिला कि जीवन भर भीष्म न्याय युद्ध तुम्हें समझाते रहे सहनशील तुम्हें मानते रहे और हस्तिनापुर के राजमहल से एक बार भी बाहर नहीं निकले।''

''क्या यह अच्छा न होता युधिष्ठिर, यदि द्यूत क्रीड़ा के बाद भीष्म कहते मैं भी पांडवों के साथ वन में जा रहा हूं।''

युधिष्ठिर की आँखें फटी की फटी रह गईं और वे बोले, ''यह आप क्या कह रहे हैं केशव?''

''मैं ठीक कह रहा हूं और अब आचार्य द्रोण के बारे में सोचा। ज्ञानी व्यक्ति को, शुद्ध ब्राह्मण को या क्षत्री वृत्ति के ब्राह्मण को अहंकार से रहित होना चाहिए। प्रतिकार की भावना से रहित होना चाहिए। लेकिन क्या आचार्य द्रोण द्रुपद के विषय में अपने को तटस्थ कर सकें? और क्या आचार्य द्रोण उस राज वैभव को त्याग सके। उनका श्रेष्ठ शिष्य अर्जुन और उसके पुत्र की निर्मम हत्या।''

''युधिष्ठिर जैसा कि पितामह ने कहा युद्ध-युद्ध होता है युद्ध की नीति अलग होती है और युद्ध में केवल विजय और पराजय होती है और अंतिम बार एक उदाहरण और फिर इसके बाद मैं राज्य करूं या न करूं तुम्हें अपने स्वजनों की चिन्ता है। तुम बनवास जाना चाहते हो आदि बातें मत करना।''

''दुर्योधन के साथ गदा युद्ध में भीम ने जांघ पर गदा मारी थी न?''

''बहुत बड़ा अधर्म हो गया था।''

''और जब दुर्योधन ने भीम को जहर देकर पानी में डाल दिया था तब कौन-सा धर्म था और जब पांचाली को अपमानित किया था तब कौन-सा धर्म था। पता नहीं तुम्हें यह धर्म-अधर्म, राग-द्वेष के प्रश्न क्यों सता रहे हैं? तुम एक अकेले नहीं हो। तुम उन चार भाइयों के पांचवें बड़े भाई हो जिन्होंने कभी भी तुम्हारे वचन मानने के अतिरिक्त और कुछ नहीं किया। जरा उनसे तो पूछो कि कितने घाव खाए हैं उन्होंने अपने शरीरों पर, अपने मन पर।''

''बस, बस केशव बस।'' युधिष्ठिर खड़े हो गए।

''आपने एक-एक शब्द सत्य कहा है केशव।''–भीष्म बोले।

भगवान श्रीकृष्ण बड़ी स्नेहपूर्ण दृष्टि से युधिष्ठिर की ओर देखने लगे तो भीष्म पितामह बोले–''युधिष्ठिर, कृष्ण जैसे पुरुष स्वयं में ज्योति होते हैं। उनका एक-एक शब्द अग्नि, वायु, जल का धर्म होता है। उनके लिए शास्त्र प्रमाण नहीं होते। उनका व्यवहार ही नियम बन जाता है। शास्त्रों की रचना करने वाले लोग भी तो अपनी व्यक्तिगत आशा आकांक्षा और राग अनुराग से भरे होते हैं तो शास्त्र, नियम परिस्थिति के अनुसार बदलते रहते हैं।''

भीष्म पितामह ने हाथ उठाकर श्रीकृष्ण की ओर नमन करते हुए कहा–''प्रत्येक युग में मनुष्य को चाहिए कि वह परम्परागत धर्म-अधर्म के नियमों को अपने समय के अनुसार तोले। उसकी बुद्धि और उसके सामाजिक व्यवहार में एक सम्बन्ध होता है। तुम जानते हो युधिष्ठिर कि श्रीकृष्ण के मुख

से निकला एक-एक शब्द और उनका आचरण जीवन को स्वीकार है। कृष्ण अकेले एक ऐसे महापुरुष हैं जो अपने कष्ट और मृत्यु जैसे नियति के रूप को सहर्ष स्वीकार करते हैं।''

युधिष्ठिर ऐसे हो गए थे जैसे उनका मन अब संदेहों को हटाकर स्वच्छ और निर्मल हो गया था। तब उन्होंने कहा–''आप दोनों ने ही जो कुछ मुझे बताया है उससे मेरा अन्तःकरण द्वन्द्व से मुक्त हो गया है। मेरा अज्ञान दूर हो गया है। मैं जीवन के व्यवहार को उसके अपने औचित्य में समझने लगा हूं।''

''आप सत्य कह रहे हैं पितामह। जिन लोगों के मन दुषित होते हैं वे कृष्ण को दोष देंगे और जो साधु संत हैं वे कृष्ण की महत्ता को पहचानेंगे।''

''कृष्ण हमारे सामने महापुरुष के रूप में हैं। उन्होंने हमारी ही तरह से जन्म लिया है। यही बताने के लिए उन्होंने ज्ञान और अज्ञान दोनों को ही अपनी नीति में स्थान दिया है और धर्म-अधर्म की व्याख्या की है कि उनका मनुष्य रूप लोगों के लिए विश्वसनीय हो जाए।''

''मेरे सामने मेरी प्रशंसा मत कीजिए पितामह।''

''सत्य बोलने के लिए क्या किसी की उपस्थिति से भयभीत हो जाना चाहिए?'' यह कहकर पीड़ा में ही पितामह ने मुस्कराने की चेष्टा की।

और फिर युधिष्ठिर बोले–''आप ठीक कह रहे हैं। जिस तरह अंधकार में लोग व्यर्थ की बातें सोच लेते हैं। उसी तरह बड़े पुरुषों के विषय में भी अपने-अपने मन में ही सोचते रहते हैं। कृष्ण तर्क-वितर्क से परे हैं। वे हमारे इतने निकट हैं कि हम उन्हें पुरुष समझ सकते हैं लेकिन उनमें जो महापुरुष का तत्त्व उसे हम सब जानते हैं और इसलिए हमें कभी भी श्रीकृष्ण के किसी निर्णय से आपत्ति नहीं हुई और हमने हर बार बिना किसी विवाद के उनका कहना माना।''

युधिष्ठिर ने देखा तो श्रीकृष्ण धीरे-धीरे उस स्थान से दूर हट रहे थे। युधिष्ठिर उठकर उनकी ओर चलने के लिए उद्यत हुए तो पितामह ने संकेत से रोक लिया। युधिष्ठिर से कहा–''यदि तुम्हारे मन का संशय दूर हो गया हो तो मैं एकान्त चाहता हूं।''

युधिष्ठिर समझ गए किन्तु फिर भी चलते हुए भीष्म से बोले–''पितामह आपने मेरा अज्ञान दूर कर दिया। मुझे लगता है कि मैं भ्रम में था और सत्य को जानने के लिए भटक रहा था। आपने मुझे सत्य दिया और श्रीकृष्ण के विषय में तो मेरी धारणा को और भी अधिक बल मिला है। मैं धन्य हो गया हूं पितामह।''

युधिष्ठिर ने पितामह के चरण छूए और हाथ जोड़ते हुए शरशैय्या पर लेटे पितामह की परिक्रमा की। पितामह का हाथ आशीर्वाद के लिए उठा।

दोनों के बीच बहुत गहरा मौन छा गया।

आसपास खड़े लोगों ने देखा कि उनका चक्रवर्ती सम्राट अपने दीप्त चेहरे पर भीगी आँखें लेकर पास ही खड़े अपने रथ पर बैठ रहा है। सारथी ने भी अपने महाराज को देखा और बहुत भारी मन से अश्वों को हांक दिया।

अबकी बार महाराजा युधिष्ठिर द्वंद्व रहित होकर हस्तिनापुर जा रहे थे।

☆☆☆

सूर्य अभी-अभी उदित हुए थे और उनकी रश्मियां धीरे-धीरे भीष्म के शरीर का स्पर्श करके रोमांचित हो रही थीं।

एक रथ की घरघराहट बहुत दूर से सुनाई दी। भीष्म का मन चैतन्य हो गया और उन्हें जिस बात की प्रतीक्षा थी उसकी पूर्ति का आनंद उनके मुखमंडल पर छा गया।

श्रीकृष्ण ने आकर भीष्म को प्रणाम किया।

''मुझे इतना मान दे रहे हैं यदुकुल शिरोमणि, आपको मेरा प्रणाम स्वीकार हो।''

''इसमें मान देने की क्या बात है जिसे जितना मिला है वह तो मिलेगा ही। मान हो या अपमान। यह तटस्थ बुद्धि यदि सामान्य पुरुष अपना ले। तो सभी असामान्य हो जाएंगे और फिर विशेषता ही सामान्य हो जाएगी।''

''आपसे कोई तर्क में जीत सकता है?''

''मेरे सामने जीत और हार का प्रश्न भी नहीं है।''

''युधिष्ठिर का राज्य धर्म की स्थापना कैसे कर सकता है?''

''यही समस्या मेरे सामने है क्योंकि मैं अनुभव करता हूं।'' कृष्ण ने बोलना प्रारंभ किया–''जितनी शक्ति से हम विरोध करते हुए प्रतिष्ठा अर्जित करते हैं उतनी प्रतिष्ठा व्यवस्था बनाते हुए नहीं मिलती। व्यवस्था में कोई न कोई असंतुष्ट अवश्य रह जाता है। फिर वह आलोचना करता है और उसके शब्दों में उसका विरोध प्रकट होता है।''

''मैं समझता हूं। किन्तु युधिष्ठिर के लिए आपके निर्देशन में यह कार्य असंभव तो नहीं होगा।''

''आपने ठीक ही कहा है, असंभव तो नहीं होगा किन्तु कठिन बहुत होगा और अभी एक ही बात आपको बताता हूं कि अपने बड़े-बड़े अस्त्रों से बहुत

कुछ नष्ट तो कर दिया किन्तु उसकी तुलना में बनाना कठिन पड़ रहा है। अर्जुन के जिस एक तीर ने सैकड़ों पुरुषों का वध कर दिया था उसके हजार तीर भी दस व्यक्तियों को जन्म नहीं दे सकते। इसीलिए ज्ञानी मनुष्य अपनी अंतिम चेष्टा तक युद्ध को रोकने का प्रयास करते हैं। जब भी कभी निर्माण का भार पड़ता है तो मनुष्य की अधिक से अधिक शक्ति भी कम पड़ जाती है।''

''तो क्या पांडवों को कठिनाई हो रही है?''

''हां, कठिनाई हो रही है। एक अर्जुन अभिमानी राजाओं का गर्व चूर करने के लिए और एक भीम गदा लेकर दुष्ट सैनिकों को मारने के लिए काफी था लेकिन वे दोनों जब राजमहल में घूमती हुई सफेद वस्त्र पहने अपने पुत्रों की वधुओं और नगर में अभाव से ग्रस्त सैनिकों के परिवारों को देखते हैं तो हाथों में न गदा उठाने की शक्ति रहती है और न धनुष उठाने की।''

''फिर कैसे होगा केशव?''

''होगा और अवश्य होगा। किन्तु एक नई समाज व्यवस्था खड़ी करने में समय लगेगा। क्योंकि अब प्रश्न पांचाली की चोटी को खून से रंगने के लिए नहीं है अब प्रश्न है स्त्रियों की चोटियों में सुगन्धित फूल लगाने का। एक बड़ी बात यह है कि कौरवों के सामने धर्म युद्ध करने वाले युधिष्ठिर को प्रजा की सारी आशाएं पूरी करनी होंगी। जो कौरवों को दुष्ट कहते थे उनके सामने एक बार फिर पांडवों को अपनी सज्जनता सिद्ध करनी होगी। भीम उद्दंडता कर जाता है। अर्जुन रोष में रहते हैं और युधिष्ठिर राजकाज करते हुए भी चिन्ताग्रस्त।''

श्रीकृष्ण की बात सुनकर भीष्म बोले–''मैं जानता हूं यह मुकुट युधिष्ठिर को बहुत भारी पड़ रहा है फिर भी यह महात्मा है और इस भार को उठाएंगे लेकिन कोई नया युग बनेगा वह पहले तो इस युद्ध के परिणाम को भोगेगा और उसके बाद कोई उसका निर्माण कर पाएगा। युद्ध ने जो स्थिति पैदा कर दी है वह बहुत भयंकर है और इस भयंकरता से स्थान-स्थान पर पाप होंगे। मैं अनुभव करता हूं केशव कि आपकी सहायता से पांडव पाप से बचेंगे और व्यवस्था कर पाएंगे।''

❑❑❑

18

अंत से पूर्व

श्रीकृष्ण द्वारिका जाने वाले थे। बुआ कुंती को यह मालूम हुआ तो वह दौड़कर आई। कृष्ण रथ से नीचे उतर आए और प्रणाम किया। तो कुंती ने कहा–''कृष्ण! अब इस नाटक के आवरण को हटा दो। सच तो यह है, ना तुम मेरे भतीजे हो ना मैं तुम्हारी बुआ हूं।''

''देवकीनंदन! यह तुम्हारी लीला है, अब तक तो तुम प्रणाम करते थे और इस नाटक के संरक्षण के लिए मैं तुम्हारे माथे पर हाथ रख कर तुम्हें आशीर्वाद देती थी। परंतु यह नाटक पूरा हो चुका है केशव। अब कुंती आपके चरणों में नमस्कार करती है।''

कुंती ने अपने आपको संभाला और कृष्ण के दोनों चरण पकड़ लिए–''आदि पुरुष, ईश्वर, प्रकृति से परे मैं तुम्हें प्रणाम करती हूं। हे अव्यय! माया का जिनके मस्तिष्क पर आवरण पड़ा हुआ है वे आपको कैसे जान सकते हैं। बड़े-बड़े महात्मा आपको नहीं जान सके, मैं एक साधारण स्त्री आपको कैसे जान सकती थी!... फिर मैंने जानने का प्रयास किया और इतना तो अवश्य जानती हूं कि आप कृष्ण हैं, परंतप है। आप गोविंद हैं, आपको अवतार हमारे जैसों के उद्धार के लिए लेना होता है। गीता में यही कहा है न। हे हृषिकेश! जब कंस ने देवकी की चोटी पकड़ी थी, आप देख रहे थे।''

भगवान कृष्ण ने मुस्करा कर कहा, ''बुआ, मेरा तो जन्म भी नहीं हुआ था।''

कुंती की भावभीनी नम आँखें भक्ति से भरपूर थी, बोली, मैंने तुमसे यह कब कहा कि तुम्हारा कभी जन्म हुआ। मैं तो तुम्हें हृषिकेश कह रही हूं, जो सभी इंद्रियों का संचालन करता है। मैं तो यही कहूंगी–तुम कंस की आँखों में

भी बैठकर देख रहे थे और देवकी की भी आँखों में बैठ कर देख रहे थे।... आपने प्रकट होकर माँ की चोटी पकड़ने का बदला लिया और चोटी पकड़ कर ही कंस को मारा। केशव! देवकी का तो तुमने एक ही कष्ट दूर किया किंतु मेरी तो अनेक बार रक्षा की।

''बुआ, मुझे तो स्मरण नहीं कि मैंने तुम्हारी कभी रक्षा की।''

हां, कृष्ण! भूलना तुम्हारा स्वभाव है। आप कृपा करके भूल जाते हो। यही तो आप में और जीव में अंतर है। प्रभु विष के लड्डू बनाकर भेजे थे, उनसे रक्षा आपने ही तो की। लाक्षागृह में किसने बचाया? प्रभु! खांडव वन में हमारी रक्षा किसने की!''

''हे भगवान कृष्ण! जिस अमोघ अस्त्र की प्राप्ति में मेरे पुत्र कर्ण ने पूरा जीवन लगा दिया था, अर्जुन की उससे रक्षा आपने ही तो की थी। कर्ण की वह अमोघ शक्ति आपने घटोत्कच पर प्रयोग करवा दी। और अर्जुन ने अपने भतीजे के वध का विलाप किया तो आपने कहा था कि अर्जुन तुम्हारा पुनर्जन्म हुआ है और अर्जुन ने आपके पैर पकड़ लिए। तो इस प्रकार यह रक्षा आपने ही तो की।''

...कुंती चरणों में बैठकर कहने लगी, ''हे प्रभु! मैं आपसे वरदान मांगती हूं –कुंती आपसे भीख मांगती है कि मेरे ऊपर जन्म-जन्म विपत्तियां पड़ती रहें।''

कृष्ण ने कहा, ''कुछ सोच कर बोलो बुंआ जी।''

''बहुत सोच कर ही बोल रही हूं कृष्ण! जब तक विपत्तियां रहीं, तुम हमारे साथ-साथ रहे। आज विपत्तियों का समापन हो गया है, आप हमें छोड़ कर जा रहे हो। इस सारी सुख-संपत्ति और राज्य का मैं क्या करूंगी केशव, जिसमें तुम्हारा साथ नहीं है।''

–''हे प्रभु! तुम्हारे साथ तो विपत्ति भी अच्छी है और तुम्हारे बिना संपत्ति में भी क्या रखा है। विपत्ति में आपको ही स्मरण किया जाता है और गहन स्मरण से आपका ही दर्शन होता है। आपका दर्शन होने पर संसार का दर्शन विलीन हो जाता है। इसलिए हे कृष्ण! हमारी तुमसे यही विनती है कि कुछ दिन और ठहर जाइए।''

श्रीकृष्ण महाराज युधिष्ठिर का राजतिलक करना चाहते थे किंतु युधिष्ठिर ने मना कर दिया–''प्रभु! यह राज मेरे भाइयों के शवों पर टिका है अतः मैं यह राज्य नहीं स्वीकारूंगा।''

☆☆☆

राजभवन के भीतर से विलाप की ध्वनियां ऐसी आ रहीं थीं जैसे वायु के झोंके के साथ आग की तपन मनुष्य के मुख-मंडल को झुलस रही हो। यह वह ध्वनि थी जो अपने उच्चारण में धर्म-अधर्म का लेखा-जोखा अभिव्यक्त नहीं कर रही थी। इसमें तो युद्ध की भयंकरता का जयघोष हाहाकार कर रहा था। श्रीकृष्ण का उस ओर बढ़ना थम-सा गया।

"क्या बात है केशव!" भीम ने उन्हें धीमे चलते हुए देखा और पूछा," कुछ विशेष तो नहीं।"

"मुझे भी लगता है कि आपके मन में कोई बात आई।" युधिष्ठिर ने कहा-"अन्यथा आप इस समय महाराजा धृतराष्ट्र से मिलने के लिए हमारे साथ क्यों आते?"

"तुम्हारी जिज्ञासाएं बढ़ती जा रही हैं।"

"आपकी रहस्यमयता बढ़ रही है इसलिए। पता नहीं, आप क्या-क्या अपने साथ लिए जा रहे हैं।"

"कुछ भी तो नहीं।"

"यह क्या है केशव?" अर्जुन ने किसी वस्तु के लिए पूछते हुए कहा।

"समय आने पर पता चल जाएगा।"

पांडवों और कृष्ण ने राजमहल का द्वार पार किया और भीतर के कक्ष मैं आकर अंगरक्षकों और द्वारपालों का अभिवादन स्वीकार किया।

"कहां हैं, महाराज धृतराष्ट्र?" -श्रीकृष्ण ने पूछा।

"कहां हैं माता गांधारी?" -अर्जुन ने पूछा था।

सामने ही सबने देखा धृतराष्ट्र शांत और गांधारी तनिक उत्तेजित बैठी हुई है। पाँचों पांडवों ने जाकर धृतराष्ट्र और गांधारी को प्रणाम किया। कृष्ण थोड़ा पीछे रह गए, उन्होंने संकेत खोलने के लिए कहा।

खुल गया। और सबने देखा कि उसमें से भीम की लौह-प्रतिमा निकली।

"यह किसलिए?" -भीम ने सोचा।

श्रीकृष्ण की माया, वे ही जानें। युधिष्ठिर ने अपने मन में सोचा और प्रणाम करते हुए बोले-

"पिता धृतराष्ट्र और माता गांधारी की सेवा में युधिष्ठिर का प्रणाम स्वीकार हो।'

युधिष्ठिर के कथन के साथ ही शेष चारों भाई भी इसी स्वर में बोल उठे। धृतराष्ट्र की शांत मुद्रा हलकी-सी विकृत हुई और बोले, "मैं अपने परमवीर पुत्र भीम को गले लगाना चाहता हूं।"

कृष्ण आगे आ गए और संकेत पर अंगरक्षकों ने लोहे की प्रतिमा को धृतराष्ट्र के आगे कर दिया। धृतराष्ट्र ने जैसे ही प्रतिमा का आलिंगन किया और जोर लगाया वैसे ही प्रतिमा चटक गई। और उसके टुकड़े-टुकड़े हो गए।

"यह मैंने क्या किया?" कह कर धृतराष्ट्र रोने लगे। चारों भाइयों को कुछ समझ में नहीं आ रहा था किंतु युधिष्ठिर कुछ समझ रहे थे। उन्होंने केशव की ओर देखा जैसे पूछ रहे हो कि धृतराष्ट्र के रोने का उत्तर उन्हें देना है अथवा श्रीकृष्ण को।

श्रीकृष्ण ने संकेत से उन्हें चुप रहने के लिए कहा और बोले, "महाराज, आप दुखी न हों। आपके पुत्र भीम सुरक्षित हैं और यह जो आपने जिसका आलिंगन किया था, वह तो भीम की प्रतिमा थी।"

पाँचों पांडवों को आश्चर्य मिश्रित संतोष का अनुभव हुआ। कृष्ण की बात सुनकर धृतराष्ट्र बोले, "हमारी पराजय के सबसे बड़े कारण तुम हो। हमारे वंश को निर्मूल कर देने वाले तुम हो।

"आप जो चाहे कह सकते हैं। किंतु कोई किसी का नाश नहीं करता। प्रत्येक व्यक्ति का अभ्युदय और नाश उसके कर्म के अनुसार होता है।"

गांधारी ने अपनी पट्टी के भीतर ही भीतर अथाह जल से नम हो जाने वाली आँखों पर हाथ फिराया और बोली-"यह सब कुछ तुम्हारे कारण हुआ है और उसे स्वीकार न करके फिर दर्शन की बड़ी-बड़ी बातें करने लगे हो।"

"मैं अपने सारे दोष स्वीकार करता हूं किंतु इस सबका कुछ न कुछ कारण तो रहा होगा।"

"नहीं, मैं कारण-वारण कुछ नहीं जानती। मैं एक दुख से भरी हुई माँ हूं जिसका सारा वैभव लुट गया है। जो अब पुत्रहीना हो गई है और उसकी यह दशा तुम्हारे कारण हुई है।"

अर्जुन के मुख पर आशंका व्याप्त हो गई थी किंतु युधिष्ठिर ने उसके कंधे पर हाथ रख कर उसकी भावनाओं को संयोजित किया।

गांधारी क्रोध की तीव्रतम अवस्था में उतर आई।

-"तुमने अप्रत्यक्ष रूप में हमारे साथ युद्ध लड़ा है।

"मैं स्वीकार करता हूं।" श्रीकृष्ण के स्वर शांत थे।

''तुमने मेरे पुत्रों की मति को कुंठित कर दिया था।''

''मैं स्वीकार करता हूं।''

''तुमने मेरे एक पुत्र को भी जीवित नहीं रहने दिया।''

''यह आरोप अनुचित है, फिर भी मैं स्वीकार करता हूं।''

''तुम्हारी नीतियों से कौरवों के पक्ष में होने वाला युद्ध उनके विपक्ष में चला गया।''

''माता इसे भी मैं स्वीकार करता हूं।''

''किसी बात को तो अस्वीकार करो केशव'' –धृतराष्ट्र ने बीच में टोका। किंतु गांधारी ने उन्हें तुरंत रोक दिया और फिर अपने क्रोध को संपूर्ण रूप से अपने मुख-मंडल पर प्रतिष्ठित करके बोली–

''केशव तुमने सब कुछ स्वीकार किया तो मैं तुम्हें शाप देती हूं।''

इससे पहले कि गांधारी कुछ बोलती, कृष्ण ने कहा–

''मुझे आपका शाप भी स्वीकार है।''

गांधारी ने कहा कि जिस प्रकार से तुम्हारी नीति और कूटनीति से में वंश का नाश हुआ है उसी प्रकार से तुम्हारे यदुवंशी भी आपस में लड़कर विनाश को प्राप्त होंगे। जिस प्रकार से मैंने 18 दिन निरंतर अपने पुत्रों की मृत्यु के समाचार को अपने वक्ष पर झेला है उसी प्रकार से तुम भी अपनी आँखों के सामने अपनी प्रिय संतानों को लड़ते और मरते हुए देखोगे। मैं तुम्हें शाप देती हूं केशव कि आपसी कलह से तुम्हारे वंश का असमय विनाश हो।

गांधारी रोने लगी और धीरे-धीरे चुप हुई।

श्रीकृष्ण ने विनम्रतापूर्वक कहा, 'मुझे आपका यह शाप स्वीकार है।''

...''नहीं,'' गांधारी भयंकर रूप से उत्तेजित हो गई, ''यह तो प्रतिहिंसा और दुख में डूबी हुई एक माँ ने कहा था''...वह चिल्ला उठी,'' नहीं, केशव नहीं। अस्वीकार कर दो यह शाप।

''यह एक स्थिति है जहां प्रिय भी पराया हो जाता है। हमने जो कुछ किया है, सोच-विचार कर किया है –इसीलिए आपका शाप स्वीकार है कि कल का जीवन मुझे पक्षपाती न कहे। देखना माता, यदि देख पाओ तो। सुनना माता यदि सुन पाओ तो कि यदुवंशियों के युद्ध के समय भी ऐसा ही तटस्थ रहूंगा।''

☆☆☆

''आज अंतिम दिन है धर्मराज!''

''हां, यही सोच कर अधिक विचलित हूं।''

''विचलित नहीं होना चाहिए।''

''आप जैसा हृदयं कहां से लाऊं? जब-जब पितामह के दर्शन करता हूं, स्वयं को दोषी अनुभव करता हूं। आप चलेंगे न?'' युधिष्ठिर ने पूछा।

''हां! अभी चलता हूं। ''कृष्ण ने कहा।

शरशैय्या पर लेटे हुए भीष्म का हृदय आज विशेष रूप से प्रसन्न था। उन्हें अपनी मुक्ति का अनुभव हो रहा था।

किंतु रह-रह कर एक चिंता-सी अटकती थी, अभी तक कृष्ण नहीं आए। युधिष्ठिर भी नहीं। तो क्या तब तक फिर सांस रोकी जाएगी?' 'नहीं-नहीं भगवान, अब जल्दी आ जाओ' –सोचते-सोचते उनकी पलकें कंपित हो उठतीं।

दूरं रथ की घरघराहट समाप्त हुई। श्रीकृष्ण और धर्मराज युधिष्ठिर उतरे ...भीष्म की प्रसन्नता सारे शरीर को प्रकंपित कर गई।

''आओ भगवन, बहुत प्रतीक्षा कराई।''

''क्षमा, पितामह।''

''आज तो आपसे और भी बातें करनी थीं। कुछ कहना था। विशेष रूप से पूरे भारत की उन्नति के विषय में।''

''कहिए न! आप शिथिल नहीं होंगे। जब तक आपकी बात पूरी नहीं होगी तब तक आपमें पूर्ववत् शक्ति रहेगी। यह चमत्कार नहीं आपकी इच्छा शक्ति के आधार पर कह रहा हूं।''

पितामह ने अत्यंत संतोष की सांस ली और कहा–''हे कृष्ण! धर्मराज को राज्य दिला कर आपने मूल रूप से क्या प्राप्त किया है। यही जानना शेष है।''

''ओह, तो यह बात है। तो सुनिए। धर्मराज के जीवन से हमने त्याग और सहनशीलता की प्रतिष्ठा की है और यही सिद्ध किया है कि अंततः दुष्टों का विनाश होता है...बात यह है पितामह! धर्मराज के जीतने से प्रजा का उत्साह धर्मपालन में लगेगा। वह यह भी जान जाएगी कि बुरे के साथ रहने से कष्ट मिलते हैं और नाश होता है।''

पितामह ने कहा, ''हे केशव, मैं तो परमधाम जा रहा हूं। आप अभी यहां रहेंगे। मेरा निवेदन है कि इस जर-जर होती हुई जाति को कुछ ऐसा दे जाएं जिससे धर्म-अधर्म का भेद समझ सकें।''

''मुख्य समस्या इस नए निर्माण की है और हर संग्राम के बाद नया निर्माण होना ही है। इस युद्ध से जो कुछ भी नष्ट हुआ है, उसे फिर से हरा-भरा करना आपका काम है।'' श्रीकृष्ण ने युधिष्ठिर की और देखकर कहा।

युधिष्ठिर ने अपना मस्तक झुका लिया और जैसी आपकी आज्ञा कह कर पितामह के चरण छू लिए।

पितामह ने कहा, ''सामान्य रूप से जो विजय हो जाता है, वह फिर अपनों से ही, आपस में ही लड़ता है। इस बात को समझ कर बहुत नीतियां निर्धारित करनी होंगी और हे केशव! आप इस बात की पूरी व्यवस्था कीजिए कि पांडव आपस में न लड़ें।''

''इस बात का आश्वासन तो मैं आपको दे सकता हूं।'' श्रीकृष्ण ने कहा, ''क्योंकि यदि ऐसा नहीं होगा तो जो कुछ मैंने किया है वह बिलकुल व्यर्थ हो जाएगा। क्योंकि मैंने जिस नीति से काम लिया है उसके कारण पांडवों का स्थायी राज्य होना बहुत आवश्यक है।''

फिर पितामह बोले, ''आपको उन लोगों को भी संभालना होगा जिन्हें अब अलग-अलग रूप से शक्ति प्राप्त होगी।''

''मैं जानता हूं। परंतु मैं इतना ही कह सकता हूं कि राज-मद से चूर कौरव मिट गए और पांडव हस्तिनापुर के स्वामी बन गए। इस युद्ध में विजयी होने से पहले पांडव जिस तपश्चर्या में से गुजरे हैं, उसमें मैं कह सकता हूं कि उन्हें राजमद नहीं चढ़ेगा। –वैसे तो आज स्वयं अपने कुल में भी मैं इस युद्ध-मानस को देख रहा हूं।

स्थिति को ओर विश्लेषित करते हुए श्रीकृष्ण बोले, ''द्वारिका छोड़े मुझे बहुत समय हुआ। परंतु युद्ध से लौटे हुए सात्यकि, कृतवर्मा आदि युद्ध का मानस अपने साथ ही लेते गए हैं। इससे अतिरिक्त जिन लोगों के बलराम जैसे अगुआ अधिक मोह में लिप्त हो गए हों, उन लोगों में दिशाहीनता आ सकती है।...ये सारी स्थितियां युद्ध का दावानल सुलगाने वाली हैं।''

श्रीकृष्ण ने और भी कुछ कहा–''जब तक ईश्वर हमें दूसरे प्रकार के युद्ध के मार्ग पर लगावें, तब तक इन दोषों को भी हमें आवश्यक रूप से स्वीकार करना पड़ेगा और मैं यह भी जानता हूं कि मेरे वंश वाले लोग भी आपस में लड़ेंगे, तो मैं उनका कोई रक्षक बनकर नहीं रहूंगा। जो यादव युवक, ब्राह्मणों का अपमान करेंगे, मैं उन्हें नहीं छोडूंगा और पितामह भीष्म आप यह याद रखें कि मैंने अभिमानियों का मद चूर करने के लिए जो संकल्प लिया है, वह अभी पूरा नहीं हुआ... यादवों के संघर्ष से वह भी पूरा हो जाएगा और अभी बाणासुर भी शेष है।''

बाणासुर का नाम सुनते ही एक चुप्पी-सी छा गई, फिर जिसे तोड़ा श्रीकृष्ण की ही वाणी ने–''आज का समय ऐसा है कि आर्यवर्त की प्रजा सब अपने ऊपर अत्याचार नहीं सहेगी, यहां का सामान्य व्यक्ति अब राजाओं के

आपसी कलह को क्षमा नहीं करेगा। और आप यह ध्यान रखिए कि जब मैं यह अनुभव करूंगा कि मेरे जाने का समय हो गया है, तब काल का स्मरण करता हुआ चला जाऊंगा।''

भीष्म ने कहा–''हे प्रभु! मेरे लिए आप ईश्वर के अवतार हैं। भारत के ऋषियों, मुनियों ने तो आपको कभी से पहचान लिया है। आपने और अर्जुन ने भारतवर्ष के गर्विष्ठ व्यक्तियों और असुरों को साफ करके नवयुग के लिए भूमि तैयार की है।... भीष्म का आपको अंतिम प्रणाम!''

श्रीकृष्ण के सामने युधिष्ठिर ने देखा कि एक ज्योति पितामह के ब्रह्मरंध्र से निकली और आकाश में विलीन हो गई।

☆☆☆

श्रीकृष्ण कौरव, पांडवों के संघर्ष को, इतने व्यापक युद्ध को जिसमें अक्षौहिणी सेनाओं का संहार हो चुका हो एक बार फिर से धर्म और अधर्म के बीच सत्य को परिभाषित करने, की चेष्टा कर रहे थे।

'सत्य परम धीमहि' –तो सत्य क्या है? ब्रजभूमि को छोड़ने से पहले कदंब के नीचे खड़े होकर उन्होंने अपने होने के अर्थ के विस्तार की योजना बनाई थी–यह भूमि कंस, जरासंध, शिशुपाल जैसे दैत्यों के अत्याचार से मुक्त हो गई है लेकिन गुरुपुत्र अश्वत्थामा का किया कर्म किस कोटि में आएगा?

क्या महाभारत के महाविनाश से भारत बंटा है?

यहां कोई कदंब का वृक्ष भी तो नहीं। जिसकी छांह मन को शीतल करें?

अश्वत्थामा के ब्रह्मास्त्र से सुभद्रा के पुत्र अभिमन्यु की संतान परीक्षित को बचा तो लिया। किंतु क्या यह भविष्य सुसंपन्न होने का प्रमाण है।

राजमहल के बाहर अपने आप में विचार करते हुए कृष्ण को पदचाप सुनाई दी, देखा–देवर्षि नारद आ रहे थे। उनके मुखमंडल पर मुस्कान थी–

नारद–''निर्णायक की भूमिका से चिंतक की भूमिका में कब से आ गए हैं भगवन!''

कृष्ण–''यह तो प्राणी का स्वभाव है। निर्णय से पहले चिंतन तो स्वाभाविक है।''

नारद–''अब तो राज्य निर्माण की ओर अग्रसर हो रहा है।

कृष्ण–''मुझे प्रसन्नता है कि पांडवों भविष्य का राजा सुरक्षित मिल गया है।''

नारद–''और बाणासुर।''

कृष्ण–''अनिरुद्ध और ऊष्म के व्याज से यह कार्य भी संपन्न होगा।''

नारद–''मैं तो आपको यही स्मरण कराने आया था।''

कृष्ण चिंतन की मुद्रा से बाहर आए और द्वारिका में यादवों के भविष्य के संघर्ष की परिकल्पना करके एक और यात्रा प्रारंभ कर दी। उन्होंने गांधारी से कहा था कि मैं यादवों के प्रसंग में भी तटस्थ रहूंगा' –द्वारिका जाकर कृष्ण को पता चला कि सब लोग अनिरुद्ध के विषय में चिंतित हैं।

कृष्ण ने पता लगाया तो उन्होंने बाणासुर से युद्ध करने का विचार किया क्योंकि इस युद्ध से दो कार्य संपन्न होने थे। एक तो दैत्य शृंखला की अंतिम कडी का समापन होना। दूसरे एक चक्र की पूर्ति के बाद जीवन का पुनः प्रारंभ होना।

श्रीकृष्ण समझते थे कि सामान्य प्राणी बाहरी घटनाओं के विषय में जान लेता है किंतु इस संपूर्ण ब्रह्मांड में ग्रहों, उपग्रहों के अस्तित्व और अनस्तित्व के संघर्ष में जो सूक्ष्म घटनाएं होती हैं उन्हें नहीं जान पाता वे उसके लिए एक रहस्य बनी होती हैं।

दैत्यों में बाणासुर प्रथम था जिसके संहार की आवश्यकता नहीं थी, अपितु सुधार की थी।

संघर्ष के लिए तैयार यादवों की सेना ने बाणासुर की नगरी को घेर लिया।

आश्चर्यजनक रूप से श्रीकृष्ण ने देखा कि साक्षात शंकर बाणासुर की सहायता के लिए आए हैं। किंतु इस युद्ध की अंतिम परिणति भी कृष्ण की विजय में हुई। और बाणासुर ने झुककर अपनी पुत्री का विवाह श्रीकृष्ण के पौत्र अनिरुद्ध से कर दिया।

अनिरुद्ध-उषा के विवाह के बाद एक प्रकार से कृष्ण ने अनुभव किया कि उनका कार्य संपन्न हो गया है किंतु वह यह भी जानते थे कि कुछ भयंकर बातों का अस्तित्व उनके सामने आएगा और उसमें सबसे बड़ी बात होगी-उनके अपने वंश का गृहयुद्ध!

इस बीच बलराम की एक बार ब्रज की यात्रा हुई–अपने सारे मित्रों से मिले और जीवन की वास्तविकता, सुख-दुख आदि सबके विषय में फिर से चर्चा की।

❑❑❑

19

यादव-कुल संघर्ष

बाणासुर के प्रसंग को संपन्न करने के बाद कृष्ण एक बार फिर यह अनुभव करने लगे कि क्या धर्मराज युधिष्ठिर की विजय से धर्म-अधर्म के संघर्ष का एक चक्र संपन्न हो गया है। क्योंकि यह स्थिति तो पुनः-पुनः आएगी।

श्रीकृष्ण को द्वारिका जाना था और वे द्वारिका गए। क्योंकि यह द्वारिका उन सब अवगुणों से भर गई थी, जिन्हें नष्ट करने के लिए महाभारत जैसा महासंग्राम करना पड़ा।

संपूर्ण यादव वंश कृष्ण के महत्त्व के कारण अभिमानी हो उठा था और परस्पर द्यूत क्रीड़ा तथा न खाने-पीने योग्य पदार्थों को खाने के कारण संघर्ष की स्थिति बन आई थी।

कृष्ण द्वारिका पहुंचे तो उन्हें बताया गया कि यादव-कुमारों ने ऋषियों का अपमान किया है। उन्होंने सब को स्त्री वेश में तपस्वियों के सामने प्रस्तुत करके पूछा–

''महाराज बताइए, इसकी कौन-सी संतान होगी?''

''हास्य कर रहे हो कुमार?'' तपस्वी ने कहा।

युवक–''नहीं, आप तपस्वी हैं तो बताइए।''

तपस्वी–''इसकी कुंडली में इसके कारण तुम सबकी मृत्यु लिखी हुई है।''

युवक–''यह तो बताओ। उत्पन्न क्या होगा?''

तपस्वी–''जो कुछ भी होगा। उससे तुम्हारा नाश होगा।''

सांम भयभीत हो गया। किंतु अब कुछ नहीं हो सकता था।

श्रीकृष्ण और बलराम सामने से आ रहे थे। कुछ उनको देखकर चले गए और

कुछ वहीं रह गए। इसी बीच कृतवर्मा और सात्यकि दोनों वहीं आ गए और परस्पर विवाद करने लगे। –कृतवर्मा की सहायता से अश्वत्थामा ने द्रौपदी के पुत्रों की हत्या की थी।

दोनों में संघर्ष बढ़ते देख कर प्रद्युम्न और अन्य कुमार भी उसी स्थल पर आ गए। और उत्तेजना बढ़ती गई। यहां तक कि संघर्ष प्रारंभ हो गया और बढ़ गया, यादवों के दो पक्ष हो गए।

दूर खड़े कृष्ण और बलराम सब कुछ देख रहे थे। बलराम संघर्ष-स्थल पर पहुंचने को उद्यत हुए, कृष्ण ने उन्हें रोका।

बलराम–''मुझे क्यों रोक रहे हो?''

कृष्ण–''उन्हें युद्ध करने दो।''

बलराम–''अरे! सब के सब मृत्यु को प्राप्त होंगे।''

कृष्ण–''कुरुक्षेत्र की भूमि से फिर भी कम होंगे।''

बलराम–''क्या कहते हो?''

कृष्ण–''उचित कह रहा हूं। यह अपनी मृत्यु के केवल कार्य-कारण संबंध बन रहे हैं। मैंने अर्जुन से भी यही कहा था।''

बलराम–''लेकिन यह तो हमारा ही वंश है।''

कृष्ण–''कुरुवंश भी एक ही वंश था भाई जी। सभी प्राणी एक ही उद्गम से उत्पन्न होते हैं। उसके पश्चात अपने अलग-अलग वर्ग बना लेते हैं। अहंकार प्रदीप्त हो उठता है।''

बलराम–''तुम यहां भी तटस्थ रहोगे?''

कृष्ण–''हां! एक तो प्राणिमात्र को उसके कर्म-विधान पर छोड़ देना चाहिए। दूसरे अहंकार के वर्तुल की एक बार समाप्ति नहीं हो जाएगी। तब तक धर्मचक्र पूर्ण नहीं होगा।''

धीरे-धीरे कृष्ण और बलराम ने देखा कि एक बार फिर से कुरुक्षेत्र की रणस्थली उनके सामने साकार हो गई।

कृष्ण–''यह द्वापर की समाप्ति है भाई। इसे योगी की भांति तटस्थ होकर अनुभव करो। अब समय आ गया है कि हम स्वयं अपने मूलरूप को प्राप्त करें। धर्मराज युधिष्ठिर के सिंहासन से धर्म की किरणें विकीर्ण होंगी और जब पुन: अधर्म बढ़ेगा तो किसी न किसी रूप में उसका नाश करने के लिए उच्च भाव-संपन्न प्राणी को जन्म लेना पड़ेगा।...कालचक्र की गति को मेरा अंतिम प्रणाम!''

❑❑❑